天下文化
BELIEVE IN READING

工作生活 BWL053

情緒靈敏力

哈佛心理學家教你4步驟與情緒脫鉤

蘇珊・大衛——著
齊若蘭——譯

Emotional Agility

Get Unstuck, Embrace Change, and Thrive in Work and Life

by Susan David, PhD

目次

第十章　教出情緒靈敏的孩子　288
孩子生氣、難過想哭，就讓他體會和沉澱所有情緒。
不帶評斷的告訴孩子，這些感覺都很正常。
有情緒，不可怕，情緒正是我們的老師；
不控制，不壓抑，讓孩子有機會選擇做真實的自己。

結語　展現真實的自我　319

謝辭　324

注解　330

第一章

什麼是情緒靈敏力？

保持對情緒的靈敏覺察，
不是要你自我控制，或強迫自己正向思考，
而是用心活在當下，
學習平靜的回應情緒警示系統，
幫助你發揮潛能，追求有意義的生活。

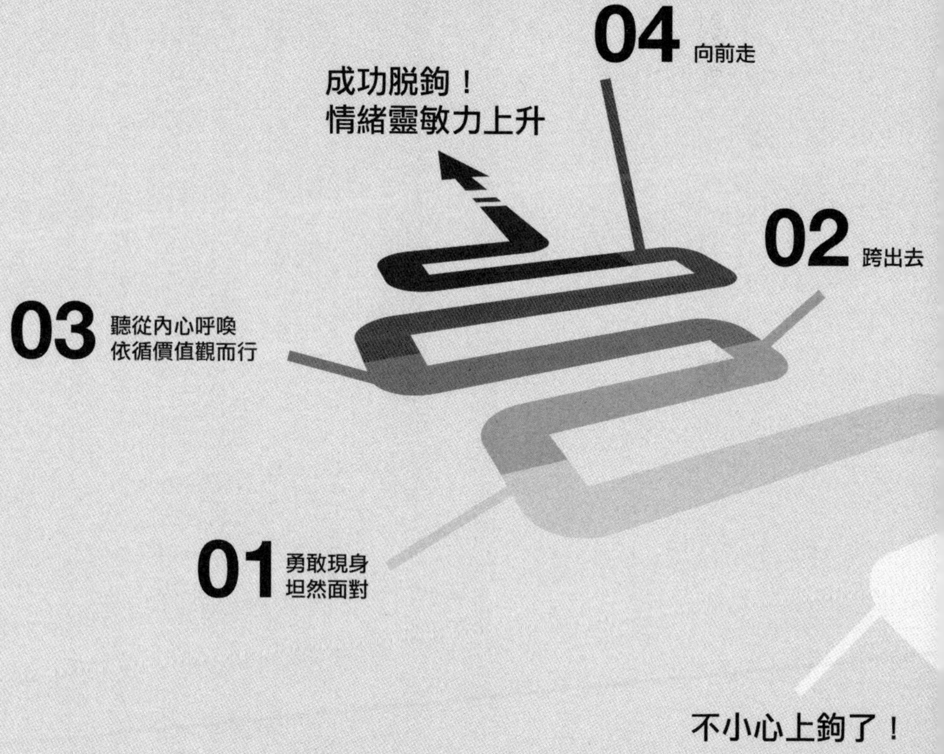
04 向前走
成功脫鉤！
情緒靈敏力上升
02 跨出去
03 聽從內心呼喚
依循價值觀而行
01 勇敢現身
坦然面對
不小心上鉤了！

許多年前，在電視影集「唐頓莊園」（*Downton Abbey*）描繪的年代，有一位備受尊敬的艦長，站在英國軍艦的駕駛艙中，注視著夕陽在海面緩緩落下。他正準備走下去享用晚餐，瞭望臺人員突然示警：「長官，有燈光，正前方兩英里。」

艦長轉身往舵輪走去。「燈光是固定的，還是在移動？」他問，當時還沒有雷達。「報告長官，燈光是固定的。」

「對那艘船打燈號。」艦長草率下令。「告訴他們：你們快撞船了。改變航向二十度。」

但是過一會兒，那光源的回應是：「建議你們調整航向二十度。」

艦長深感受辱。對方不但挑戰他的權威，而且還當著年輕水手的面挑戰他！「再發一則訊息，告訴他們！我們是英國皇家海軍挑戰號，是三萬五千噸重的無畏戰艦。叫他們改變航向二十度。」

對方不為所動：「我是二等兵歐萊利。請立刻改變航向二十度。」

艦長脹紅了臉，氣急敗壞，大聲咆哮：「這是海軍上將威廉・亞金森—威利斯爵士的旗艦。趕快改變你們的航向二十度。」

一陣沉默後，二等兵歐萊利回答：「長官，我們是燈塔。」

如何不再情緒一來就上鉤

我們在人生的大海航行時，也無從得知應該選擇哪一條航道，而且前途茫茫，命運未卜。這一路上，不但沒有燈塔指路，幫助我們避開礁石，也沒辦法光靠船頭的瞭望臺或高塔上的雷達，偵察出所有可能破壞我們生涯規畫的潛伏危險。我們擁有的，只有自己的情緒，像是恐懼、焦慮、喜悅、高興等感覺，仰賴神經化學系統的演變，幫助我們度過人生種種錯綜複雜的暗流。

不管是盲目的憤怒或純純的愛，情緒是我們身體對外界重要訊號產生的立即生理反應。當我們的感官接收訊息，如各種危險的徵象、愛情的暗示、被同僚接受或排斥的線索……，我們會因應接收到的訊息，來調整自己的生理反應，像是心跳加速或變慢、肌肉緊繃或放鬆、精神完全專注在威脅上，或因信賴的人溫暖相伴而顯得輕鬆自在。

這些生理反應，可以讓內心狀態和外在行為與當前的處境同步，幫助我們不但生存下來，而且持續成長茁壯。人類在過去數百萬年來，經由演化過程反覆試驗而發展出來的內在導引系統，就像海軍士兵歐萊利的燈塔一樣，在我們不試圖對抗它的時候，反而發揮更大的功效。

要做到這點並不容易，因為情緒並非總是那麼可靠。在某些情況下，情緒能幫助我們看破虛偽和裝腔作勢，彷彿內建的雷達般洞悉一切、正確解讀實際發生的事情。每個人大概都曾有過這類直覺：「這個傢伙在撒謊！」或是：「我朋友一定有什麼困擾，雖然她說她沒事。」

但在其他情況下，情緒會喚起過往記憶，把當下發生的事情和過去的痛苦經驗混淆在一起。強烈的感覺可能完全掌控大局，蒙蔽了判斷力，帶著我們直接撞上礁石。在這些情況下，你可能會失控，把酒直接往那撒謊的傢伙臉上潑去。

當然，成年人極少放任情緒主宰一切，讓自己在大庭廣眾下出洋相。然而，你可能以不那麼戲劇化的方式，悄悄讓自己絆了一跤。許多人大半時候的情緒都處於自動操作狀態，在不知不覺間對情勢做出反應，並非有意識或出於個人意志的做出明智決定。

有些人則察覺自己花太多心力壓抑情緒，把情緒當作不聽話的孩子，或更糟的是，視情緒為健康幸福的一大威脅。還有些人認為，正因受到情緒的羈絆，尤其是令人不安的憤怒、羞恥和焦慮感，而無法獲得想要的人生。

面對真實世界發出的訊號，我們的反應會變得愈來愈僵化，不再能有效反應情勢，以致終於逸出航道，沒能維護自身的最佳利益。

我是個心理學家，也輔導過許多企業主管。我研究情緒問題，以及人們如何處理情緒已超過二十年。我曾經詢問一些客戶，他們花多少時間試圖了解、改善或處理特別難對付的情緒、或引發這類情緒的情況，他們的回答通常是五年、十年或甚至長達二十年！有時，我得到的答案是：「從我年紀還很小的時候就開始了。」一聽到這樣的答案，我的反應自然是：「那麼你覺得你的方法有效嗎？」

本書的目的是幫助大家更懂得覺察自己的情緒，學習接納情緒，並與之和平共處，最重要的，藉由提升情緒靈敏力（Emotional Agility）使人生更成功。

我介紹的工具和技巧無法讓你變成完美的人，也不保證你從此不再說錯話，或不再因為羞愧、憤怒、焦慮、不安而受挫。事實上，一味追求完美，或希望自己隨時都開心得不得了，只會讓你落入挫敗的陷阱。相反的，我希望在我的協助下，即使是最困難的情緒，你都懂得如何處理，讓你更能享受健康快樂的情感關係、達成你想要的目標，擁有充實的人生。

靈敏回應你的情緒警報系統

但以上談到的，只是情緒靈敏力的「情緒」部分，「靈敏力」也和你的思考和行為有關，僵化的身心習慣一旦形成，就會成為成功的絆腳石，尤其當你像挑戰號艦長般食古不化時，就只會堅持用舊方法來因應不同的情況或新情勢。

你的反應之所以變得如此僵化，可能是因為你深信「我真的是魯蛇」、「我總是說錯話」，或「每次應該奮力爭取應得的待遇時，我總是失敗」，而且反覆對自己說打擊自我的老話。僵化的反應也可能來自一些完全正常的習慣行為，例如採取心理捷徑、接受經驗法則（這些法則在你兒時，或第一次婚姻中，或你初出茅廬時，可能一度奏效，但如今已經不管用了），於是不斷想著「沒有人值得信任」、「我一定會受到傷害」。

愈來愈多研究顯示，這種執迷於不適當的想法、感覺和行為的情緒僵化反應，和許多心理疾病關係密切，包括憂鬱症和焦慮症等。另一方面，情緒靈敏力，也就是無論思考或感覺都能保持靈活敏銳，對日常生活的情境產生最理想的反應，則是我們能否幸福成功的關鍵。

不過，情緒靈敏力談的不是控制自己的思想，或強迫自己更加正向思考。研究顯示，試圖讓人們從負向思考（「這次簡報一定會被我搞砸」），轉為正向思考（「看著吧！我一定會贏得很漂亮」），通常不會成功，還會適得其反。

情緒靈敏力其實關乎你能否放輕鬆、冷靜下來、用心活在當下，以及你如何回應情緒的警報系統，亦即呼應神經與精神病學家弗蘭克（Viktor Frankl）描述的生活：充分發揮人類潛能、追求有意義的生活。弗蘭克是從納粹集中營倖存的精神科醫學專家，他在著作《活出意義來》（*Men's Search for Meaning*）中寫道：「在每個刺激和反應之間存有空間，我們能在其間選擇如何反應，並從反應方式中得到成長與自由。」

當你的感覺和你對感覺的反應之間有些迴旋空間時，你就能靈敏因應各種情緒困擾，像是負面的自我形象、心碎、痛苦、焦慮、憂鬱、拖延、過渡期的困難等。但並非只有在遇到個人困擾時，才能得益於情緒靈敏力，相關研究也融合了心理學各領域中對於成功人物特質的研究，包括像弗蘭克這類歷經艱辛仍存活下來、並達成偉大成就的人。

情緒靈敏的人動力十足，能彈性因應快速變動的複雜世界。他們不僅比一般人更能抵抗高壓、忍受挫折，而且能夠保持開放和接納的態度，積極投入。他們明白人生並不容易，但仍持續依循自己最珍視的價值而行動，追求遠大的長期目標。他們依然會有憤怒、悲傷等感覺（誰沒有呢？），但他們會秉持好奇心、以自我寬容及接納的態度，面對這些感覺。情緒靈敏的人不會任憑感覺誤導自己，而會把心力有效運用在實現雄心壯志。

悲傷不會減少，卻有辦法走出傷痛

在我長大的過程中，南非還在實施種族隔離政策，我因此對情緒靈敏和這類韌性產生興趣。我的童年正值南非強制種族隔離的暴亂時代，大多數南非人都沒有機會學習識字，性侵事件則時有所聞。政府動用武力把人們趕出家園，並嚴刑拷打，人民可能在上教堂的途中遭警察射殺。無論在社會上任何場域，如學校、餐廳、廁所或電影院，黑人小孩和白人小孩都相互隔離。雖然我是白人小孩，不像南非黑人般受到那麼多折磨，但我和朋友仍然不免受到周遭社會暴力的影響。有個朋友遭到輪姦，我的叔父則被人殺害。結果，我從年輕時就很渴望了解人們如何因應周遭的種種混亂和殘酷。

十六歲時，家父被診斷出末期癌症，只剩下幾個月的壽命，當時他才四十二歲。那段日子我飽受創傷、非常孤獨，能讓我傾吐心事的大人原本就不多，同齡的朋友更沒有人嘗過類似的痛苦。

幸好有一位非常關心我的英文老師，鼓勵學生們寫日記。我們愛寫什麼，就寫什麼，但每天下午都必須把日記本交給她，讓她有所回應。我開始在日記敘述爸爸的病情，以及他最終的死亡。老師在日記本上真誠寫下她的省思，並詢問我的感覺。

我很快體認到，寫日記變成支持我的力量，幫助我描述、理解和處理自身經驗。我的悲傷並沒有減少，卻因此有辦法走出創傷。這件事讓我看到直接面對（而不是避開）艱難情緒產生的力量，我也因此走上這條生涯發展方向。

幸好南非的種族隔離政策早已成為過去，現代生活中雖然仍不乏悲傷和恐懼，但大多數正在閱讀本書的讀者，都不必再遭受體制化暴力的威脅和壓迫。

我已定居美國十多年，雖然相對來說，美國是比較和平繁榮的國家，但許多人仍然生活得很辛苦。幾乎我認識的每個人都因為事業、家庭、健康、財務上的種種要求，加上因經濟不穩定、快速文化變遷，以及科技破壞式創新不斷出擊等社會趨勢帶來的過大壓力，感到不勝負荷。

但另一方面，為了因應今天工作過量不堪負荷的情況，一心多用的趨勢讓我們更加無法放輕鬆。最新研究發現，多工作業方式對於個人績效的影響可以和酒駕相比擬。其他研究也顯示，即使是日常壓力，不管是臨出門前才把午餐餐盒裝好、正要參加重要視訊會議時偏偏手機沒電，或火車誤點、即將收到一堆帳單等等，都會讓腦部細胞提早十年老化。

客戶總是告訴我，現代生活的種種要求讓他們彷彿釣線上的魚兒般，感覺自己被鉤住、逮住，不斷掙扎。他們想要在人生中做一些大事，例如探索世界、結婚、完成計畫、事業有成、自行創業，或是身體健康、和家人維持親密關係，但每天所做的事卻無法更接近自己的願望（而且往往偏離內心想望）。即使他們努力尋找並掌握正確的道路，卻受限於現實處境，致使自己的想法和行為往往適得其反。為人父母者，更憂心這些沉重的壓力和負荷對孩子帶來的影響。

當腳踩的地面已在不斷移動時，我們必須身手更靈敏，才不會直直摔落，一敗塗地。今天不設法提升我們的情緒靈敏力，更待何時？

負面情緒或許可以幫助你

我五歲大的時候，決定逃家。當時我很氣惱爸媽，但不記得原因是什麼了，只記得當時心想，逃家是唯一合理的做法。我小心翼翼的打包，從櫥櫃中拿出一罐花生醬和一些麵包，穿上我最愛的紅白點木底鞋，動身追求自由。

我們住在約翰尼斯堡一條交通繁忙的街道上，爸媽曾一再諄諄告誡，無論在任何情況下，都不能獨自穿越馬路。快到街角時，我明白繼續向前走，進入廣大的世界，不是我的選項。我絕對不能自己穿越馬路。所以，就像所有乖乖聽令、還沒得到父母允許就不敢自己過馬路的五歲小孩一樣，逃家的我繞著街區走了一圈又一圈。等到我結束這個戲劇性的離家探險行動，終於回到家時，我已經繞著同一個街區走了好幾個小時，不知經過家門多少次。

每個人都曾像這樣，以不同的方式做過同樣的事。我們會再三反覆繞著生命中的街區，遵守各種明文規定或隱而未宣或純粹想像出來的規範，執迷於不適合自己的想法和行動。我常說，我們就像發條玩具，一再撞上同一堵牆，從來不明白左邊或右邊可能有一道敞開的大門。即使我們承認自己被鉤住了、需要幫助，我們求助的對象，如家人、朋友、好心的上司、心理師等，卻不見得幫得上忙。他們也有自己的問題、限制和煩心的事情。

同時，如今的消費者文化提倡的觀念是，大部分的困擾都是可以控制和解決的，至於無法控制和解決的部分則應該拋棄，或加以取代。這段關係令你不開心？那就另外找個伴。生產力太低了？找個應用程式就得了。當我們不喜歡自己的內心世界時，也採取相同的心態。我們會出去逛街，換個心理師，或決定採取「正向思考」，來解決不開心或不滿足的問題。

不幸的是，這些方法都不見得奏效。試圖修正困擾我們的想法和感覺，只會令我們更加執迷不悟。試圖壓抑情緒和想法，可能導致各種病態行為，從埋首工作到任何有自我撫慰效果的癮頭都有可能。試圖扭轉負面思考，轉為正向思考，結果幾乎都是感覺更糟。

許多人為了處理情緒，轉而求助書本或去上課，但許多課程都完全搞錯方向了。拚命宣揚正向思考的課程更是大錯特錯。硬要心生快樂的想法，即使不是完全不可能，也是極其困難的事，因為沒有幾個人能夠就這樣關掉負面思考，開始想開心的事。而且這類忠告也忽略了一個基本事實：負面情緒往往對你有好處。

事實上，負面情緒很正常。我們天生就偶爾會有負面的感覺，這是人性的一部分。我們的文化往往喜歡過度矯正原本正常的情緒波動，太強調正向思考正是一例，就如同我們的社會，對於喧鬧難管教的孩子或心情起伏過大的婦女，也總是過度用藥一樣。

全新情緒管理學

過去二十年來從事顧問、教導和研究時，我曾不斷檢驗和改善保持情緒靈敏的原則，以協助無數客戶達成人生中的大事。包括努力在家庭和工作間維持平衡的母親；奮力在敵對國家中普及兒童疫苗注射的聯合國大使；龐雜跨國企業的領導人；以及純粹覺得人生不僅止於此的人。

二〇一三年，我將一些研究發現刊登在《哈佛商業評論》，我在文章中提到：幾乎我的每一位客戶（更別說我自己了）都受制於僵化死板又負面的回應模式，我提出新模式，教大家如何培養更強大的情緒靈敏力，以擺脫既定模式，成功改變並持之以恆。這篇文章躍上《哈佛商業評論》熱門文章排行榜長達數月，而且在很短的時間內，有將近二十五萬人下載，相當於紙本《哈佛商業評論》總發行量，甚至被封為「年度最佳管理概念」。

其他許多報章雜誌也跟進報導，包括《華爾街日報》、《富比士》雜誌和《高速企業》雜誌。編輯們形容情緒靈敏力為「下一個情緒智力（emotional intelligence）」，是重要的觀念，將改變社會思考情緒的方式。我提這些不是為了自吹自擂，而是這篇文章獲得的迴響讓我明白，這個觀念的確打到痛處，似乎數以百萬計的人都在尋找更好的道路。

本書的內容是我在《哈佛商業評論》提出的研究發現和忠告的擴大版。但在進入實質討論前，我們先綜觀整體，讓你了解本書的討論方向。

提升情緒靈敏力，是容許你活在當下、採取符合自己價值觀的生活方式，並為此改變自己行為的過程。在過程中，你並非忽略這些難以處理的情緒和思維，而是放鬆對這些情緒和想法的控制，以寬容的態度，勇敢面對，然後超越一切情緒，設法實現想做的人生大事（編注：想知道你的情緒靈敏力有多高嗎？請上網檢測：http://quiz.susandavid.com/s3/eai）。

提升情緒靈敏力的過程共分四階段：

1. 勇敢現身，坦然面對

名導演伍迪．艾倫曾說，八〇%的成功純粹贏在現身。我所謂的「現身」意味著抱持好奇心和善意，坦然面對自己的想法、情緒和行為。有些想法和情緒在當下是合理且適當的，有些則是內心揮之不去的小疙瘩，有如碧昂絲的洗腦歌，幾個星期以來一直在腦中重複播放。無論是正確反映現實或有害的曲解現實，這些想法和情緒都是我們的一部分。我們可以學習如何與它們合作，邁步向前。

2. 跨出去

在坦然面對自己的想法和情緒後，第二項基本要素是抽離和觀察，以其本來面貌視之，了解這些只不過是一些想法和情緒罷了。如此一來，我們就在感覺和隨之而來的反應之間，開創了弗蘭克所說的「開放而不評斷」的空間。我們可以在體驗到複雜艱難的感覺時，設法釐清並一一辨識，找出更妥善的反應方式。抽離後再觀察，就可避免受到暫時性的心理經驗的控制。

跨出去之後，我們的視野會變得更寬廣，學會把自己看作棋盤，充滿了各種可能性，而不只是棋盤上的一枚棋子，受制於前面已走過的棋步。

3. 聽從內心呼喚，依循價值觀而行

整理心理經驗並冷靜下來，然後打開思緒和思考者之間的必要空間後，你可以就此專注於核心價值，也就是我們最重要的目標。在承認它、接納它，並讓自己抽離可怕、痛苦或破壞性的情緒之後，我們將更能發揮自己「高瞻遠矚」的一面，根據長遠價值和抱負來整合我們的思維和感覺，找到更好的方式達成目標。

你每天都會做上千個決定。今天下班後究竟該去健身房運動，還是偷懶一下，去喝酒聊天？曾經傷過你感情的朋友打電話來，你應該接電話嗎，還是讓他語音留言？我稱這些小小的決定為「選擇點」，而你的核心價值將成為導航的指南針，讓你保持正確方向。

4. 向前走

小小微調：傳統的自助成長書籍總是把改變視為巨大的目標，或是脫胎換骨的轉變，但研究結果卻恰好相反：融合了個人價值觀的小小微調，會為你的人生帶來莫大的變化。當你在例行公事和日常習慣作微調時，更是如此；我們每天一

再重複這些行為，等同提供改變的大好機會。

翹翹板原則：世界一流的體操選手以其敏捷的身手和核心軀幹上發達的肌肉，讓極其困難的體操動作看來毫不費力。當她失去平衡時，她的核心會幫助她改正動作。但為了和世界頂尖人才競爭，她必須不斷跨出舒適圈，嘗試愈來愈困難的動作。我們也需要在面對的挑戰和自己的能力之間，找到完美的平衡，才不會過度自滿或無法承擔，而能興致勃勃、充滿活力的迎接挑戰。

布蕾克利（Sarah Blakely）是Spanx塑身衣的創辦人，還曾是全球最年輕的女性億萬富翁創業家。她說每天晚餐時，她的父親都會說：「談談你今天是怎麼失敗的。」他不是刻意用這個問題來打擊女兒的士氣，而是想鼓勵孩子超越極限——當你做困難的新嘗試時，偶爾跌跌跤一點都不必在意，甚至值得讚賞。

培養情緒靈敏力的終極目標，正是把積極迎接挑戰和持續成長變成一輩子的習慣。

我希望本書能為真正的行為改變指引一條明路，助你找到新的行動模式，實現你想要的人生，並讓最困擾你的感覺和情緒成為活力、創意和洞察力的泉源。

就從現在開始吧。

第二章

你上鉤了嗎？

「我一定會搞砸」、「他過得真好」、
「別人都表現得比我好」……
當你不斷編故事，
陷入喋喋不休的自我批判中不可自拔，
小心，你已經上鉤了！

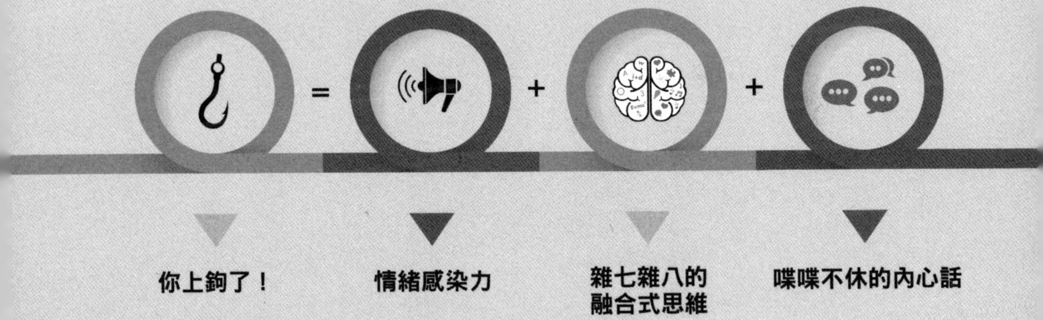
=
+
+
你上鉤了！
情緒感染力
雜七雜八的
融合式思維
喋喋不休的內心話

好萊塢劇本的成敗關鍵，往往繫於引人入勝的「鉤」（hook），也就是能夠抓住觀眾興趣、啟動故事發展、驅動劇情向前推進的簡單概念。「鉤」必定包含衝突，我們一旦受到某部電影的吸引，就會很想知道衝突最後如何解決，這往往是我們全神貫注、一直看下去的原因。

身為心理學家，我發現最能吸引我上鉤的電影和小說，故事情節最大的衝突往往存乎劇中英雄的內在本質中。例如：在演藝圈辛苦討生活的男演員一直不了解女性，直到為了謀生逼不得已，在真實生活中假扮女人（電影「窈窕淑男」）；年輕女子害怕作出對婚姻的承諾（電影「落跑新娘」）；或歷久不衰的精采「鉤子」——厲害的殺手頭部受到重創，醒來後發現自己陷入真槍實彈的陰謀中，卻茫然不知自己是誰或想做什麼（電影「神鬼認證」）。

我們或許不會開著敞篷轎車奔馳於棕櫚大道上，也沒有機會和電影明星開會討論，但其實人人都是風格獨具的好萊塢編劇，我們無時無刻不在腦海中播映自己寫的劇本。只不過在我們的人生故事中，「上鉤」不再意味著看電影時緊張興奮得坐不住，而是指陷入自我挫敗的情緒、想法和行為中不可自拔。

腦子不停編故事

人類的心智機器會不斷製造意義。

我們每天都受到數十億各類感官資訊的轟炸，身而為人，必須努力不懈解讀所有訊息，而解讀的方式就是把周遭看到的景象、聽到的聲音、體驗到的經驗和各種關係，都組織成連貫性的敘述，像是：

我是蘇珊，剛醒來，還躺在床上。跳到我身上的小小哺乳類動物是小犬諾亞。我以前住在約翰尼斯堡，但現在搬到麻薩諸塞州。我今天得起來準備會談資料。我的職業是心理學家，我和人們會面，設法幫助他們。

以上敘述有個目的：我們透過說故事給自己聽，來組織自己的經驗，並保持頭腦清醒。

問題是，我們會把事情搞錯。如果一個人說的故事，根本前後不一，或完全脫離現實，我們會說這個人是「神經病」。不過，雖然大多數人從來沒有幻聽的毛病，也不會過於自命不凡，我們在編自己的故事時，仍不免任意扭曲事實，有時甚至沒有意會到自己在編故事。

然後我們會接受這樣的自我敘述，毫不懷疑，彷彿這就是事實、完全的事實、絕無虛假。姑且不論其真實性，可能早在我們小學三年級，甚至是學會走路或講話前，這些故事早已塗抹在我們的心靈黑板上。我們鑽進這些寓言故事裡，放任某個句子或段落代表整個人生（而這樣的敘述可能三、四十年前就開始出現、從未經過客觀檢驗和證實）。幾乎每個人都經歷過這類混亂的情境：

「我一出生，爸媽就離婚了。所以，媽媽有酗酒問題，都要怪我。」

「我們家的人都很會交際，只有我這麼內向，所以沒人愛我。」

簡直沒完沒了。

我們每天都不斷創造出一個個小故事，我自己就是如此。幾年前，有個同事不經意丟了語音訊息給我，說他即將出版的新書將會借用（不妨說「盜用」）我的某個概念作為書名，希望我「不會介意」。他完全不是在徵詢我的同意，只是冷靜告知。

嘿——我當然介意啦！他用的是「我的」概念，我原本打算自己用的概念！我很氣惱那天在研討會中，竟然跟他提及我的創見，毫不設防。但我又能怎麼辦呢？專業人士又不能彼此大聲叫囂。

我按捺怒氣，像大多數人一樣，打電話給另一半訴苦。但外子安東尼是個醫生，他接電話時說：「蘇珊，我現在沒辦法講電話。有個病人正在手術室等著急救。」所以我又再度遭到不公平對待，而且這回錯待我的人是自己的丈夫！

安東尼當時的邏輯是：挽救病人的性命比立刻和我談話重要多了，但這絲毫不能平撫我高漲的怒氣。在我真正需要他的時候，我的丈夫怎能這樣對我？這樣的想法很快演變為「每當我需要時，他從不在我身邊」。我益發怒不可遏，打算等他回電時，絕對不要理睬他。**我上鉤了。**

結果我自己生了兩天悶氣，和無辜的丈夫冷戰，只因為「每當我需要時，他從不在我身邊」，而不是去找那位同事聊一聊，心平氣和但毫不含糊的表示我反對他的做法，然後設法找出彼此滿意的解決辦法。還真聰明啊！

不正是這些不盡然正確、自己說給自己聽的可疑故事，令我們內心交戰，浪費許多時間，又造成家中氣氛凝結嗎！更嚴重的問題是，這些故事所描繪的世界，和我們想要的世界、能讓我們真正蓬勃發展的世界，其實大大牴觸。

喋喋不休的自我批判

大多數美國人每天平均會說一萬六千個左右的英文單字。但我們的思想——我們內心的聲音——會使用更多的單字，多達幾千個。意識的聲音儘管靜默，卻喋喋不休，會在私底下不斷以各種觀察、評論、分析的形式轟炸我們。

這些無休無止的聲音正是文學教授口中「不可靠的敘事者」——如小說《羅莉塔》（*Lolita*）中的亨伯特或《控制》（*Gone Girl*）中的愛咪。正如同這兩個角色對事情的敘述並非完全可信，同樣的，我們內心的敘事者也可能抱持偏見、感到困惑，甚至會自我開脫或蓄意欺騙，更糟的是還從來不會閉嘴。你也許有辦法自我克制，不隨便和別人分享內心想法，但想要徹底遏止源源不絕湧出的各種想法？那麼，只有祝你好運了！

我們內心喋喋不休湧出的各種敘述，大部分都錯綜複雜，融合了各種評斷，又經過情緒的推波助瀾，然而我們卻把它當真了。有些想法很正面，對你有所助益；有些則偏向負面，且毫無幫助。無論是哪一種情況，我們內心的聲音很少能做到不偏不倚、不動感情。

舉例來說，此時此刻，我正坐在書桌前，撰寫這本書，而且進度緩慢。「我正坐在桌前」是基於事實的簡單想法，「撰寫這本書」和「寫得很慢」也一樣。

到目前為止，都沒什麼問題。但從這裡開始，原本基於事實的觀察一不小心就變成個人看法。我說給自己聽的故事很容易就發展出「鉤子」，令我執迷於不可靠、未經檢驗的概念，胡思亂想，變得好像即將成為漁夫晚餐菜色的鱸魚般。

「我寫得很慢」可能很快衍生出自我批評的論斷：「我的寫作速度太慢了」；「我的寫作速度比不上大多數作家」，把基於事實的想法變成一種比較；「我跟不上其他人」，增添了焦慮；然後再以譴責性的評斷來總結：「我一直騙自己說可以快馬加鞭，趕上截稿期限。我為什麼不能對自己說實話？我完蛋了。」這和一開始基於事實的敘述：「我正坐在桌前，慢慢寫書。」簡直天差地遠。

你上鉤了！

如果你想體會一下事實如何在不知不覺間漸漸變成意見，再演變成評斷和焦慮，不妨試試下面的頭腦體操。

請想一想以下提示，一次只針對一個提示進行聯想：

- 你的手機。
- 你的房子。
- 你的工作。
- 你的公婆（或岳父母）。
- 你的腰圍。

當你自由聯想的時候，有些想法或許反映事實，像是「我上星期和公婆吃飯」或「有個案子星期一得交件」。但接著討厭的意見、評斷、比較、憂慮等，很快就出現了：

- 我的手機……需要升級。
- 我的房子……總是亂七八糟。
- 我的工作……壓力很大。

- 我的公婆……把孩子寵壞了。
- 我的腰圍……得節食才行。

我有時會在工作坊中，請大家匿名列出困難的處境，以及因此引發的想法和情緒。以下是一群胸懷大志的企業主管提出的無濟於事的「自我故事」，以及引發這些想法的情境。

看到別人成功：「我不夠好。為什麼不是我？」

成天都在工作：「我的人生太失敗了，周遭所有事情都亂成一團，家人埋怨我，老是錯過應該共度的歡樂時光。」

執行困難的任務：「怎麼會這麼久還沒完成？假如我能幹一點的話，應該可以快一點做完。」

錯失升遷機會：「我真是白癡，膿包一個。我上當了。」

被要求嘗試新做法：「我嚇壞了，這樣絕對行不通。」

參與社交活動：「我一定會怯場，大家還以為我是在山洞裡長大的。」

得到負面回饋：「公司一定會開除我。」

和老友聚會：「我真是個魯蛇。他們的生活都比我更多采多姿，錢也賺得比我多！」

試圖減肥：「我是噁心的肥豬！索性放棄算了。這裡每個人都比我好看。」

為什麼我們的想法這麼容易從中立，漸漸變成彷彿上鉤的魚，以下的說明或許可提供一些線索。請看這句歌詞：

瑪麗有隻小「　　」

你想接「綿羊」對不對？問題不算太難，你的腦子裡就會立刻冒出答案。我們之所以輕易上鉤，是因為有太多反應都是反射動作。

引你上鉤的通常是日常生活中碰到的情境，可能是和難纏的上司談話、和你一向畏懼的親戚打交道、即將登台作簡報、需要和另一半討論關於錢的問題、孩子的成績不如預期，或只是一般的塞車狀況。

接著，你的自動操作反應就發作了。你可能說些酸言酸語，或壓抑自己的感覺，或採取拖延戰術，或乾脆走開，或悶悶不樂，左思右想，甚至大發雷霆。

當這些無濟於事的自動反應模式出現時，你就上鉤了。結果就像一聽到「瑪麗有隻小……」，腦子裡立刻冒出「綿羊」一樣。當釣鉤上的魚餌在你眼前晃動時，你會毫不猶豫一口咬下去。

當你開始把想法當成事實，就上鉤了。

> 這種事情我完全不在行，我老是把事情搞砸。

接下來，你會開始避開可能激發這些想法的情境。

> 我根本連試都不想試。

或是反覆不斷重播同樣的想法。

> 我上回嘗試的結果只是自取其辱。

有時候，也許是聽從家人或朋友出於善意的忠告，你試圖拋開腦中這類想法。

> 我不該這樣想，根本無濟於事。

或你勇往直前，強迫自己去做原本害怕的事情，即使你不是由衷重視這件事，而是受到「鉤子」驅使才這麼做。

> 我一定得試試看，即使覺得受不了，還是應該學著喜歡這件事。

這些喋喋不休的內心話不但會令人誤入歧途，而且十分累人，耗損元氣，而你原本可以把心力用在更好的用途上。再加上許多心理習慣與情緒緊密結合後，會產生強烈反應，更助長這些想法引人上鉤的威力。

波巴，還是奇奇？

假定你正在上課學習新的星際語言。右邊這兩個圖形在新語言中各有名稱，一個叫「波巴」（bouba），另一個叫「奇奇」（kiki）。老師來了個隨堂測驗，問大家哪個圖叫哪個名字。你很可能會挑選上圖為「奇奇」，下圖為「波巴」。

設計以上實驗的學者拉瑪錢德蘭（V. S. Ramachandran）和哈伯德（Edward Hubbard）發現，九八%的人都這麼想。即使不曾學習任何語言型態、也不會說英文的兩歲大小孩，都會作出相同的選擇。

從拉瑪錢德蘭任教的加州大學聖地牙哥分校到耶路撒冷的石牆，或在中非洲講史瓦希里語的坦干依喀湖區，舉世皆然，大家腦子裡都有相同的偏好。不分語言、文化和採用的字母，只要看到這兩個沒有意義的圖形符號，短短幾秒內，人類的聽覺中樞就會辨識「奇奇」為比較銳利曲折，而「波巴」則比較柔和圓滿。

學者認為，人類之所以會把某個形狀和某種聲音連結起來，部分原因是這類判斷發生於大腦中的角迴（angular gyrus）區塊，而角迴乃位於我們的觸覺、聽覺和視覺中樞交會處，會融合聲音、感覺、圖像、符號和手勢等各種感官經驗，甚至和我們理解隱喻的能力相關。我們會說「這是一件吵鬧（loud，譯注：亦有高調張揚之意）的襯衫」或「這種乳酪味道很鋒利（sharp，譯注：亦有味道強烈之意）」，儘管這件俗氣的夏威夷衫不會發出任何噪音，而你吃的乳酪也不可能隨時切掉你一節手指（角迴受損的病人或許能說一口純正的英文，卻無法理解隱喻的含意。低等靈長類動物也是如此，牠們的腦部角迴只有人類的八分之一大）。

人類融和感官經驗的能力，不只幫助詩人和作家想出迷人的佳句妙語，不幸的是，也會害我們輕易上鉤，執迷不悟，因為我們想事情的時候，無法像「星艦迷航記」中的史巴克般總是淡然處之：「我剛想到敵人正在削弱我的力量，真有意思。」

我們腦中冒出的想法會充斥各種視覺圖像、象徵、古怪的詮釋、判斷、推論、抽象化概念和行動，精神生活雖然因此生氣蓬勃、多采多姿，但也可能因而不夠客觀，也不管這些臨時闖入的想法正不正確或有沒有幫助，都任之擺布。

法官在開庭時，通常會讓陪審團檢視驗屍照片，但很少讓他們看犯罪現場的照片，因為法官希望陪審團能秉持不偏不倚的立場，運用邏輯，深思熟慮，唯恐混亂、殘暴、血腥的影像會造成情緒上的衝擊，影響陪審員的判斷。

驗屍照片是於明亮燈光下在鋼質驗屍枱上拍攝而成的影像，完全冷冰冰的不帶感情；犯罪現場照片則可能包含一些小細節，將受害者的角色人性化，例如血跡斑斑的衣櫃上貼著受害者小時候的照片、破舊的運動鞋上未繫的鞋帶等等，或戲劇化展現受害者遭受的痛苦。這類影像可能會激發陪審員的情緒，促使他們產生報復心態：「受害者就像我一樣，雖然被告有很好的不在場證明，但總得有人為這暴行付出代價！」

對威脅過度反應

在毒蛇猛獸出沒和飽受鄰近部落威脅的遠古時代，這種生動多彩的認知處理模式，加上情緒增強作用，幫助人類順利演化，適應良好。但也因為如此，一旦面臨敵人或猛獸的威脅，狩獵採集者根本無法進行史巴克式的抽象思考，冷靜下來分析「我正面臨威脅，應該如何評估各種選擇方案」。

人類祖先在求生存時需要的反應方式是，先發自內心感覺危險逼近，掌握到這件事的意義，並經由內分泌系統點火驅動後，自動產生可預測的反應：「凍結」、「應戰」或「逃跑」。

我二十來歲時，曾和家母一起住了一年。當時有個朋友的家遭犯罪份子侵入，埋伏在裡面，等到她和男友晚餐約會回來時，就慘遭強姦和毒打。這類恐怖罪行在約翰尼斯堡可說司空見慣。這件事發生後，我比從前更加惴惴不安。

有一天晚上，我開車回家時完全迷失方向，結果駛進一個危險地區。後來我開始擔心是不是遭跟蹤了。但返抵家門時，我沒有看到任何人。於是我走進屋裡，打算待會兒再回車上拿行李。大約三十分鐘後，我走出家門，往車子走去，這時似乎一切安好。接著我聽到有人喉嚨裡咕噥了一聲，我抬頭一看，兩個男人正朝著我走來，手裡都拿著槍。連續幾小時忐忑不安令我情緒高漲，加上朋友遭到攻擊的記憶猶新，我一秒鐘都不遲疑，立刻放聲尖叫，各種罵人的髒話脫口而出（我對粗話早已見怪不怪，但請相信我，我當時說的話實在太過惡毒，不適合在此重述）。那兩個人一時措手不及，一臉驚恐瞪著我（我只能想像他們看到這瘋狂女子時心裡作何感想）。他們匆匆跑進樹叢，消失在路上。

直到今天，我都很慶幸當時腦部的感官融合功能充分發揮效用，也就是突然之間，我看見、記起、聽到，然後即刻反應。

然而，這種不可思議的融合能力也會引人上鉤。幸好我們在今日世界碰到的大部分問題，甚至大多數的威脅，都是模糊且長遠的問題：不是「啊！有蛇！」之類的，而是「我保得住飯碗嗎？」，或「等到我退休時，存下來的錢到底夠不夠用？」，或「女兒是不是迷上了彼得森家那沒用的小子，成績才開始下滑的？」。但由於伴隨而來的情緒使然，即使只是在腦海中閃過一些極其溫和的「人生片段」（例如夫婦倆漸漸老去、陷入愛河的高中女生），這些想法都可能激發自動反應，引起高度焦慮和恐懼，感覺遭受威脅。

不經意的想法持續發威，讓你上鉤了！

喋喋不休的自我批評＋雜七雜八的融合式思維＋情緒感染力＝你上鉤了！

1. 當我們開始喋喋不休的自我批評……

最近幾天我都沒有和女兒珍妮好好聊聊，我陪她的時間太少，我應該多花時間和她相處。但我工作這麼忙，哪裡抽得出時間呢？我實在辦不到。反觀蜜雪兒似乎總是有辦法抽出時間，和女兒一起享受特別時光，她真是好媽媽。她很清楚自己的優先順序。我到底是怎麼了？把事情弄得一團糟。

2. 多虧了雜七雜八的融合式思維，把喋喋不休的自我批評和我們的記憶、視覺圖像、象徵符號等融合在一起：

看看我的小女兒，這麼快就長大了。小時候放學回家時，媽媽總是烤餅乾給我吃，我幾乎還聞得到餅乾的香味。我也應該烤一些點心給珍妮吃。我已經可以看見她高中畢業後離家、和那混小子彼得森遠走高飛的畫面！——而且還痛恨我！為什麼客戶偏要在星期六傳電子郵件給我呢？我只好先花腦筋解決那混蛋的問題。不行，珍妮，我沒辦法帶你去逛街。你為什麼老是不明白「媽媽必須工作」？

3. 情緒感染力：

我不敢相信我竟然凶巴巴教訓了我心愛的孩子，我好內疚，我以後一定會孤老一生，因為女兒恨透了我。我以前熱愛工作，現在卻痛恨工作，工作剝奪了我和家人相處的時間。我的人生真是失敗極了！

在我們為了理解自己的人生而撰寫的劇本中，即使有時情節純屬虛構，情感衝擊仍是賦予劇本巨大力量和意義的「特效」之一。

十七世紀的詩人密爾頓（John Milton）曾言簡意賅指出：「心靈有屬於自己的地方，能把天堂變地獄，地獄變天堂。」充滿感染力的警句還有：「如果願望長了翅膀，那麼豬會飛上天。」這句話的意思是，沒錯，心靈能創造自己的宇宙；但我們無法單憑自我肯定和正向思考來解決問題。事實上，靠笑臉貼紙解決問題的新時代思維，可能讓問題變本加厲。在此需要探討的：究竟是誰在發號施令？是思考者，還是思維本身？或許部分的問題純粹出在我們的思考方式。

這不是菸斗

一九二九年，比利時畫家馬格利特以一幅名為「圖像的背叛」（The Treachery of Images）的畫作惹惱藝術界。你可能也看過這幅畫，畫中一隻菸斗下面有一行字：「這不是菸斗。」

起初你可能心想，呃，不過就是超現實派畫家用荒謬的手法挑逗觀眾。但其實馬格利特的評語是重要的警語，說明我們如何處理資訊，以及我們的心智為了貪快而抄捷徑，有時會導致我們驟下結論、判斷錯誤，或墨守成規、食古不化。

我們從油彩刷在畫布上的方式，推斷畫家畫了一支菸斗；但馬格利特說得對：這不是菸斗，而是在二維平面上呈現出我們心目中的菸斗。如果你想抽這根菸斗，唯一的辦法是把畫布扯下來撕成碎片，塞進真正的菸斗中。馬格利特用自己的方式說明：圖像並非物體，或套用哲學家科季斯基（Afred Korzybski）的話：

「地圖不是實際疆域。」

人類很喜歡在心裡創造各種分類，然後把物體、經驗、甚至人們，都各自納入適當的類別。假如我們無法把某個事物分門別類，就會把它歸為「不適用」那一類。分門別類有時候很有用，例如當你把股票分成高風險或低風險股票時，會比較容易挑選到符合理財目標的股票。但是，如果我們太安於或太習慣既有的刻板類別，就會採取心理學家所謂的「過早的認知承諾」（premature cognitive commitment），也就是僵化死板的習慣性反應，來應對各種觀念或人事物。這些快速好用的類別，加上因此造成的倉促判斷，通常被稱為「經驗法則」。

經驗法則出錯了

經驗法則包含的範圍很廣，從合理的推斷，例如「八月的大熱天，我絕不會在伊斯坦堡的戶外小吃攤吃東西」，到種族歧視或階級偏見之類令人盲目的有害觀念，以及種種自我設限、剝奪樂趣的堅持，例如「我不跳舞」之類的。

由於我們的思想傾向於和情緒融為一體，所以我們會自然而然為了方便分門別類，設法把所見所聞都納入既有的框架，以便憑直覺快速作出決定。假如面對不同選擇時，毋須一一分析盤算，那麼日子鐵定輕鬆多了。就像到新潮餐廳用餐時，服務生會不斷詢問顧客在飲食偏好上的種種細節，直到你很想嚷嚷：「只要快點把那盤該死的沙拉端來，隨便淋些美乃滋在上面就好！我都無所謂！」建立起自己的經驗法則後，我們不必耗費太多心力，就能輕鬆應付日常生活中的各種例行活動，否則很可能陷入一堆分析中動彈不得。

和別人碰面時，經驗法則會立刻插手，為我們決定要不要和這個人混熟一點，還是敬而遠之。結果，我們很善於憑直覺來打量別人，往往只掌握薄弱的證據，就在短短數秒內評斷對方，但評價通常都頗為正確。有些研究詢問實驗對象對陌生人的第一印象，結果得到的答案，往往符合這個人的親友對他性格的評價。

這種當場打量評斷陌生人的能力，在數千年前就已幫助人類超越血緣關係，建立互信，並且因此發展出村落、市鎮和社會。換言之，建立了文明。

倘若人類缺乏憑經驗法則而來的預測能力（「他握手很用力，笑容和善，看來像是大好人」），而需要悉心分析所有臉部表情、對話和新資訊，我們根本沒有時間過一過真實的人生。

不幸的是，倉促建立的快速印象還是很可能出錯，尤其是根據不公平或不正確的刻板印象，或受到騙子操弄時。然而第一印象一旦建立，就很難修正或改變。當我們快速下判斷時，我們往往高估了手邊掌握的資訊，低估了需花更多時間挖掘的細微差異。

快思與慢想

心理學家康納曼在《快思慢想》（*Thinking Fast and Slow*）中形容人類心智運作時有兩種基本的思考模式：系統一通常快速、自動運作、不費力、注重聯想，是內隱的思維活動，換句話說，無法進行立即的反思。系統一通常比較情緒化，受習慣所控制，結果很容易令我們上鉤。

系統二的思維運作則比較緩慢，更加深思熟慮，需要花更多心力和投入深度注意力。同時，系統二的運作也比較有彈性，較能順應我們刻意建立的規則。由於系統二的運作，我們才得以在刺激和反應之間創造出弗蘭克所說的空間，讓我們能充分發揮人性，並蓬勃發展。

我還記得有一次在電視上看到歐萊利和賴特曼對談。保守派評論家歐萊利提出問題後，就窮追猛打冷面笑匠賴特曼，表示：「這個問題很簡單！」

賴特曼回答：「對我來說不簡單，因為我總是考慮周詳。」

觀眾熱烈鼓掌叫好。

如我們在前面所說，快速、直覺式的系統一思維有時威力強大、也十分正確。吉仁澤博士（Gerd Gigerenzer）是柏林市麥克斯普朗克人類發展研究院（Max Planck Institute for Human Development）的院長，也是葛拉威爾在暢銷書《決斷兩秒間》（*Blink*）中討論的科學家之一。吉仁澤是社會心理學家，在直覺思考方面有許多著名研究。他形容，即使身歷其境的人都覺得這類直覺反應十分神祕奧妙。我們只知道直覺思考仰賴環境中一些簡單的暗示，同時過濾掉因制約作用或人生經驗（或不以為意或習慣使然）而覺得不重要的資訊。

有些人的直覺反應源自於因練習而來的熟練技巧。西洋棋大師只要看看別人正在下的棋局，就能不假思索說出接下來幾十步棋的發展；照顧心血管病患的護士老遠就能看出有人心臟病發；消防員會知道何時該撤出火場——就是現在！

專注目標，沒發現異樣

但系統一的直覺反應也有不好的一面。我們處理資訊的方式和行為模式一旦開始受經驗法則支配，很容易因運用失當，而無法偵測出不尋常之處或發掘新機會，於是變得欠缺靈敏度。

沉醉在劇情中的電影迷，可能沒有注意到故事細節或畫面不連貫之處，例如某個演員在特寫鏡頭中手握咖啡杯，但等到兩秒鐘後，鏡頭拉開時，他手中卻空空如也。在實驗室裡，研究人員要求實驗對象觀賞短片，並在短片中刻意包含一些前後不一致的錯誤狀況。比方說，錄製談話的畫面時，他們不時把鏡頭從一個人身上切換到另一人身上，而其中一名角色的衣著不停變換；或趁其中一名角色站起來接電話時，改變拍攝角度，等到下個畫面出現時，這個角色已經換人扮演。結果發現，有三分之二的觀眾根本沒注意到這些錯誤，甚至連影片主角已經換人扮演，都沒注意。

在同一批學者的另外一項研究中，研究人員在校園中把學生攔下來問路。當學生和研究人員談話時，研究小組的其他成員抬著一扇木門直接從兩人中間穿過去，而且就如魔術大師變戲法般，趁機和問路的研究人員互換位置，所以當視覺障礙（木門）消除時，最初向學生問路的研究人員已經換成另一個人。震驚的是，參與實驗的學生有半數沒注意到談話對象換了人，都若無其事結束談話。

美國波士頓市曾發生過一個實例。一九九五年一月的某一天清晨破曉前，康利警官（Kenny Conley）跨越圍籬，追捕一名槍擊嫌疑犯。康利滿腦子只想抓到壞蛋，他因為太專心，完全沒有注意到現場狀況：其他警察正在痛毆另一名男子，因為他們誤以為那人是嫌疑犯——但其實那是一名臥底警探。後來康利在法庭上證時說，他當時雖路過發生毆打事件的地方，但他狹隘的視野完全只看見自己的任務，根本沒注意到毆打事件。

這件事給我們的教訓是，我們的心智一旦進入預設模式，就必須發揮極大的彈性，才有辦法推翻目前的狀態。這是為什麼許多憑常識就能解決的簡單問題，專家卻常常是最後想到常識解方的人。經濟學家韋伯倫（Thorstein Veblen）稱這種情形為專家的「過度訓練失能症」（trained incapacity）。老手往往因過度膨脹的自信，而忽略有關情境脈絡的資訊，專家對某類問題愈熟悉，就愈習慣從記憶庫中直接掏出現成解方，而不是針對眼前的特殊個案，尋思因應之道。

專家往往太過自以為是

在另外一項研究中，參與實驗的心理專家必須看一段訪談影片，研究人員會告訴他們受訪者是求職者或精神病患，並要求這些臨床心理專家運用專業知識，評估影片中受訪者的情況。當心理專家認為受訪者是在應徵工作時，他們對受訪者的描繪是「正常且適應良好」；但如果事先告知他們受訪者為精神病患，他們對同一個人的描述就變成「焦慮苦惱或精神衰弱」。這些臨床心理專家沒有密切觀察眼前真實的個人，反而容許自己仰賴表面暗示，單憑過去經驗，就閉著眼睛作診斷。他們當初索性閉起眼睛睡大覺，結果可能也差不多。

大體而言，專家（或在任何領域備受敬重的人士）往往太過自以為是。有時候你在某個領域的地位或成就，在其他領域卻未必能派上用場。我曾在研討會上碰到一群股票經紀人，他們一致公認外科醫師是最糟糕的投資人，因為外科醫生只聽其他醫生的投資建議（諷刺的是，這群股票經紀人雖然認為外科醫師的投資本領奇差，自己卻憑著不太高明的經驗法則，作投資判斷）。企業到野外舉行團隊訓練營時，公司執行長往往假定應該由他來發號施令，殊不知剛從軍中退伍、在收發室工作的小伙子，可能更適合帶領團隊進行攀岩和攀繩訓練。

執迷於某種思考或行為方式的人，往往沒能真正注意到周遭世界的真實情況，無視情境脈絡，只根據自己的組織分類方式來理解世界，完全不管這樣的分類和當前情勢是否相關。碰到失火或墜機時，許多人往往因為循著來時路逃生，而命喪黃泉。他們在恐慌中，一味仰賴既有模式，而不懂得思考其他出路。同樣的，我們遭遇的苦難、分手的痛苦、人際關係的挑戰、人生的種種困境，幾乎都無法單靠相同的舊思維和直覺來解決問題。保持情緒靈敏力，意味著你必須敏銳體察事情的脈絡，針對眼前真實世界發生的情況而有所因應。

我們當然不希望終止腦海中川流不息的想法和情緒，因為那不啻意味著我們的生命也隨之告終。但我要再度強調：「究竟是誰在發號施令——是思考者，還是思維本身？」我們是依循自己的價值觀、根據心目中哪些事情最重要，來管理自己的人生，抑或我們只不過隨波逐流？

如果我們無法主宰自己的人生，沒能在深思熟慮、充分領悟洞察各種可能選項後，實現自己的意志，我們就上鉤了。以下是**四種最常見的「鉤」**：

歸咎於想法

「我以為我一定會出糗，所以沒能充分融入派對。」

「我以為她對計畫漠不關心，所以不再和她分享這方面的資訊。」

「我以為他會開始批評我們的財務狀況，所以就走出房間。」

「我沒說，因為我以為別人會覺得很蠢。」

「我覺得她應該先主動聯絡，所以我沒有打電話。」

在上面每個例子中，說話者都把自己的所作所為（或不作為）歸咎於一些想法。當你開始怪罪自己的想法時，套用弗蘭克的說法，你就沒能在刺激和反應之間留下作出真正選擇的足夠空間。單單個別的想法不會導致行為，過往的故事也不會引發行為。我們的行為都是自己造成的。

心猿意馬

「心猿意馬」（monkey mind）是冥想用詞，用來形容沒完沒了的雜念、喋喋不休的自我批評，也許不停從一個話題跳到另一個話題，有如猿猴在樹與樹之間擺盪。你可能和另一半大吵一架後（或和父母、子女、朋友、同事吵架），他跺腳衝出家門。於是你搭車上班時，一路上心裡一直嘀咕：「我今晚一定要告訴他，當他批評我的父母時，我有多難過。」當你盤算著要怎麼說時，對事情的預期慢慢演變成腦子裡的模擬對話：老公可能又會說一些難聽話來指責岳父母，於是你也還以顏色，批評他不成材的弟弟。你預測他可能會說什麼，然後盤算應該如何應對。等到你踏進辦公室時，剛剛在腦子裡進行的激烈辯論已經讓你累壞了。

當我們進入「心猿意馬」模式時，很容易開始「往壞處想」，想像最糟的情況，或小題大作，結果平白消耗大量精力，完全在浪費時間。更嚴重的是，腦子裡不斷盤旋著想像的情節時，你無法活在當下。你不會注意到公園裡盛開的花朵或列車上的有趣人物，也沒有為大腦留下空間，無法發揮創意，好好解決你當初努力爭取、想要好好解決的問題。

心猿意馬時，你太執迷於過往的推力（「我無法原諒他做過的事」）和未來的拉力（「我簡直等不及要遞辭呈，跟經理坦白說出我的不滿」），而且採用霸道專斷的內心語言，「必須」、「不能」、「不該」之類的字眼（「我必須減肥」、

「我不能失敗」、「我不該有這樣的感覺」）。心猿意馬會讓你脫離當下，看不清怎麼做最好。

過時的舊觀念

凱文非常渴望找到認真交往的對象。他表面上嘻嘻哈哈、為人風趣，但骨子裡其實很封閉，不信任別人，和女人保持距離。可以想見，他過去的戀情都以失敗告終。凱文告訴我，他父親是個酒鬼，犯錯時，父親會嘲笑他、毆打他，有時還當著朋友的面打罵他。凱文從小就曉得千萬不要在人前悲傷或示弱，因為父親會用來對付他。他學到的教訓是，即使最親近的人都可能隨時翻臉，所以最好避免投入感情，和周遭的人保持距離。凱文年紀小的時候，這樣做很有效，能保護他感情不受傷害，身體也安然無恙。但此一時，彼一時也。

二十年後，凱文不信任別人的心態，就像一雙過小的鞋子般限制他的發展。他每天都彷彿活在童年創傷中。他需要發揮情緒靈敏力，來因應和過去截然不同、比較正面的成年生活處境。煩憂不安的舊思維模式已不再符合他的需求。

婷娜最近錯失升遷機會，沒能當上一家大型金融服務公司的執行長。她初出茅廬時在紐約當交易員，置身於不假辭色、男性主宰的工作環境中。她在交易所學到的是，私人生活是禁忌的話題，她必須表現得和身邊鬥志十足的男人一樣強悍。在交易所，這樣的心態很管用，她也熱愛工作，但是等到她轉換跑道後，她發現同事不喜歡聽機器人發號施令，她必須流露些許情感和表現得真誠一點，但是她很難和別人拉近距離。

婷娜和凱文一樣，活在過時的故事裡。過去的老路子，未來不見得能繼續走下去。她需要靈活因應不斷改變的情勢。

錯誤的正義

他們說，你在法庭上永遠得不到正義；幸運的話，頂多談成最划算的交易。在人生其他領域中，我們往往也為了追求正義、或辯白澄清，或證明自己無庸置疑、完全正確，而花掉太多時間。只要談過幾個月戀愛的人都知道，情侶爭執到某個時刻，你會明白……啊……情況大致已風平浪靜，你們已達成某種諒解

（也許是停火休兵），這時候，你最該做的事情是閉嘴放手，關燈睡覺。然而你偏偏忍不住多說一句，其實只是為了證明你是對的，另一半錯了——於是又開始天翻地覆，重啟混戰。

如果你打死不退，非得證明自己是對的或遭到不公不義的對待，這件事可能會悄悄奪去你人生的多年時光。世界各地都有許多家族累積了長久夙怨，但沒有人真正記得當初到底是怎麼結下樑子的。諷刺的是，這種情況反而延長了原本的不公不義，因為你自我剝奪了其他值得珍視的好東西，包括和家人朋友之間的溫暖情誼。南非人形容這種跟自己過不去的現象是：「為了和臉孔作對，而割掉自己的鼻子。」

精於悖論的古希臘哲人赫拉克利特曾說過，你永遠無法兩次都踏入相同的河水，意思是世界不斷變化，我們隨時都會面臨新機會和新情勢，因此必須不斷打破舊框架，制定新系統，才能發揮最大成效。當我們抱著「初學者心態」，帶著新眼光嘗試新經驗時，往往能找到最有趣而創新的解決之道。這也是情緒靈敏力的基石。

一、兩個世代前，我們的社會對於哪些事情屬於「男人的活動」，哪些是「女人的活動」早有定見。但到了今天，假如你還想當然耳的照這樣刻板分類，一定會受到嚴厲抨擊。同樣的，有些人常常太快把自己歸類，沒有體認到自己獨特的價值，只狹隘地將自己歸為有錢人、或胖子、或宅男、或運動迷。我們很早以前就知道類似「強森的老婆」這種歸類方式會自我設限，有害無益，但其實「執行長」或「男人中的男人」或「班上的資優生」或「超級盃四分衛」也一樣。情勢不斷改變，我們需要有靈活的彈性，確保自己能跟著改變。

情緒靈敏力意味著能覺知和接受自己所有的情緒，甚至從最難纏的情緒中有所學習。情緒靈敏力也意味著超越受到制約或預先設定的認知和情緒反應（你的「鉤」），清楚解讀眼前的環境，活在當下，適當反應，一切行動均符合內心深處的價值觀。在下面的章節中，我將說明如何成為情緒靈敏、生活充實的人。

第三章

與情緒脫鉤

當你上鉤時，你該做的，
既不是封裝負面情緒，也不是煩憂多慮，
而是以好奇且接納的態度，
面對所有情緒。

你習慣封裝所有情緒？ 或總是煩憂又多慮？

雖然專家各有不同說法，但就我們的目的而言，不妨說人類有七種基本情緒好了，分別是：喜悅、憤怒、悲傷、恐懼、驚訝、鄙視、厭惡。前面討論過，人類之所以仍保有種種情緒，是因為這些情緒幫助人類經歷了數百萬年的演化，存活下來。其中的五種情緒——憤怒、悲傷、恐懼、鄙視、厭惡——顯然在人類情感光譜上，排在令人不太舒服的一端（「驚訝」則可能屬於任何一端）。

當大部分情緒都反映出人類經驗的黑暗面時，究竟代表了什麼意義？而這麼多令人不安的情緒，又能幫助我們通過天擇的考驗，不就意味著，即使令人難過的陰暗情緒，也有其特定目的嗎？我們是不是不該試圖壓抑，而應該接受這些情緒，把它視為生命中有用（雖然有時令人不安）的一部分？

沒錯。完全正確。

但大多數人完全不去學習如何接受所有情緒，而是採用預設的行為模式，希望藉此扭轉或掩飾負面情緒，因而無須面對。有些人則安於這樣的感覺，並努力超越它；或試圖透過冷嘲熱諷或黑色幽默，來度過難關，應付擾人的情緒，拒絕承認有些事情需要認真看待（但尼采曾說過一句話，意思大致是「笑話是情緒的墓誌銘」）。許多人忽略自己的情緒，正如同流行歌手兼現代哲人泰勒絲所說：

「通通甩掉！」（Shake it off）但如果我們一味藉由扼殺自己的感覺來脫鉤，最後只會損害自己的健康。

不妨透過以下情境，評估一下你的反應符合哪一種無效解方：

1. 如果上司所作的改變讓你十分惱火。你可能會……

A. 忽視挫折感和憤怒，反正這些情緒最後都會消失，你還有其他問題需要處理。

B. 好好思考你想對上司說的話，並在腦子裡反覆演練：「我會說……」，然後「他會說……」。

C. 花一些時間思考自己為何如此沮喪，規劃一下如何找機會和上司談一談，然後把焦點重新放在工作上。

2. 三歲大的兒子把玩具留在地板上沒收好。你累了一天，下班回家時被玩具絆倒了，你對孩子大吼，然後你……

A. 拋開沮喪的情緒，告訴自己：「沒事，我只是累了一天。」

B.整個晚上都因為對兒子大吼而自責不已，不明白自己為什麼老是出現這種反應模式，結論是：你是世界上最糟糕的父母。

C.坐下來和另一半聊聊這一天是怎麼過的，明白你對兒子的反應其實源自上司帶來的挫折感。好好抱一抱兒子，向他道歉並哄他睡覺。

3. 你正在經歷痛苦的分手過程。你會……

A.和朋友出去散心，小酌一番，甚至認識新朋友，以麻痺分手的痛苦。

B.獨自在家裡，納悶當初有哪些事做錯了，應該改變做法。為什麼自己這麼不善於處理男女關係？

C.起初沮喪了一陣。然後寫下這段經驗或和朋友聊一聊，並從中學到一些教訓。

避而不談，就能忘卻煩憂？

如果你對上述問題的答案以A居多，那麼就屬於「情緒封裝者」（bottler），總是試圖脫鉤，甩掉情緒，回到常軌。這種人拚命拋開自己不想要的感覺，可能是因為這些感覺令他們不安或困擾，或他們認為如果不表現得活潑開朗一點，就是在示弱，或一定會讓周遭朋友退避三舍。

如果你是情緒封裝者，而且討厭工作，你可能告訴自己：「至少我還有一份工作」，以消除負面感覺。如果目前的情感關係讓你不開心，你或許會全心投入必須完成的工作計畫。如果你忙著照顧別人而失去自我，或許你會提醒自己，你的「時刻終將來臨」，藉以拋開自己的悲傷或壓力。如果你的組員因為預算削減和公司重組而忐忑不安，你提及相關話題時可能會小心翼翼，以免掀開他們心底的負面情緒。

雖然不見得每個人的行為模式都符合研究中發現的性別差異，但是當我告訴客戶，男性比女性更容易封裝自己的情緒時，他們通常都不怎麼訝異。

我在一九九〇年代開始讀心理學時，出版書籍探討兩性在情緒風格上的差異，似乎變成家庭手工業。情感關係諮商師葛瑞撰寫的《男人來自火星，女人來自金星》（*Men Are from Mars, Women Are from Venus*）熱賣了一千萬冊。同期還有一本非常成功的暢銷書《男女親密對話》（*You Just Don't Understand*），探討兩性運用語言溝通或（更精確一點說）不溝通的不同方式，作者是語言學家坦南（Deborah Tannen）。

今天，你可以在網路社群的搞笑諷刺影片「重點不是釘子」（*It's Not About the Nail*）中，看到這種類型化的溝通模式。影片畫面中，有名年輕女子正在向男友訴苦，描述自己的挫折感：「你知道嗎，我壓力大得不得了，」她說。「我可以感覺到它在我的頭上，簡直陰魂不散，我不知道究竟什麼時候才會停止。」

然後鏡頭拉開移向左邊，我們看到女子額頭上凸出一根釘子。

男友以就事論事的語氣告訴她：「你頭上真的有一根釘子。」

「重點不是釘子！」她大叫，「不要再試圖解決問題了，你總是這樣，你老是想解決問題，但我只要你好好聽我講話。」

男友嘆口氣，再試一遍：「聽起來好辛苦啊，真替你難過。」

「是啊，謝謝你。」她說。靠過去親吻男友時撞到額頭上的釘子，把釘子推得更深了一點。

「噢！」

這段影片很有趣，因為它掌握到文化上的重要事實：我們往往把男人看成任務導向的問題解決者，女人則是情緒的動物。影片中的金髮男友展現出典型的情緒封裝行為——設法收尾，向前推進，重新開始。行動、行動、行動！畢竟女友頭上有根釘子，他必須指出問題，找到解決辦法。

試圖封裝情緒，忽視不安的感覺，無助於找出情緒的根源。（沒錯，釘子確實會帶來痛苦，但釘子當初究竟是怎麼釘在她頭上的？）深層的問題依然存在。

我曾不只一次碰到這類情緒封裝者多年後仍然陷在同樣可悲的工作、關係或處境中。他們一心只顧著向前推進，乖乖把事情做好，多年來一直沒有面對自己真實的情緒，因此也排除了任何實際改變或成長的機會。

此外，這類人總是試圖正向思考，努力消除腦海中的負面想法。不幸的是，試圖不去做某件事情會消耗掉驚人的心力。研究顯示，當一個人企圖減少或忽視某些想法或情緒的時候，往往適得其反。

別去想白熊

已故社會心理學家韋格納（Daniel Wegner）曾做過一個極其簡單但非常有名

的實驗，他要求參與實驗的人避免去想到白熊，結果徹底失敗。事實上，即使後來解除禁令，這群參與者想到白熊的次數仍比對照組高得多（對照組從來不曾接到「不能想到白熊」的禁令）。任何曾經夢到巧克力蛋糕和炸薯條的節食者，都明白「不要去想它」和其他「迴避策略」都會適得其反。

這正是情緒封裝行為的一大反諷：我們以為因此得以掌控局面，實際上卻反而讓我們無法掌控。首先，真正當家作主的是你的情緒。其次，受到壓抑的情緒終究會以你不樂見的方式浮出水面，心理學家稱之為「情緒洩密」（emotional leakage）。你可能很氣惱你哥哥，試圖壓抑自己的怒氣，但在感恩節晚餐桌上，喝了一點酒之後，冷嘲熱諷就脫口而出，隨時可能演出一齣家庭鬧劇。或你對沒能升官引發的失望情緒不以為意，幾天後在觀賞電影「世界末日」時，儘管這電影你已經看第十遍了，你卻像小嬰兒般放聲大哭。採取封裝情緒行為模式確實有其風險。

通常人們壓抑情緒時都立意良善，對於實事求是的人而言，這是有效的方法。我們告訴自己，應該「正向思考」、「穩步向前」、「開始行動」。就這樣，負面情緒似乎就消失不見了，但其實只是轉入地下，隨時可能反撲，而且由於封閉在容器內的高度壓力，捲土重來的負面情緒往往非常強烈。

難怪封裝情緒的模式對於情感關係有負面影響。「我們剛剛大吵一頓。他卻像沒事人一樣，立刻出門上班。」煩惱的妻子如此形容封裝者的行為。「他根本不在乎。」

有一項研究發現，封裝情緒會令周遭人的血壓升高，即使這些人並不知道封裝情緒者正在壓抑情緒。等著瞧吧，一旦離婚律師掌握到這項研究成果：「法官大人，由於我當事人的先生拒絕表達情感，很可能弄得她心臟病發。」

反覆思索煩惱，就能找到解方？

如果針對前面幾頁我提出的三種情境，你的回答以B居多，那麼你就屬於「煩憂多慮者」（brooder）。正如同情緒封裝者以男性居多，煩憂多慮者通常以女性居多。

陷入不安的感覺時，煩憂多慮者將自己的煩惱文火慢燉，一而再、再而三的翻攪自己的情緒，無法釋懷，當他們沉溺於自己的創傷、失敗、缺點或焦慮時，會拚命將情緒區隔化，放進一個個抽屜裡。

煩憂多慮是焦慮的表兄弟，兩者都非常自我中心，也都沒能活在當下。一般人擔憂時會向前看，煩憂多慮者則向後看，不但毫無意義，又容易小題大作，將小丘變成高山，瑕疵變成重罪。

但就某方面而言，煩憂多慮者還是勝過情緒封裝者：煩憂多慮者試圖解決自己的問題，因此至少會「感覺自己的感覺」，也就是說，他們會意識到自己的情緒。煩憂多慮者也許沒有情緒洩密的危險，卻可能被洪水淹沒。當你憂心忡忡想太多時，你的情緒雖不像壓縮在瓶子中般，累積強大的力道，但情緒的力量仍會不斷增強，像颶風一樣，不斷旋轉、旋轉、旋轉，每轉一個圈，都獲得更多能量。

發洩情緒不會讓你好過些

心理學家布希曼（Brad Bushman）曾做過一個實驗。他要求學生寫一篇文章，傾吐內心感受，然後要「另外一名學生」提出嚴厲批評。事實上，另外一名學生就是布希曼自己，而他給每個學生的評語千篇一律都是：「我從來沒讀過這麼糟糕的文章。」

他的評語產生了意料中的效果：參與的學生都非常、非常生氣。然後布希曼要他們捶打拳擊沙袋。他要求第一組學生捶打沙袋時，心裡一直想著自己的憤怒（也就是煩憂多慮、情緒不斷醞釀）。他甚至還在傷口上灑鹽，提供一張假的「批評者」照片。他鼓勵第二組學生在捶打沙袋時，思考如何加強健身，藉以分散他們的注意力（也就是讓他們封裝情緒）。第三組學生是對照組，他們只需靜靜坐在那裡幾分鐘，布希曼則假裝在旁邊修電腦。

捶打完沙袋後，每個學生都拿到一個喇叭，可以對身旁的人開轟，藉此測量他們的攻擊性有多強。三組學生都怒氣未消，但對照組的學生最沒有攻擊性，比較沒那麼頻繁吹喇叭。相較之下，情緒封裝者展現較強的攻擊性，比對照組吹喇叭的次數更多。但最憤怒的學生是煩憂多慮組，他們不斷吹喇叭，以可怕刺耳的噪音騷擾鄰座。

煩憂多慮和情緒封裝一樣，通常立意良善。反覆思索心中的煩惱，提供了一種自我安慰的假象，自以為已盡心盡力。我們想要處理不開心的情緒，或學習如何因應困境，所以要把事情想個透徹——想了又想，反覆斟酌。最後卻不見得有助於解決煩惱的核心問題。你會因此更加自責，問自己：「為什麼我總是出現這樣的反應？」「我為什麼不能處理得更好一點？」而煩憂多慮和情緒封裝一樣，需耗費大量心力，令人筋疲力竭，又缺乏效益。

煩憂多慮，反覆翻攪情緒，不見得都是獨自為之。如果你對朋友大吐苦水，埋怨喪偶的老父財務狀況一團糟，那麼你是在找人取暖。如果你發現自己不知已經是第N次向同事抱怨上司說話的語氣，也是如此。我們或許以為透過發洩情緒，會感覺好一點，但由於這樣做並沒有向前推進或找到解方，到頭來你可能對父親更不滿，或因為太惱怒上司，而無法專心工作。

我擔心我太過憂慮了

還記得我們曾提過情緒封裝者如何對關愛他們的人造成影響嗎？煩憂多慮者同樣很難對付，因為他們習慣把沉重的真實情緒一股腦倒給別人。他們想對親近的人好好傾吐，但有時候，即使最親的人也會出現同理心疲乏的現象，對於煩憂多慮者不斷需要向別人傾吐內心的恐懼、擔憂和掙扎，感到厭煩。更重要的是，煩憂多慮者總是太過自我中心，沒有餘力關照別人的需求，所以願意聆聽的人終究會離他們而去，留下他們獨自品嚐沮喪孤獨的滋味。

當然，這種時候，煩憂多慮者很容易因為太過憂慮自己的一切憂慮，而落入「為自身慘況感到悲慘」的焦慮症陷阱。

正如同系統一和系統二的思考模式，心理學中也有類型一和類型二兩種思維。類型一思維是人類在處理困難的日常任務時，如重要的工作計畫、瘋狂緊湊的時程表、昨晚的吵嘴、教養子女的問題等，會出現的正常焦慮。類型一的思維多半直截了當：「我很擔心這個問題。」或是：「那件事讓我很難過。」

當你進入鏡映的心理空間，開始把很多毫無助益的「關於想法的想法」一層層加上去，就屬於類型二的思維，例如「我擔心我太過憂慮了」或「緊張焦慮帶給我很大的壓力」。明明已經夠焦慮不安了，我們還因情緒不安而心懷愧疚。「我擔心甲，又為乙感到難過，但我其實無權這麼做。」我們生氣自己竟然如此憤怒，又擔心自己太過憂慮，還因為自己不快樂而感到不開心。

這種情形有如流沙，你在情緒上愈奮力掙扎，就陷得愈深。

不管我們自以為封裝情緒或煩憂多慮能起什麼功效，兩種策略都無助於我們的健康或快樂。就像頭痛時服用阿斯匹靈一樣：藥物能讓你的頭痛舒緩幾個小時，但如果引發頭痛的根本原因是缺乏睡眠、頸部長瘤或嚴重感冒，等到藥效消退後，頭痛又會復發。

封裝情緒和煩憂多慮都是情緒的阿斯匹靈，是我們秉持最大善意找到的治標藥方。但如果我們不直接針對病源尋求解方，就無法一勞永逸解決憂慮的問題。

假如我伸直雙手捧著一堆書，幾分鐘內，我或許還撐得住，但過了兩分鐘……三分鐘……十分鐘，我的手臂就會開始發抖。我們封裝情緒時，也會出現相同的情況。試圖用僵直的手臂，把事情隔絕在一定距離之外，是非常累人的事情，事實上，我們往往會因為太疲累而撐不住，任由手上重擔掉落。

但是當我把手上的書靠近身體緊緊抱住，彷彿快把書壓碎時，我的手臂肌肉也會開始顫抖。這時我的手臂捲曲，握緊拳頭，保持封閉的姿勢，其他什麼事都沒辦法做。當我們太過煩憂多慮時，就會發生這樣的狀況。

在上述兩種情況下，我們都無法完全投入周遭的世界：擁抱孩子，與同事並肩努力，創造新事物，或純粹享受青草的芳香。開放與熱情不見了，取而代之的是規則條例、過去經驗的束縛、招致反感的判斷。解決問題和制訂決策的能力愈來愈差，在需要因應生活中的種種壓力時，變得僵化不靈活。

偶爾封裝情緒或憂心忡忡，或在兩者之間來回擺盪，倒不會有太大害處（畢竟本書談的是情緒靈敏力）。的確，有時候，這類因應策略可能是最佳行動方案。比方說，如果另一半在你律師考試的前夕，粗魯的把你甩了，你應該暫且拋開失戀的沮喪，專心準備眼前的考試（假如這種事真的發生在你身上，僅獻上我由衷的同情）。但如果你凡事都採取這種因應策略，就會適得其反，反而愈陷愈深。

我們通常很早就學會這兩種策略，如果你有小孩，不妨花一、兩分鐘，想一想和他們的對話內容。

關於男性和女性如何處理情緒，我們有很多不成文的規定，裡面包含了心理學家所謂的「表達規則」（display rule）。「大男孩都不哭」和「不要在這裡發脾氣，回房間去，等到你臉上恢復笑容再出來」，都是在制訂表達規則。我永遠忘不了父親下葬那一天，好心的家人朋友告訴當時才十二歲大的哥哥他不該哭，因為他需要把心思放在照顧媽媽和我們兩姊妹上。

我們從照顧者那兒學到這些規則，而且往往不經意再把它傳給我們的孩子。舉例來說，我們比較常和男孩子討論他們做的事情（「你今天在學校做了哪些事情？」「比賽情況如何？」「你們贏了嗎？」），但總喜歡問女孩和情緒相關的問題（「你覺得怎樣？」「你玩得開心嗎？」）。小孩子很快就會將規則內化，但我們在第十章會看到，這樣做不見得合適。

執迷於追求快樂

面對人生中的壓力時，並非只有封裝情緒和煩憂多慮兩種缺乏成效的策略。還有另一種常見的策略是：只要「保持微笑」，一切就會好轉。

笑臉符號並不是阿甘（Forrest Gump）發明的，儘管好萊塢劇本這麼說。但五十年來，在數以億計的「祝你今天開開心心」的鈕扣、T恤和咖啡杯上，在明亮的黃色圓形上勾勒出開心咧嘴笑的弧形和代表雙眼的黑點，就像紅白藍三色般，早已成為一種象徵符號（有何不可呢？畢竟「追求幸福」是美國《獨立宣言》明白宣示的核心價值）。

在數位時代，笑臉已蛻變為隨處可見的表情符號（順帶一提：我剛剛發現，如果我嘗試老派作風，在電腦上打個冒號，後面再加個右括弧，電腦會自動把它轉換為☺，不管我是不是真的想要這個笑臉符號）。隨著消費文化一步步向前邁進（或有的人會說是後退），行銷人員賣力滿足我們的慾望，而我們甚至不知道自己擁有這些慾望。笑臉先生代表的無憂無慮狀態，愈來愈成為人人都想擁有的聖杯、存在的核心指導原則。

且慢，我們之所以存在，不就是為了追求幸福嗎？能夠幸福，不是件好事嗎？

噢，那得視情況而定。

不久前，柏克萊加州大學的兩位心理學家哈爾克（LeeAnne Harker）和凱特納（Dacher Keltner）搜尋附近女子大學米爾斯學院（Mills College）的檔案，檢視了一九五八年到一九六〇年的畢業紀念冊照片。幾乎每一位研究快樂學的學者都會告訴你，真誠的笑容和虛假的笑容會啟動不同的肌肉群，所以兩位學者檢視每名學生的臉部照片，希望看看究竟是嘴角的顴大肌、還是眼輪匝肌在她們臉上運作。

當我們真誠開朗咧嘴大笑時，眼角魚尾紋皺起，兩種肌肉會同時運作。但眼輪匝肌無法隨意收縮，所以如果我們臉上堆滿假笑，那麼眼角附近的小肌肉就會文風不動。因此，哈爾克和凱特納可以據此判斷學生在拍照時是否由衷感到開心。

三十年後，當初在拍畢業照的快門按下的剎那露出最燦爛真誠笑容的人，日子通常也過得比較好，勝過笑容虛假的人。笑容真誠的人比較滿意自己的婚姻生活，感到幸福，也覺得滿足。

如果能選擇的話，我們或許寧可成天嘻嘻哈哈的，事實上，一直都這麼開心，有很多好處。情緒比較「正向」時，罹患各種心理疾病的風險較低，包括憂鬱症、焦慮症和邊緣性人格疾患。

正向情緒也是成功的驅動力，幫助我們做更好的決定，降低疾病風險，而且壽命更長。在有些情況下，正向情緒甚至能將注意力導向新資訊或新機會，拓展我們的思想和行動，建立重要的社會、生理和認知資源，帶來正向的成果。

有鑑於此，你可能會假定快樂對於人類福祉的貢獻度一定名列前茅，和食物及陽光不相上下。然而日益肥胖且為皮膚癌所苦的人類社會逐漸領悟到，再好的事情有時也會過頭了。研究顯示，我們不但可能過度樂觀，也可能體驗到錯誤的快樂，而且還試圖在錯誤的時間點，以錯誤的方式追求快樂。

以新眼光看待「負面」情緒

倒不是說成天憂心忡忡、悶悶不樂，就比較好，但我希望人們能正確看待追求快樂這件事，並且以更包容接納的新眼光來看待「負面」情緒。事實上，我強烈主張，形容這類情緒為「負面」情緒，只會延續過往迷思，也就是認為這些有用的情緒（雖然有時帶來挑戰）是不好的情緒。如果能說服你相信情況恰好相反，我會感到很開心（但不會過度開心）。

我們過於興高采烈時，往往會忽視重要的威脅和危險。過度興奮會要人命，我這麼說完全不會言過其實。你可能有一些高風險的習慣，例如貪杯（「我已經酒過五巡了」）、暴飲暴食（「再給我一片蛋糕」）、不避孕（「哪有可能出什麼問題？」）、吸毒（「咱們來找點樂子！」）。過度恣意享樂，欠缺冷靜的情緒，甚至可能是狂躁的標記、心理疾病的危險徵候。

快樂水平高的人有時反而會表現出更嚴謹的行為，因為心情會影響大腦處理資訊的方式。當我們生活美滿，感覺良好，而且置身於安全熟悉的環境中，我們對於任何挑戰性過高的事情都會深思熟慮，這也是為什麼和只有中度正向情緒者比起來，擁有高度正向情緒的人可能比較沒有創意。

我不是想為樂天派塑造刻板印象，但是當我們心情大好，覺得「一切都太棒了！」時，我們比較可能驟下結論，訴諸刻板印象。樂天派往往過度看重早期獲得的資訊，而忽略或低估了後來才出現的細節。這種情形通常以月暈效應的形式出現，例如我們會自然而然假定剛剛在派對上認識的那名風趣男子是好人，只因為他的穿著打扮很酷，而且很會講笑話；或我們認為那個戴眼鏡、提著公事包的中年男子，比另一個穿著粉紅時髦熱褲的二十二歲金髮女郎要聰明可靠多了。

所謂的負面情緒，會鼓勵較緩慢而有系統的認知處理過程，讓我們比較不仰賴快速推論，而更關注重要微妙的細節（好吧，那個傢伙的確很酷，他似乎很為你著迷，但是他為什麼老是把戴婚戒的那隻手藏在背後）。小說家筆下的名偵探大都是出了名的壞脾氣；另一方面，無憂無慮的高中生卻極少當上畢業生致辭代表，你說這是不是很有趣呢？

「負面」情緒能喚起更專注而包容的思考方式，讓你以創造性的新思維好好檢視事實。我們心情低落、意氣消沉時，往往更能專心探索，深入挖掘。心情不好時，人們疑心較重，比較不容易上當，而樂天派則可能輕易就接受簡單的答案，相信虛假的笑容（他那稀疏的八字鬍下面綻放的燦爛笑容，究竟只是顴大肌的作用，還是也牽動了眼輪匝肌？）。當一切順利的時候，誰會去質疑表面的事實呢？所以開心的樂天派繼續勇往直前，放心簽名背書。

快樂無法刻意求得

弔詭的是，如果你刻意追求快樂，反而從根本牴觸了快樂的本質。真正的快樂來自你純粹為了事情本身而投入，不是為了其他外在的原因，即使理由似乎很正當，例如想得到快樂。

一旦你努力追求快樂，就會有所期待，這正應驗了一句老話：期望遲早會帶來失望不滿。這也是為什麼度假和家庭活動總是帶來失望，即使還沒到令人沮喪的地步。由於之前期望太高，所以到頭來幾乎都免不了大失所望。

有一項研究發給參與者一篇讚揚快樂諸多好處的假報導，而對照組讀的文章則完全沒有提到快樂這回事。他們接著讓兩組參與者觀賞影片，影片乃隨機指派，內容可能快樂，也可能悲傷。如果參與者原先曾因閱讀文章而被誘導相信快樂的價值，他們觀看「快樂影片」時開心的程度，將會不如觀賞同一支影片的對照組成員。過度歌頌快樂的價值，拉高了參與者對於事情的期望，誘使他們掉入失望的陷阱。

另一項研究則要求參與者聆聽史特拉汶斯基的名曲「春之祭」（*Rite of Spring*），這首曲子非常刺耳不協調，在一九一三年首演時曾引發暴動。研究人員告訴部分參與者：聆聽樂曲時，「盡量試著讓自己感到快樂」。之後評估自己是否快樂時，他們的快樂程度遜於沒有追求快樂的對照組。

太積極追求快樂也會引發孤獨感。另外一項研究顯示，參與者愈是將快樂列為優先追求的目標，他們在日常自我評價中，愈容易形容自己很孤獨。

快樂也會呈現出各種文化差異，很多人雖然快樂，卻可能用錯方式。在北美洲，人們往往用個人成就來定義快樂（包括歡愉）；然而到了亞洲，快樂卻和社會和諧相關。華裔美國人認為知足常樂，歐裔美國人則追求刺激。日本文化以忠誠為核心，與罪惡感密不可分，而美國文化則更加體現出驕傲或憤怒等以自我為焦點的情緒。要在某個文化中感到快樂，端賴你的感覺能不能符合該文化對快樂的定義。

簡言之，一味追求快樂，可能和前面談到的情緒封裝及煩憂多慮等策略一樣，會適得其反。所有這些因應機制，都源於我們不喜歡「負面」情緒，只要牽扯上些微陰暗面，我們都無法容忍。

關於壞心情的好消息

雖然心情不好不是什麼有趣的事，經常耽溺於負面情緒也不太健康，但悲傷、憤怒、愧疚或恐懼等經驗，仍然可以：

幫助我們形塑論點：我們會傾向於採用具體資訊，比較懂得處理眼前的處境，也比較不容易誤判或誤解，更能為你加上專業和權威的光環，因此寫作和演說時都會更令人信服。

改善記憶：有一項研究發現，在不那麼令人開心的陰冷天氣裡，購物者對商店內部陳設記住的細節，遠多於風和日麗的日子。研究也顯示，心情不太好的時候，我們比較不會不經意的讓後來才出現的誤導性資訊，破壞了原本的記憶。

鼓勵自己堅持不懈：畢竟心情大好的時候，何必再苦苦逼自己呢？考試的時候如果心情鬱悶，會比心情愉快時試圖回答更多問題，答對的題目也比較多。所以，如果你面臨升學考試的子女在學測時情緒有些低落，說不定反而是好事（有鑑於十七歲青少年的典型情緒狀態，這類學生在準備升學考試時，或許已居於有利位置）。

讓我們更有禮貌，也更專心：不那麼興高采烈的時候，大家通常會更小心，思慮更周密，也比較可能在無意識之下參與社群擬態（social mimicry，在不知不覺中模仿別人的手勢和言談），這種行為能促進社會連結。心情好的時候，會比較有自信，但也往往意味著我們會更聚焦於我、我、我，可能因此忽略了別人的意見或他們正經歷的事情。

鼓勵寬宏大量：有負面情緒的人比較注意公不公平的問題，也比較可能拒絕不公平的條件。

比較不容易出現驗證性偏誤：一項針對政治看法強烈的人所做的研究顯示，憤怒的人會選擇閱讀更多與自己政治立場相左的文章，而不像一般人那樣，傾向於尋求支持自己信念的資訊，而犯了所謂的「驗證性偏誤」（confirmation bias）。他們在探討對立的觀點後，比較願意改變自己的看法。憤怒似乎會產生一種「揭發反對派」的心態，鼓勵我們為了打擊對方，拚命研究另一方的觀點。諷刺的是，如此一來，反而敞開大門，給了對方說服我們的機會。

憤怒的好處

明明沒那麼快樂，卻假裝很快樂，結果注定失敗；逼迫自己「由衷」感到快樂，一定會弄巧成拙，部分原因是，這樣一來會大大提高我們的期望，拚命堆起假笑，顯得興致勃勃，反而會錯失「負面」情緒帶來的種種益處。

通常我們都要等到銳氣受挫時，人生中潛藏的種種隱晦微妙、時而痛苦、但具潛在重要性的小事才會浮現出來。難怪無論希臘悲劇作家或浪漫時代的詩人或十九世紀俄羅斯小說家，偉大的作家總是在人類情感的陰暗面中得到啟發，找到價值。大家熟悉的詩人約翰．密爾頓就在《沉思者》（*Il Penseroso*）中讚嘆：「為神聖的憂傷歡呼。」

真實的感覺或許正好捎來我們需要的訊息，讓我們更加了解自己，看清重要的人生方向。我是在輔導當事人解決他的「怒氣問題」時領悟這點。我們一起檢視和釐清他的感覺後，他終於明白，自己愛發怒的問題可能沒有想像中嚴重，只不過是老婆喜歡拿他幾乎辦不到的事情要求他罷了。於是他開始接受並了解難纏的情緒，而不是一味想要壓抑或導正負面情緒，並重新界定哪些是可以接受的行為，因此改善了婚姻關係。

除了憤怒之外，忌妒也是「七宗罪」之一。事實上，忌妒可能是促使我們自我改善的最大動力，比讚美的力量還強大。有一項研究顯示，會對成功的學生心生忌妒的學生，通常比只會表達讚美的學生成就動機更強。忌妒的學生會更加用功，在各項語言測驗中都表現較佳。

其他「不好」的情緒也都因不同的原因而各有用處。尷尬和愧疚都具備重要的社交功能，能發揮安撫作用，促進合作。憂傷是一種訊號，告訴我們可能有哪裡不對勁了，通常意味著我們在尋找更好的融入方式。明白表達憂傷則是向別人發出求助的訊號。假裝開心以壓抑自己的憂傷，等於在拒絕別人的引導和幫助。

你或許還記得，我們檢討日常生活中諸多「上鉤」的情境時，總是有第三個替代方案：既不是封裝情緒，也不是煩憂多慮，而是活在當下，開放心胸，以好奇而接納的態度面對所有情緒。

這正是下一章要探討的主題，教你如何與情緒「脫鉤」，並活得健康快樂的有效方法。

第四章

步驟一：勇敢現身，坦然面對

抱持好奇心和善意，
坦然面對自己的想法、情緒和行為。
你才能預測哪裡會出現陷阱，預先作好準備，
在面對關鍵時刻時，有效因應。

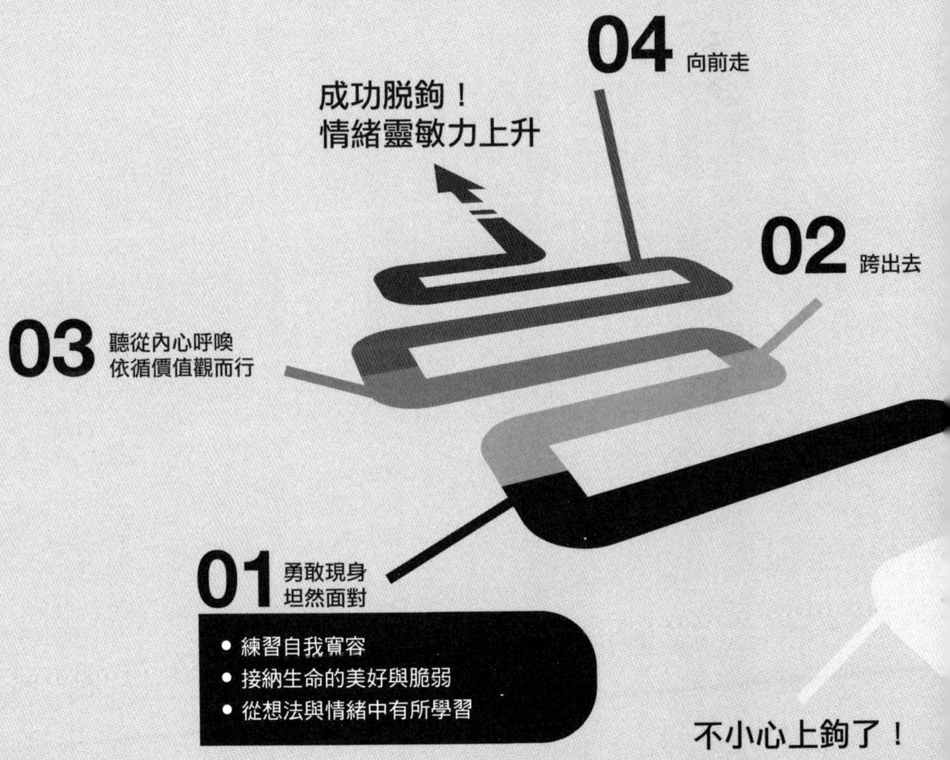
04 向前走
成功脫鉤！
情緒靈敏力上升
02 跨出去
03 聽從內心呼喚
依循價值觀而行
01 勇敢現身
坦然面對
• 練習自我寬容
• 接納生命的美好與脆弱
• 從想法與情緒中有所學習
不小心上鉤了！

一九七三年，有個年輕導演拚命想寫出有關太空探險的劇本，卻一直無法順利下筆。後來，他從大學時代讀過的書中得到新體悟：這本書是坎伯（Joseph Campbell）的《千面英雄》（*The Hero with a Thousand Faces*）。

這部一九四九年出版的經典名著，探討了心理學家榮格提出的概念——每個人的人際關係和重要人生經驗都會在不知不覺間，依循某些共同的心智模式。

根據坎伯和榮格的說法，自文明誕生之初，人類心智模式就深植於神話故事中。這些古老的故事探討諸如家庭、恐懼、成功和失敗等永恆的主題，而且包含了一些被稱為「原型」（archetype）的共同元素，基本原型中有英雄、師父和追尋。原型中也包含更具體的情節設計，例如魔劍、暗藏祕密的湖或水潭。從亞瑟王傳奇到哈利波特的故事，以及今天的角色扮演網路遊戲，都可以看到這些原型。這些舉世共通的原型，或許說明了為何全世界的人都熱愛同一類型的故事，也說明為何可以在截然不同的文化中，都能找到類似的神話。

於是，這名傷透腦筋的導演借用這些原型，將劇本改寫得更接近神話英雄的追尋歷程。這位導演正是喬治·盧卡斯，而他的電影「星際大戰」早已成為影史上最賣座的電影之一。

不過，神話的價值不只是推升電影票房而已。早在書籍或電影誕生之前，或在世上有哲學家、文學教授或心理學家之前，人類就用這些舉世共通的神話故事來傳承重要的人生教訓。許多神話共同傳達的教訓是：試圖逃避我們最大的恐懼，是很糟糕的主意。我們在不同的神話故事中，不斷看到英雄最後別無選擇，不得不勇闖陰森黑暗之地，不管是沼澤、洞穴或死星，更不管裡面潛伏著什麼，都要坦然面對。

心底暗藏的妖魔鬼怪

在現代生活中，我們經常發現自己瀕臨內心深處的陰暗角落，由於陰暗深藏於內心，益發顯得恐怖。有時候是心底暗藏惡魔；有時候，只是幾個躲在角落的小鬼怪。但無論妖魔鬼怪代表的是重大創傷或小小出糗、強烈驚恐或輕微波動，都可能變成一種執念。

我們的個人故事通常不會如史詩般偉大壯麗，沒辦法成為好萊塢電影的素材，甚至連低級恐怖片都沾不上邊。也幸好大多數人都不曾擁有奶奶把爺爺剁成肉醬做點心的可怕回憶，無須拚命壓抑自己的記憶。而埋藏在我們內心的惡魔，通常只是再平凡不過、幾乎舉世共通的不安全感、自我懷疑和對失敗的恐懼。

也許高中時代妹妹曾和你的男友打情罵俏，你一直懷恨在心，也許你覺得始終得不到上司賞識，雖然連歐普拉的脫口秀都不會把這些事當成催淚話題，但這類事情卻足以引你上鉤，做出不恰當的行為。

難道就不能派人帶把光劍，消滅壞人，炸掉死星嗎？

不行。至少在我們的銀河系裡，這種做法行不通。

奇怪的是，至少在隱喻上，恐怖片「鬼敲門」（*The Babadook*）讓我們看到一個行得通的例子。電影中，單親媽媽因為兒子故事書冒出的影子怪獸而飽受折磨。後來情況愈來愈明朗，影子怪獸其實代表她身為母親的感受，以及對兒子的怨念，因為她的丈夫（也就是孩子的爸爸）在駕車送她去醫院生產途中車禍身亡。因此，怪獸也代表她的哀傷。

最後（小心有雷！）她不僅勇敢面對這些不安的情緒，還讓「巴巴杜」怪獸住在地下室裡。她每天餵巴巴杜，費心照顧，原本一大堆可怕的負面情緒，也因此消失不見了。換句話說，她學會如何馴服和接納自己的情緒，不讓負面情緒主宰生活。電影採取這樣的結尾十分古怪，畢竟主角不都該徹底消滅怪獸嗎？不過如果你了解情緒，就會覺得這個結局很美，而且十分合理。

沒有人是完美的

就像英雄旅程般，我們對美好人生的追求也始於「現身面對」。倒不是說，我們非得痛擊或殺死所有令我們不安的妖魔鬼怪或巴巴杜不可，但確實意味著我們必須坦然面對，找出與之和平共處的方法。

如果能充分覺知和接納，並坦然面對，展現真實自我，即使最可怕的惡魔通常都會知難而退。只要面對可怕的心魔，叫出它們的名字，往往就能剝奪心魔的力量，藉由拋下手中的繩子，終結這場拔河角力。

數十年來，許多心理學研究都顯示，面對不可避免的憂慮、懊悔和悲傷的經驗時，生活滿意度並非取決於我們有多少這類經歷，而是取決於我們如何面對：我們是否一味封裝情緒或煩憂苦思，容許情緒主宰我們的行為，還是我們能抱著好奇心，以接納的態度和慈悲寬容之心面對一切，無論失敗、懊惱，或糟糕的髮型，都能坦然接受。

現身面對並非如英雄般展現強大意志力，直視折磨者，說：「好吧，你在這裡，我也在這裡，咱們來談一談。因為我強大得足以容納所有的感覺和過往經驗，可以接受這些都是我的一部分，不會被輕易擊潰或嚇倒。」

猶太裔義大利作家李維（Primo Levi）和弗蘭克一樣，是二戰納粹集中營倖存者，他曾提及戰後回到義大利家鄉時，感受到出乎意料之外的極度痛苦。人們圍著憔悴瘦弱的倖存者，問道：「你們怎麼了？發生了什麼事？」然而當他們努力尋找適當的言語來描述自己的遭遇時，人們卻慢慢轉身走開，因為他們沒辦法或不願意聆聽和接受耳中聽到的慘況。

李維原本是一名化學家，戰後他在油漆工廠找到工作，當個普通勞工。他發現自己因應這段苦難的方式，是開始在火車票和廢紙上寫下片片段段的記憶，等到晚上回到工廠宿舍時，再打字整理。經過一段時間之後，他累積了一份手稿，後來成為他的第一本書《如果這是個人》（*If This Is a Man*）。李維發現，讓自己的感覺和經驗得到認可非常重要，不只讓別人認可，也要讓自己認可。

學習了解並接受完整的自我，不分好壞，能幫助你明白，我們最喜愛的英雄或英雌都有個共通點：他們一點也不完美。完美是不切實際的，而且十分沉悶。這正是為何魅力十足的故事主角大都有其缺陷或陰暗面。真正吸引人的壞蛋都充滿人性，因此我們至少會部分認同他們。

在好看的電影中，英雄和壞蛋複雜的正負雙面性格得到消解。在現實生活中，我們的成功端視能不能好好面對自己的缺陷或陰暗面，並從中學習。而解決之道和學習之路都要從現身面對開始。

英格蘭的研究人員調查數千名受訪者後發現，目前研究「快樂習慣」的科學找到的快樂生活要素中，自我接納度與整體生活滿意度的關聯性最強。然而同一項研究也顯示，真正能接納自我的人比例也最低！受訪者形容自己樂善好施，但被問到他們會不會經常善待自己時，幾乎半數受訪者在從一到十的評分中，給自己打了五以下的分數。只有少數受訪者（五％）為自己打了十分。

學習自我寬容，接納並善待自己

根據民間傳說（我小時候在南非聽過不同的人講過這個故事，但從來沒有證實過），在某些部落中，如果有人行為不端或做了壞事，就必須獨自站在村子中央，所有村民都圍著他，不分男女老少，開始一個接一個「給他好看」。但是他們並非一一數落他是多麼糟糕的爛人，反而小心翼翼列舉他的所有優點。

不管這個故事是真是假，都說明了好話的力量有多麼強大。這是美國電影「風雲人物」（*It's a Wonderful World*）的非洲部落版，在「風雲人物」中，貝福佛斯鎮的全體鎮民提醒男主角喬治．貝利（George Bailey），由於鎮上有了像他這樣的銀行家，對朋友和鄰居的生活起了重大深刻的影響。

想想看，假如我們每個人都懷著同樣的慈悲心善待自己、支持自己，而不是經常責備自己，又會如何呢？我的意思不是要減少負面批評，迴避個人缺陷，或否認缺點的存在，而是要原諒自己的過錯，接受自己的不完美，因此才能向前邁進，追求更好、更有建設性的目標。

現身面對必須具備相當的膽識。當我們檢視自己的內心時，究竟會發現什麼，想起來其實還滿可怕的。倘若揭開的事實可能會動搖關係呢？或開始質疑目前雖不完美、卻至少是我們熟悉的生活方式？

但現身面對不是要你搞破壞，而是要導入歷史脈絡，讓你在探索內心時充分了解其中的意義，然後透過新的理解來改善現況。

現身面對也意味著承認自己內心有這些想法，卻不見得認為想法真的正確無誤（煩憂多慮者尤其應該注意這點，因為我們愈常反覆聽到一些不可信的論述，愈容易當真，即使只是腦子裡的隨想）。想做到這一點，第一步就從讓自己脫鉤開始。

曼德拉在大選中勝出，成為南非史上第一位黑人總統後，我的家鄉終於在一九九四年結束了種族隔離。曼德拉有一項特殊天賦，他為了化解制度化的仇恨帶來的傷害，帶領南非走出嗜血和算舊帳的做法（其他國家往往因此數百年來仍瀰漫著敵對氣氛）。

在面對南非痛苦的過往時，曼德拉政府成立了「真相與和解委員會」，人們現身坦承自己做過什麼或曾經受到的迫害，然後就邁步向前。這樣做不是為了以牙還牙、懲罰加害者或相互控訴，而是為了療癒自我以及拋開傷痛，迎向未來，建立更公義民主的新社會。

不過即使有了真相，願意和解，我們仍然無法控制世界。換句話說，世界永遠都不完美，要邁步向前的唯一辦法，就是設法接納。

你不會因犯過的錯，而成為無可救藥的壞人

人類經驗的一大弔詭是，除非我們接受既有現況，否則無法改變自己或扭轉形勢。改變的先決條件是接納，也就是容許世界呈現其本來面貌，因為唯有不再試圖控制世界時，才能得到真正的和解與安寧。我們依舊不喜歡原本不喜歡的事物，只是不再拚命對抗。一旦我們鳴金收兵，就可能出現改變。

不妨再以戰爭來比喻，你很難在城市仍不斷遭受轟炸時重建城市，唯有當砲火停息，和平降臨後，城市才能浴火重生。我們的內心世界亦復如此：唯有當我們停止對抗真實的現況，才能跨步向前，展開更具建設性和更有成效的行動。

我經常建議當事人，如果想更加接納自己、寬待自己，有個好方法是回顧童年時代的自己。畢竟你無從選擇父母和家庭經濟狀況，更無法挑選自己的性格或體型。理解到你只能就著自己手上的牌來打，往往是更溫暖寬容善待自己的第一步。你在這樣的情況下盡力而為，而且存活下來。

下一步是把自己當成以往那受傷的孩子，正奔向已長大成人的你。你會嘲笑這孩子，要求他好好解釋，說一切都是他的錯，以及「我不是早就告訴過你了」

嗎？不太可能，你會先擁抱這沮喪的孩子，並安慰他。

為什麼你對待成年後的自己時，就少了這份同理心呢？

遇到逆境時，寬待自己變得更加重要。經歷分手、失業或錯失升遷機會的時候，我們很容易自怨自艾、懲罰自己。心裡開始喋喋不休嘀咕著「我應該、早知道我就、我原本可以」和「我就是還不夠好」等等。說真的，還真像是故意來亂的。

一項針對離婚者所作的研究發現，經歷痛苦的離婚之後，從一開始就以慈悲心寬待自己的人，九個月後往往過得比較好；而不斷嚴厲自責，挑自己毛病（例如只怪我不夠迷人）的離婚者則情況較差。

說到失意時該如何面對自己的情緒，很重要的是，千萬不要將罪惡感和羞恥心混為一談。罪惡感或內疚是知道自己失敗了或做錯了，而心情沉重，感到懊悔。這種情況一點也不好玩，但就像其他情緒一樣，有其目的。事實上，社會必須仰賴罪惡感來防止我們重蹈覆轍，一錯再錯。缺乏罪惡感是反社會人格的重要特徵。

罪惡感把焦點放在具體過失，羞恥感則大不相同。羞恥和厭惡感相關，把焦點放在人品上。羞恥強調的不是某人做了壞事，而是這個人不是好人。這是為什麼一個人羞恥難當、感覺很丟臉時，往往也認為自己毫無價值。這也是為什麼羞恥感很少促使我們採取行動，彌補錯誤。事實上，許多研究顯示，感到羞恥難當的人往往會產生防衛性的反應，試圖逃避指責，不肯負責，或甚至歸咎他人。根據研究，入獄時囚犯如果表露出受到極大恥辱的樣子，後來再犯的頻率會高於入獄時展現罪惡感的囚犯。

兩種情緒的主要差別在哪裡呢？在於自我寬容（Self-compassion，亦譯「自我慈悲」）。沒錯，你做錯事了，而且感覺很差，因為，嘿，你活該如此。也許你甚至犯下大錯。儘管如此，你不會因為曾經犯下的過錯就變成無可救藥的爛人。不管你採取的方式是送花道歉或入獄服刑都好，你仍然可以修補、道歉，努力償還對社會的虧欠，從錯誤中學習，未來表現得更好。對自己慈悲是羞恥的解藥。

如果你仍懷疑展露些許同情心寬待自己，只是對自己心軟的藉口，以下是幾個必須記住的事情：

自我寬容並非對自己撒謊：事實上恰好相反，自我寬容意味著從外人的角度審視自己。看法會更加開闊，更有包容性，不去否認事實，把挑戰和失敗都視為人生不可或缺的一部分。有一項研究讓實驗對象參加假的求職面談，研究人員請他們描述自己最大的缺點。對自己寬容的人不見得會將自己的缺點輕輕帶過，不過他們在描述自己的缺點時，遠不及其他人那麼焦慮不安和有壓迫感。

自我寬容和自欺恰好背道而馳。如果不能坦誠面對自己的真實面貌和感覺，就不可能真正起慈悲之心。缺乏慈悲心時，為了否定失敗的可能，我們很可能虛張聲勢，自信心過度膨脹。缺乏慈悲心時，我們也會認為世界和我們一樣無情，因此在我們眼中，失敗是重大打擊。

想想看，假如有個特別聰明用功的好學生，高中畢業時名列前茅，順利進入人人嚮往的頂尖大學就讀。進入大學後，她發現周遭每個同學的聰明才智和用功程度都和她不相上下，事實上，有的新同學甚至比她還要出色，家世比她顯赫，畢業自更好的高中名校。假如我們的學生都像她一樣，狹隘的自我定位為「金頭腦」或「班上最聰明的學生」，那麼會產生什麼樣的自我感覺？當她力求追上身邊的菁英份子時，她需要建立良好的情緒靈敏力，以更開闊靈活的新方式自我定義。因此，當她有如一條小魚突然置身於競爭激烈的大池塘裡奮力掙扎時，她需要對自己仁慈一點。

心懷慈悲能讓我們在自我定義時擁有更大的自由，能更無所顧忌嘗試失敗，承擔風險，激發出真正的創造力。

自我寬容不會讓你變得軟弱或懶惰：今天的工業化社會深深沉醉於新科技，鼓勵我們努力超越極限。在某些行業，例如法律、醫藥、投資銀行、商務、科技業等，連職務說明書都反映出這樣的強度。即使在競爭沒那麼激烈的行業裡，仍會備感壓力。如今我們為了不落人後，往往跑得更快，工作更賣力，更晚就寢，更一心多用。在這樣的環境下，人生有如沒完沒了的鋼鐵人競賽，自我寬容會被視為胸無大志，或不像其他人那麼積極進取，追求成功。

大家普遍有個誤解，以為必須嚴以律己，才能保持勝算。然而一個人如果能坦然接受自己的失敗，會更想要尋求改善之道。對自我慈悲寬容的人和喜歡自我批評的人同樣追求高目標，不同的是，未能達到目標時，自我寬容的人不會一蹶不振。

其實，自我寬容還可能增強你的優勢，畢竟如果能對自己仁慈一點，你在逆境中仍然能維持健康的行為模式，吃好睡好，持續運動，妥善應付壓力，而遭逢橫逆時，正是你最需要好好照顧自己的時候。自我寬容甚至能強化你的免疫系統，有助於預防疾病，同時鼓勵社交聯繫和正向情緒，你因此能盡忠職守，發揮自己最好的一面。

停止比較！小心對比效應

不幸的是，目前消費導向的後現代社會，對於如何賣出更多智慧型手機和重量杯飲料的興趣，遠大於如何促進人類的身心健康。廣告的基本功能之一是令我們感到不滿，勾起我們對商品的渴望，無論我們需不需要，或是否對我們有益。自我接納和自我寬容都無法動搖商品交易，所以我們不斷需要面對和別人比較的誘惑，也無可避免的時時感到匱乏。

過去的社會鼓勵並支持大家庭和小村莊組成穩定的社會結構。今天工業化社會的公民則居住在孤立的無名城市中，和距離最近的親戚可能相隔千百里。我們每天飽受各種影像轟炸，從各種酷炫耀眼的新玩意兒，到亮麗動人的男男女女相片經過電腦修圖後，呈現出不可思議的完美水準。同時，人人都在網路上張貼享用豪華大餐和開心度假的自拍照，每個人也都不斷和別人比較，不只和有錢階級、俊男美女和修飾過的臉蛋比較，也和其他每個認識的人比較，包括八年級時你以為是笨蛋的孩子，如今卻開著藍寶堅尼超跑。

難怪根據研究，有些人看到別人變成大紅人或更加有錢有勢之後，自我形象會跌落谷底。這種情況稱為「對比效應」（contrast effect），也就是說，你穿著Land's End的泳裝，在愛荷華州西部奧科博吉湖畔的私人度假小屋曬日光浴時，或許覺得十分愜意，但如果你走在里約熱內盧海濱或洛杉磯海灘的威尼斯漫步區，身邊盡是穿著比基尼泳裝、模特兒身材的妙齡女子，你的自我形象可能就大受打擊了。更糟的是，許多男人都招認，他們看過雜誌插頁的性感照片後，會降低對妻子或另一半的愛意。你平時或許頗滿意自己的生活，對從事特殊兒童教育的丈夫也深以為傲，但等到有一天出門時巧遇前男友，發現他目前是胸腔外科醫生，也是無國界醫師組織的志工，而且剛出版生平第一部小說時，你可能就不再那麼滿意現況了。

每當我們開始和別人比較時，自我接納程度就會受到重創。有一項研究顯示，花最少時間和別人比較容貌、才智或身家的年輕人，通常也最不會自責、愧疚或懊悔。

社會性的比較不只在我們處於劣勢時，形成打擊。前面提過的研究還進行了後續研究，請警官把自己和保全人員相比較。結果發現，全心全意相信真正的警察比較優越的人，他們的自我感覺和生活滿意度等心理健康指標的得分最低。這似乎顯示，一旦開始和別人比較，即使你自認是贏家，仍然會上鉤，只能靠自我優越感和外在認可來提升自己的價值感，這是一場贏不了的競賽。天曉得，永遠都有人開的車子比你快、曲線比你更玲瓏有緻，或擁有更大的房子。世上永不缺明星四分衛湯姆．布萊迪、女星珍妮佛．勞倫斯、諾貝爾獎得主、暢銷小說家，以及年方二十五歲的億萬富翁。如果你只能從你認定值得比較的對象中找到自我價值，勢必讓自己陷入悲慘痛苦的境地。

好好做自己，而不是別人的複製品

為了你自己著想，以下是我的忠告：還記得從前在學校裡，老師都怎麼警告同學們考試不要作弊？他們會說，眼睛盯著自己的考卷就好。但這句話還有另外一個目的：避免自我懷疑。

假定時光倒流，暫且回到中學時代。

你正在考試，桌上放著兩枝削得尖尖的鉛筆，腦袋瓜則裝滿了你拚命背下來的東西。

你正在答題，覺得信心滿滿，因為之前已經苦讀了一個星期。然後你在不經意間，瞥見隔著走道、坐在你左邊的班上最聰明的孩子，就是那種上課老是舉手回答問題的優等生，而他有一題的答案和你的答案恰好相反。你因此開始擔心：是不是他的答案才正確？我答錯了嗎？我很確定答案應該是「大憲章」，但是那名同學無所不知，也許正確答案真的應該是「薄伽梵歌」。

然後你猜怎麼著？你修改自己的答案，結果反而答錯了。其實那同學並沒有比你聰明，懂的東西也沒有你多。

當你忍不住想和高不可攀、完全和你不同等級的人比較時，「眼睛盯著自己的考卷就好」這句忠告就益發重要。見賢思齊，向成就比你高一、兩個檔次的人看齊，或許能振奮人心，但如果你總是拿自己和真正的超級明星或一輩子難得遇上的天才相比較，就會重創個人信心。部分原因是，我們總是喜歡聚焦於最後的結果，而不是收穫之前需要付出的努力。

假定你純粹因為興趣，在某個室內樂團擔任小提琴手。倘若你重視過程的話，那麼只比你厲害一點點的第一小提琴手，可以成為你追求進步的標竿。只要更努力些，也許就能達到他的水準。但如果你老是以小提琴大師貝爾的精湛琴藝來自我評價，只會讓自己抓狂。

別忘了，貝爾除了有超凡的音樂天賦，他從四歲大就開始上小提琴課，當時貝爾的媽媽發現他把綁在衣櫃抽屜上的橡皮筋當琴弦來撥，想要奏出曾聽媽媽在鋼琴上彈的曲調。貝爾開始學琴後，你認為他在接下來二十年中，花了多少時間獨自一人在琴房裡苦練？你願意像他一樣嚴以律己、堅定不移嗎？想想看，他花那麼多時間作音階練習時，放棄了多少活動沒有參加？

即使你自認如果有機會，也願意付出同樣的努力，然而你早已錯失這樣的機會了，何必再苦苦折磨自己呢？拿自己來和貝爾、祖克柏、麥可·喬丹或梅莉·史翠普之類的大人物比較，就好像學游泳時想和海豚較量一樣。這樣做有什麼意義呢？你應該好好做自己，而不是拚命想變成另外一個人的次等複製品。

別當無情的內在批判者

我們都聽過「內在批判者」這種說法，只不過有的人內心藏了個檢察官，有的人內心則是冷血判官。

我們會用「冒牌貨」或「魯蛇」等自我厭惡的形容詞來自我鞭笞。但如從比較寬容的角度來看，也許可以把自己的表現看成不斷進步的過程：「好吧，我這次沒有成功，但是很接近了。」

如果你的孩子在班上成績落後或太愛吃零食，你會有什麼反應？大多數人都會替孩子請個家教，把罐子裡的餅乾換成蘋果片，或建議全家一起去健行。但許多成年人碰到工作不順或胖了幾公斤時，會立刻貶低自己，這樣對於提升改變的動機毫無助益。

我們焦慮不安時，往往會打電話給所愛的人。為什麼？因為可以從他們的溫暖和慈愛中獲得安全感，覺得自己有價值，有辦法應付困難。那麼，我們為什麼不能當自己的好朋友，抱持相同的寬容之心呢？

為什麼別人偶爾批評我們的行為或表現，我們就耿耿於懷，對朋友經常的讚美卻不以為意呢？有的人嚴苛，有的人偏頗、無情、自戀、自私，或純粹生性刻薄，所以重點是，千萬要記得，別人對你的負面評價通常不夠客觀，絕對沒理由把它當真，更不要融入自我評價中。

有些許真實性的故事往往更令人困擾，因為不管裡面的事實是經過精心挑選過，而且多麼偏頗，我們仍然十分看重「真實」。多年前在學校打躲避球時，同學們老是說你缺乏運動細胞。好吧，但你之所以不擅長運動，或許是因為你比較喜歡畫畫、閱讀或寫電腦程式，而不是把球砸到其他孩子身上；也許你覺得在場邊陪伴有氣喘病的同學，比在四年級體育課上出風頭更重要。你會執著於哪個事實？你的故事就是你的故事，你必須擁有你的故事，而不是讓故事擁有你，而且要心懷寬容，活出榮耀。

婆婆或許嫌你太過衝動，但你可能只是個性率直。丈夫或許說你是控制狂，你可以選擇接受這個稱號，或認為自己只是做事有條有理罷了。太太可能老是嘮叨你腰間長出贅肉，但天哪，你已經五十歲了！小腹有一點肥肉是很正常的事。問題是，在上述情況下，這些評價對你有什麼好處？

如果你膽固醇指數過高，爬樓梯總是氣喘吁吁，也許你真的應該常上健身房。如果你因壓力大而頭痛，經常弄到半夜還在洗衣服、摺衣服，那麼只要做事時多一點條理，就可以輕鬆許多。重點在於，你的人生中到底哪些事情最重要，應該由你說了才算數。

自我寬容並非自欺欺人。不管怎樣，你都必須深刻了解自己是什麼樣的人，也了解周遭世界。但即使我們充分接受真實世界的現況，究竟要如何因應，你仍然有很大的自由空間。

接納生命的美好與脆弱

每個人都希望擁有幸福耀眼的人生。另一方面，人生總是令我們更加謙卑，而心碎是人生中不可避免的經驗。我們一直都很年輕，直到我們青春不再；我們一直都很健康，直到我們不再健康；我們和所愛的人一直在一起，直到再也無法攜手共度人生。生命的美好和脆弱，總是密不可分。

能選擇在內心挪出空間，同時容納快樂與悲傷，坦然接受自己的不安，是人生最棒的事情。換句話說，你不會把感覺區分為「好的感覺」和「壞的感覺」，而純粹是當時「存在」的感覺。沒錯，我們的文化一向假設，當我們內心騷動不安時，需要做點事情來平息不安的情緒，也就是必須努力掙脫這樣的情緒，設法導正它、控制它，發揮強大的意志力，保持正向思考。其實我們真正需要做的事情十分簡單明瞭：就是什麼都不做。也就是說，欣然接納這些內在體驗，好好吸納它、了解它，但不急著找到出口。

如果你發憤戒菸，那麼，你應該有一陣子會非常渴望抽菸。對抽菸的渴望其實很正常，也有生理學上的依據，那麼何必苦苦批判它呢？事實上，認為需要控制抽菸的渴望，反而會把這樣的渴望變成無法抗拒的衝動。這是為什麼坦然接受——以拋掉繩子的方式終結這場拉鋸戰——才是正道。

你無法選擇或控制自己的慾望，但你可以選擇要不要點燃香菸、吃第二份甜點，或和剛剛在酒吧認識的人一起回家。當你有足夠的情緒靈敏力時，你不會浪費力氣與自己的衝動拔河，而會作出符合價值觀的選擇。

在一項研究中，研究人員要求一群想戒菸的實驗對象，不要試圖控制自己對香菸的生理慾望、想法和情緒，而放任這些感覺來來去去。這項計畫的中心思想是把戒菸比喻為駕車旅行，參與計畫的人是負責開車的駕駛，正駛往對個人而言非常重要的目的地：戒菸。坐在後座的乘客則是駕駛的想法和情緒，就像你高中交到的壞朋友般，不停嚷嚷：「抽呀！來吧，吸一口就好！」或「沒用的膽小鬼，你絕對戒不掉的！」參與實驗的人為這些不聽管束的「乘客」留了一些空間，自己則繼續駕車朝目的地前進，眼睛只盯著最後的獎賞。

他們把參與實驗的戒菸者隨機分配到兩個不同的小組：「樂意組」的參與者學會開放心胸，樂意接納心中想抽菸的渴望，容許渴望存在，但又不會輕易向它屈服，放棄戒菸；另一組則參加美國國家癌症研究院推薦的標竿戒菸計畫，然後比較兩組的成果。可以想見，樂意組戒菸的成功率是另一組的兩倍以上。

有時候，我們在陷入困境時如果太過奮力掙扎，反而會讓情況變得更糟，讓單純的痛演變為真真切切的苦。泰瑞莎四十來歲時懷孕又流產後，醫生說她再也無法自然懷孕或接受人工受孕，換句話說，這次懷孕原本是她生兒育女的最後機會。這件事本身已是一大打擊，然後泰瑞莎又在傷口上灑鹽，告訴自己，流產是司空見慣的事，應該拋開傷痛，要怪只能怪自己年紀這麼大了，還試圖懷孕。她自責不已，認為自己忽略了人生其他有意義的事情，沒有好好珍惜這樣的福分，難怪心情一直好不起來。

泰瑞莎真正需要的是現身面對：充分感受和面對自己的悲傷和失望。換句話說，她必須承認自己是多麼傷心沉痛，然後向失去的孩子道別，心懷敬意紀念這段無法存在的生命記憶，讓自己充分體驗內心的真實感受。

這倒不是說她一定要克服失落，或慶幸自己永遠無法生小孩，但坦然面對並承認自己的痛苦、接受不同階段的哀傷後，她才能走過傷痛，從中學習，重獲新生，而不是深陷傷痛，如槁木死灰。

職場上不可言說的情緒障礙

我們需要掌握一些基本的情緒工具，才能保持心境平和，其中包括細膩的情緒表達詞彙。

嬰兒往往因為不知該如何表達不快樂的情緒而哭鬧。不管他是肚子餓、尿布濕了或疲倦，任何形式的不愉快或不舒服，都會令小寶寶心情沮喪卻又無從表達，只好大哭大鬧（父母也許還有辦法解讀孩子的哭聲，隔壁鄰居則沒有這樣的功力）。假以時日，我們會教導孩子如何表達自己的需求和挫折感。我們會告訴他們：「寶貝，用說的就好。」

不幸的是，許多人即使長大成人，仍不懂得如何運用言詞來釐清和理解自己的經驗及伴隨而來的情緒。如果無法辨別不同語詞在意義上的細微差異，他們仍然不得其門而入，無法清楚理解個人的問題。單單為情緒找到適當的標籤，就可能帶來脫胎換骨的改變，紓解強烈的痛苦、陰鬱和煩憂，讓情緒有清楚的名稱和界限，不至於過度氾濫。

許多年前，我有個當事人名叫湯瑪斯，他曾經擔任企業高階主管。有一天早上，他照常走進辦公室，迎接忙碌的一天，卻突然中風了，完全猝不及防。湯瑪斯過去從來不曾中風過，醫生為他作了一系列檢查後，推斷他不太可能再次中風。

但湯瑪斯卻從此天天擔驚受怕，再度中風的恐懼令他一蹶不振，無法繼續原本的人生。他被引介到我任職的社區諮商中心時，已是無家可歸的街友。他認定自己會再度中風，不敢去上班，結果不但丟掉飯碗，妻子也離他而去，終於淪為街頭遊民。

我每次碰到湯瑪斯時，問候語都稍有不同，不會只說些：「最近感覺如何？」」之類的。但無論我用什麼不同措辭引他開口，他的回答始終不變：「只是有點煩。」」我覺得真是太不可思議了，這個街頭遊民幾乎隨時都處於恐慌狀態，然而對於自己的情況，他唯一想得到的說詞就是：「只是有點煩。」

有一次在每週例行諮商時，我們談到湯瑪斯的母親，她是湯瑪斯唯一還保持聯繫的親友。當所有的人都逐漸放棄湯瑪斯時，只有媽媽持續關心他、照顧他，湯瑪斯也經常到老人院探望母親。我問湯瑪斯：「媽媽還好嗎？」他回答：「有點煩心，媽媽過世了。」」看到他這麼沒有能力清楚分辨自己的情緒，我明白湯瑪斯的情況正是所謂的「述情障礙」（alexithymia），意思是他「無法用言詞來表達心情」。有這類困擾的人通常都不知道該如何傳達自己的感覺，而仰賴像「我壓力很大」這類含糊的說詞。他們不是「還不錯」，就是「不太好」。有點像在電影「聖杯傳奇」（*Monty Python and the Holy Grail*）中，黑武士每次激戰到斷手斷腳時，都只會說「只是小擦傷而已」或「不過就是一點皮肉傷」！

文字擁有無窮的威力。措辭不當曾經引發戰爭，更不用說無數婚姻也因此破裂。情緒緊繃和憤怒、失望或焦慮，是截然不同的情緒，如果我們無法準確標示我們的感覺，就很難有良好的溝通，並得到需要的支持。

如果當事人說「我壓力很大」時，我只聽到字面上的意義，我可能會勸他釐清公事的優先順序，或授權給其他同事。但她說自己「壓力很大」時，真正的意思可能是：「我原本以為我的職業生涯會帶給我更大的滿足感，我對自己的人生感到很失望。」那麼情況就完全不同了。等到弄清楚她內心糾結的真正原因後，就知道勸她加強授權或釐清優先順序，根本無濟於事。

述情障礙並非臨床診斷的疾病，但全世界有數百萬人每天都深受其苦，並付出實際的代價。無法清楚標示自己的情緒，會關係到精神健康不佳、對工作和人際關係不滿意，以及其他許許多多疾病。有這方面困擾的人也比較容易出現頭痛或背痛之類的生理症狀，彷彿他們透過生理症狀來表達自己的感覺，而不是用言詞來描述。當人們無法用言詞清楚表達自己的感覺時，他們唯有透過發怒來大聲表達情緒，或更不幸的是，他們乾脆一拳打穿牆壁或用更糟糕的方式來表達。

學習用更細膩的詞彙來標示情緒，可能令人脫胎換骨。懂得清楚分辨各種不同的情緒，比方說，了解悲傷和煩悶、憐憫、寂寞、緊張有何不同的人，會比把所有情緒都混為一談的人，更懂得應付人生中的起起伏伏。

認清情緒對我們說的話

準確標示我們的情緒非常重要，我們的感覺一旦有了名稱，就能提供許多資訊，顯示這是報酬，還是危險。指出傷痛的方向，同時告訴我們該參與或避免什麼狀況：是指路明燈，而不是路上的障礙，能幫助我們認清自己最在意的事情，激勵我們有所改變。

我的客戶遍布世界各地，所以我經常出差。出差時，我發現自己往往陷入大同小異的情況：我在很棒的旅館房間裡，享受客房送餐服務，窗外景色優美，然而心中卻為了沒能花時間陪伴兩個小孩諾亞和蘇菲而感到愧疚，也因為讓老公安東尼單獨在家而感到歉疚。內疚的滋味不好受，但我一次又一次嚐到這種滋味。

過去老套的說法很容易讓我上鉤，像是「我是壞媽媽」，「我棄深愛的家人不顧」。但經過一段時日後，我學會坦然面對，不僅能分辨這是我的罪惡感在作祟，而且也明白這樣的感覺可能有它的好處。罪惡感能幫助我釐清優先順序，有時重新調整行程。畢竟我們如果對這件事毫不在乎，就不會心懷愧疚。

當你試圖從自己的情緒中有所學習時，不妨問自己一個很好的問題：「這到底有什麼用？」

「這到底有什麼用」的意思是「這樣的情緒有何目的」，能告訴你什麼事情？對你產生什麼影響？你感受到的悲傷、沮喪或喜悅，底下還埋藏了什麼？

對我而言，旅途中的罪惡感發出的訊號是：我想念孩子，也很珍惜家人。因此提醒我，花更多時間陪伴家人才是解方。罪惡感有如閃光指示箭頭般指向我深愛的家人和我想要的人生。

同樣的，憤怒可能意味著你很重視的東西正遭受威脅。你是否曾因同事在老闆面前把你的想法評得一文不值，而火冒三丈？從表面看來，你的憤怒不過就是憤怒罷了。但再深入挖掘，你的怒氣可能顯示你非常重視團隊合作，或你在目前的工作崗位上其實不是那麼有安全感。發怒一點也不好玩，但如能充分意識到怒氣透露的訊息，就能導向積極的行動。怒氣可以指點你正向改變的方向，例如換跑道，找份新工作，或和上司約時間作績效評估。

一旦我們不再拚命排除沮喪的感覺，或不要只是一味正向思考或把事情合理化，以壓抑這些感覺，情緒就能提供寶貴的教訓。自我懷疑和自我批評，甚至憤怒和懊悔，都能為你最不想理會、心魔出沒的陰暗角落（也就是你最脆弱、最容易受傷之處）帶來光明。勇於現身，坦然面對這些感覺，你才能預料哪裡會出現陷阱，在面對關鍵時刻時，能預先作好充分準備，有效因應。

如果你能面對內心的感覺和外在的選擇，同時又能清楚區分兩者，就很有希望擁有美好的生活和有意義的人生。作重要決策時，你會從最寬廣的角度出發，坦誠將自身經驗融入述說的故事。這些故事既符合你的價值觀，也能幫助你了解過去，並因此更清楚未來該往哪裡去。

第五章

步驟二：跨出去

思考過程、容忍矛盾，
然後一笑置之，
改變觀點或用第三人稱和自己說話，
最後戳破它：
被困住是真的，但情緒並非事實。

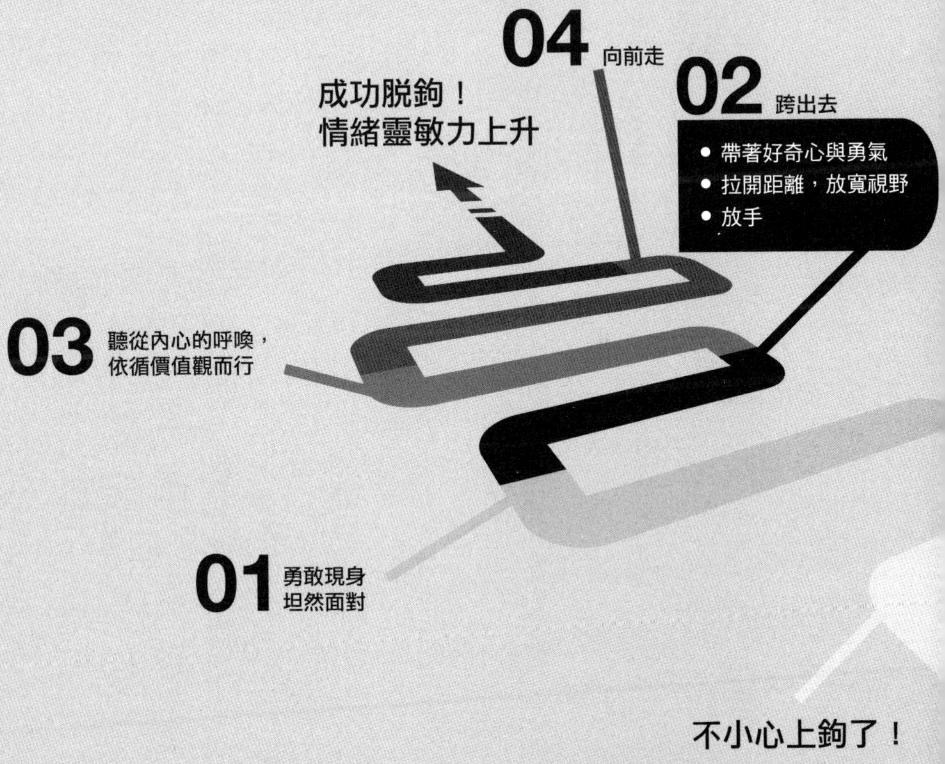
04 向前走
02 跨出去
帶著好奇心與勇氣
拉開距離，放寬視野
放手
成功脫鉤！
情緒靈敏力上升
03 聽從內心的呼喚，
依循價值觀而行
01 勇敢現身
坦然面對
不小心上鉤了！

美國德州大學的傑出教授潘尼貝克（James Pannebaker）在一九七〇年代初踏出大學校門後，旋即走入婚姻生活。結婚三年後，他和妻子開始對彼此的關係產生質疑。困惑不安的潘尼貝克陷入憂鬱。他食不下嚥，喝更多酒，也開始抽菸。他為自己情感如此脆弱而感到難為情，於是益發與世隔絕。

陷入情緒低潮一個月後，有一天早上，潘尼貝克起床後，坐在打字機前面。他瞪著打字機好一會兒，就開始隨心所欲坦誠描述他的婚姻、父母、性欲、職涯，甚至對死亡的看法。

他一直持續寫作，接下來幾天，奇妙的事情發生了。原本的憂鬱一掃而空，感覺得到解脫。他重新感受到對妻子的深愛。寫作帶來的衝擊還不只如此。他有生以來頭一回領悟到自己的人生目的和其中蘊含的可能性。

走出人生困境的經驗，激勵潘尼貝克啟動長達四十年的努力，研究寫作和情緒管理之間的關聯。潘尼貝克反覆研究，他把參與者分為兩組，要求第一組寫出情感意義重大的經驗，另外一組則只需寫一些日常瑣事，例如談談他們的鞋子、或街上駛過的汽車。兩組參與者花相同時間在寫作上，連續三天，每天都寫作二十分鐘左右。

在潘尼貝克的實驗裡，「重大情感經驗寫作組」中，有的人描述遭素來信賴的家族成員性虐待的經驗，有的人描述可怕的失敗，其他人則寫出因分手、疾病或死亡而失去摯愛、心力交瘁的經驗。一名婦女描述十歲大時發生的事情如何帶來深深的罪惡感。當時她把玩具留在地板上，祖母踩到後滑倒，最後過世。一名男子則述說自己九歲大時，父親在一個溫暖的夏夜，把他帶到屋外，跟他說生兒育女是他這輩子犯下的最大錯誤，然後就離開了。

書寫的神奇力量

潘尼貝克在一次次研究中發現，參與者寫出令他們情緒激動的經歷後，身心健康都顯著提升。他們變得比較快樂，不再那麼沮喪焦慮。在參與寫作實驗幾個月後，他們的血壓降低，免疫功能增強，也比較少去看醫生。同時，他們也擁有優質的情感關係，記憶力較佳，在職場上更為成功。

剛發現潘尼貝克的研究時，我感到十分震驚，因為他的研究呼應了我年少時代的經驗，當時我常在日記上傾吐面對父親罹癌的心情。那段時間父親生命垂危，然後過世，我的人生也經歷了痛苦的轉變，寫作幫助我訴說自己的悔恨，我深深後悔沒有多花時間陪伴父親，懊惱當時有很多話該說而未說。我也寫下不會感到遺憾的時刻，以及我如何盡了最大的努力。

透過寫作，我學會整理各種愉快和不愉快的情緒，因此更透徹了解自己，我得到的最重要啟示是明白「我是個充滿韌性的人」，可以完全接納自我，連不是那麼喜歡的部分也包括在內。

不過，潘尼貝克的研究結果簡直美好到難以把它當真，所以我仍半信半疑。連續三天，每天都花二十分鐘寫作，怎麼可能對人生產生如此持久的正面效益呢？所以我只把他的研究標記起來。多年後，我開始攻讀博士學位，而且以情緒為研究主題。有一回，我剛好有機會和潘尼貝克共進晚餐，席間我倆熱烈的討論，從此以後，我開始更深入探討他的研究。

我讀到潘尼貝克在達拉斯一家電腦公司推動的計畫，當時有一百名資深工程師遭公司裁員，他們大半為五十開外的男性，大學畢業後就一直在這家公司工作。他們突然被公司趕出大門，都十分惶恐困惑，擔心無法再找到本行的工作。過了四個月，果真沒有任何工程師謀得新職。

潘尼貝克的團隊很想知道，如果遭裁員的工程師把這段經歷寫下來，對他們會不會有幫助。只要能改善求職展望，工程師們願意作任何嘗試，因此他們同意參與這項計畫。潘尼貝克要求一組工程師寫出遭裁員的經驗，挖掘他們內心羞辱、憤怒、被拒絕的感覺，以及在健康、婚姻和財務上受到的壓力和對未來的憂慮。另外兩個對照組則只描述自己的時間管理方式，或什麼都不寫。

開始寫作前，三個小組的求職動機和投入的努力可說不分軒輊，但寫作計畫展開後卻產生驚人的變化。激發情緒的寫作計畫進行幾個月後，曾經深入挖掘自己真實感覺的工程師，重新就業的比例高達對照組的三倍。寫作不但幫助他們整理經驗，也幫助他們走出沮喪消沉，採取有意義的行動。

他們後來針對數千名參與者，包括孩童和年長者、學生和專業人士、健康者和病人，作了更多研究，如今我們可以很有把握的說，坦然面對自己的感覺，並用言辭表達情緒，對於因應壓力、焦慮和失落有極大的幫助（對於不喜歡拿筆寫字或打鍵盤的人而言，書寫本身其實沒有什麼神奇力量，對著錄音機說話，也有相同的效果）。

潘尼貝克的寫作守則

設定二十分鐘的時間。打開筆記本，或在電腦中開啟新檔。開始計時後，就著手寫下你在過去一個星期、一個月或一年的情緒體驗。不必擔心標點符號不對、結構鬆散、或前後不一致的問題，純粹想到什麼就寫什麼，帶著好奇心，不加任何評斷。

只為自己而寫，不是為了最終要給誰看而寫。像這樣寫作幾天之後，拋開這張紙（或把它封在瓶子裡，丟入大海），或把電腦檔案關閉，不留存檔；或假如你已經準備好了，也可設個部落格或找個出版經紀人。你想怎麼做都沒關係。重點是，你開始把想法拋出來，寫在紙上，從過往經驗中邁步「跨出去」，從不同的觀點看事情。

拉開思考者與思緒的距離，放寬視野

但在現身面對之後，情緒靈敏力還有另外一個重要層面：跨出去。多年來

的深度分析顯示，和煩憂多慮者、情緒封裝者或盡情發洩情緒的人不同的是，參加寫作計畫且後來發展順利的人，培養了深刻的洞察力，說話時會吐出：「我學到」、「我突然想到」、「原因是」、「我現在明白」、「我領悟到」之類的語詞。他們在寫作過程中，懂得拉開思考者與思緒、感受者和感覺之間的距離，因此獲得新觀點，開始脫鉤，向前邁進。

千萬別搞錯了，這群人並不喜歡遭到背叛、感覺失落、丟掉飯碗或罹患重病，但化解了衝動和行動之間的糾結之後，他們可以把自己的經驗擺進情境脈絡中思考，放寬視野來看問題，因此事業蒸蒸日上，也往往能把阻礙轉化為更符合自己深層價值的機會。

梅特卡夫（C. W. Metcalf）原本是電視喜劇演員，後來成為大型組織的「幽默顧問」（如果你覺得這個頭銜很滑稽的話，那麼你可能從來沒在大型組織上過班）。他在台上表演有趣的橋段，教導人們如何因應組織瘦身或公司成長帶來的壓力，或上班時碰到的任何折磨人的情況。

我最喜歡的橋段是他拉開一張空蕩蕩的椅子，說那是「他的工作」，然後開始言行滑稽，亂講一通，說他每天的工作從各方面來看，是多麼、多麼的恐怖。

他深深吸一口氣，指著幾步外的空椅子說：「我的工作真是爛透了！」然後拋出畫龍點睛的妙句：「感謝老天爺，我在這邊！」

我們都曾把自己和經驗隔離開來，從不同視角看待自己的經驗。多年前，我發現自己完全上鉤，為了電話帳單一再搞錯，而對電話另一端的客服人員發脾氣。我已經浪費幾個鐘頭的時間，試圖解決問題，電話公司居然沒有能力改正自己的錯誤，讓我大發雷霆。

然後我莫名其妙的開始跨出去，把自己從怒火中抽離。彷彿靈魂出竅般，靈魂脫離肉體，上升到天花板，在上面俯瞰著底下的一切。我得以從新視角注意到原本的憤怒情緒是怎麼回事，我完全是找錯對象的盲目發怒。

我開始同情可憐的客服人員；她的工作真是糟糕，整天都得應付像我這樣的瘋子！也領悟到惹她不快對事情一點幫助也沒有。於是我轉換心情，向客服人員道歉，然後我們一起設身處地為對方著想，開啟建設性的對話，解決問題。

我當時只是跨出去，拉開刺激和反應之間的距離，甚至還在過程中，重拾對人道的些微關懷。你因此開始選擇依循自己的價值觀行事，而不是聽憑想法、情緒和故事的擺布。

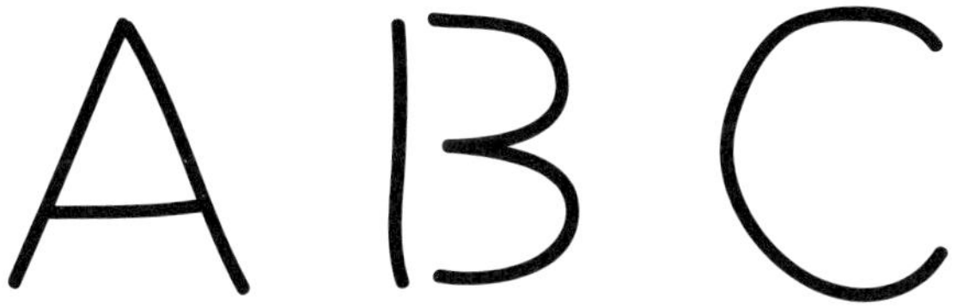

你可以在新創的空間裡靈敏掌握事情的脈絡，改採當下最有效的行動方式，而不會受到盲目衝動所驅使，滿腦子「正義！報復！你不能這樣對待我！」之類的無益想法。

一旦抬腳跨出去，你會看到過去看不到的事情（要不然你以為人們為什麼稱之為「盲目」的憤怒）。

請看看上面的圖形，你看到什麼？

顯然這是英文字母的頭三個字母。但也許還有其他可能性。

當我們上鉤，執迷其中時，我們往往只從一個角度看事情，只有一個答案，只用一種方法做事。我們陷在自己的想法、情緒和故事中，任其擺佈，聽其指揮，變得冥頑不靈，連自己都很納悶：「我當時到底是怎麼想的？」唯有跨出去以後，我們才會明白，看事情的方式或許不止一種。

從本頁圖中歪歪扭扭的線條來看，中間顯然是「B」。不過再看看下頁圖形，相同的線條卻可能有不同答案。

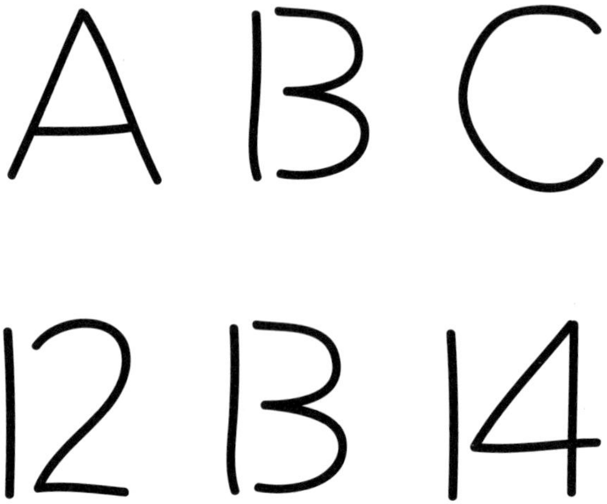

這個例子充分顯示，從不同觀點看同一件事情，會出現什麼情況。我們會對情境脈絡更加敏感，看到更多的可能性，因而產生不同的反應，變得更靈敏。

你可以刻意培養這種抽離開來的能力，和我那次對著電話發脾氣時不經意做到的一樣。事實上，要活得有目的、有意義，持續成長茁壯，其中一個需要培養的重要技能是採取「後設觀點」（metaview），也就是採取居高臨下的視角，擴大你的視野，因此能更加理解情境脈絡。這樣的能力能幫助你以新眼光看待自己的情緒和別人的感覺，是培養自省能力的關鍵因子。

當我們犯錯時，後設觀點尤其有用。

我們可能會因為再單純不過的過失而折磨自己，耿耿於懷，十年、二十年、甚至四十年後午夜夢迴時，仍想起中學時代做的蠢事。

錯誤或過失往往只是事情沒有按照計畫走。當我們把事情搞砸時，會怪罪自己沒有作出正確的選擇或沒把事情做對。然而錯誤之所以出現，是因為我們假定路線早已規畫好了，而我們卻沒能在靜止世界中依循既定軌道航行。但就像十九世紀著名的德國陸軍元帥老馮毛奇（Helmuth von Moltke the Elder）喜歡說的一句話：「沒有任何戰鬥計畫撐得過與敵軍的第一次接觸。」不管我們多麼確定怎麼做最好，世界變化不斷，事情的發展總是難以預料。無論在戰場上或人生中，由於沒有人能確知會發生什麼事，每個人都會有些決定到頭來不見得那麼有效。

然而你可以從另外一個角度來看待自己的錯誤，比方說，從「好」錯誤中得到寶貴的教訓，例如：「不要急著撫摸和你不熟的狗。」如果我們能從這個觀點來看事情，就能從中學到教訓，發揮成長的潛能。而我們必須從各種不同角度檢視自己的過失，才能獲得這些知識。

活在當下，用心覺察

長久以來，僧侶和神祕主義者一直透過冥想靜坐的方式，來消除思緒和思考者、衝動和行動之間的緊密連結，讓我們的心靈掙脫束縛，擺脫誤解。

一九六〇年代，這類做法在西方社會流行起來，稱為「活在當下」。概念是未經修煉的心靈很容易心生雜念，思前想後，在過往的回憶和對未來的預測中來回拉鋸。唯有完全活在當下，充分融入「現在」，才能情緒靈敏的因應此時此刻的一切。

自從披頭四、海灘男孩等樂團和演員米亞．法蘿遠赴印度，拜在瑪赫西大師門下以來，行為科學和認知科學的研究就一直試圖揭開東方修行的神祕面紗，他們大都聚焦於用心、專注、刻意、而不加評斷的技巧，也就是「正念」（mindfulness）。

近年來，哈佛學者曾針對十六名參加八週正念減壓課程的人，進行課前課後腦部掃描，結果顯示，腦部某些區塊的變化不只和壓力有關，也和記憶、自我感覺及同理心相關。

似乎修習正念會促進大腦內部的網路連結，避免分心。由於正念能幫助我們更加專注，因此也會提升我們的能力，改善記憶、創造力，改變心情，同時也對人際關係、健康和壽命頗有助益。當我們能敏銳體察周遭發生的事情，而不是視而不見或照本宣科時，我們也更懂得靈活應變，也更富於洞察力。

研究正念的先驅者之一、哈佛大學心理學教授蘭格（Ellen Langer）發現，音樂家如果秉持正念彈奏，奏出的音樂會比較受聽眾喜愛；用正念的心推銷雜誌的業務員能拉到更多訂戶。秉持正念作簡報的女性更有說服力，也比較成功，因為講者的正念能超越聽眾原本的性別偏見。這種保持正念覺察的特質最能獲得聽眾共鳴，能幫助我們破除雜念或成見，注意到別人的看法。

不幸的是，今天「正念」早已變成流行語，在企業界尤其如此，而且開始引起反挫（當你看到書店陳列著《正念領導力入門》之類的書時，就知道這個觀念已被大家炒到爛了）。當然，如果要大家無時無刻，無論做任何事情，都秉持正念，專注於當下，實在太荒謬了。你不需要秉持正念做資源回收或梳頭髮，除非你覺得這樣做能帶來好處（請參考第134頁「保持正念覺察的方法」）。

活在當下 vs. 心不在焉

在許多人眼中，修道院遺留下來的美麗詞藻，讓正念的修行蒙上一層面紗，因此要了解正念，不妨先看看正念的反面：心不在焉。

心不在焉時，我們很容易上鉤，變得漫不經心，彷彿進入自動操作狀態，人在心不在，只會照章行事，動不動就搬出老套，完全不經細想。

出現以下情況時，你就知道自己開始心不在焉了：

- 剛聽完某人的名字，轉頭就不記得。
- 把信卡用丟進垃圾桶、食物包裝紙塞進皮包裡。
- 不記得剛剛出門時到底有沒有把大門鎖好。
- 漫不經心撞到東西或打破東西。
- 太專注於接下來要發生的事情，結果把眼前需要辦的事情忘得一乾二淨。
- 完全沒注意到前面幾行把「信用卡」中的「用」和「卡」兩個字對調了。
- 你既不餓、也不渴，卻開始吃吃喝喝。

• 感覺有些情緒「突然不知打哪兒冒出來」。

另一方面，如果你保持正念覺察，就會注意到這些不安的感覺和思緒，而不會深陷其中，糾纏不清。當你覺察到自己的憤怒，你可以更敏銳專注、情緒清朗的觀察自己的怒氣，或許還能找出怒氣的根源。你甚至可能發現你的「憤怒」其實是悲傷或恐懼的情緒。

靜心覺察，單純活在當下，是正念的基本概念，但並非每個人都那麼容易做到。十七世紀數學家和哲學家帕斯卡的名言是：「人類的悲慘都源自於無法在房中靜靜獨處。」哈佛大學和維琴尼亞大學曾作過一系列研究，試圖檢驗帕斯卡的想法。心理學家威爾森（Timothy Wilson）和同事要求參與者花十分鐘獨自坐著想事情。大多數的實驗對象都難受得不得了，有的人甚至寧可選擇遭受輕微電擊，也不願只是靜靜坐著，單純活在當下。

這個實驗顯示人們對於自己的內心世界感到多麼的不安。他們可能沒有意識到每個人都有「自我」，自我乃脫離我們的欲望和態度而單獨存在，超越我們在臉書或履歷上呈現的形象或地位表徵，也超越我們所有、所知、所愛或我們的所作所為。

正念可以幫助我們更自在接納自己的內在本質，遵循源於古希臘德爾菲神廟有關自我改善的神諭：「了解自己。」

我們困在罐子裡時，根本無法閱讀罐子上的說明。正念能幫助我們觀察思考者產生思緒的過程，提升情緒靈敏力。單單更加用心注意，就能讓自我脫離陰影，在思緒和行動之間開創更大空間，確保行動乃出於個人意志，而非習慣使然。

但正念不只是覺知「我正在聽什麼」或「我正在看什麼」，或甚至注意到「我有某種感覺」那麼簡單，正念是在做所有這些事情的時候，能夠秉持平和、開放、好奇的心境，而且不加評斷，並容許我們創造可變動的新選項。最終能讓我們從各種不同觀點看世界，更懂得自我接納、包容和善待自己。

保持正念覺察的方法

先從呼吸開始

什麼事都不要做，只專注在自己的呼吸上，持續一分鐘。一開始先慢慢吸氣、呼氣，吸氣時從一數到四，呼氣時也同樣從一數到四。你的思緒自然而然會開始游移，你有所覺察，但隨它去。千萬不要因為「不擅此道」而責怪自己。腦子裡冒出任何念頭時，只需讓自己重新專注於呼吸就好。基本上就是如此。這件事無關乎輸贏，重要的是投入整個過程。

用心覺察

在周遭環境中挑選一樣東西——一朵花、一隻昆蟲、或你的大腳趾都無妨——花一分鐘專注在這樣東西上，彷彿你剛從火星來到地球，而這是你生平頭一遭看到這樣的東西。設法區分和辨識這個東西的各個不同面向，專心觀察它的顏色、質地、動態等等。

重新體會慣常動作

挑選一樣你每天必做、視為理所當然的事情，例如泡咖啡或刷牙。下次做這件事的時候，把注意力的焦點放在每個步驟和每個動作上，以及你看到、聽到、聞到什麼，和它的質地觸感。用心覺察這一切。

真心聆聽

挑選一首樂曲，不管是沉靜的爵士樂或祥和的古典樂都好，盡量戴上耳機，專心聆聽，彷彿你住在山洞中，這是你長這麼大頭一回聽音樂。不要評斷這首曲子，單純聆聽和辨識樂曲的節奏、旋律和結構。

最後，你應該能透過修習正念的努力，超越你的思想和經驗在智識情感上的分類。你可能像詩人馬維爾（Andrew Marvell）般走進花園，尋找「綠蔭中的綠思」，完全沒有任何想法，或只是更深刻領會並欣賞綠意盎然之美。這時候，你的心靈不再堅持理性，不再只是解決問題或整理資料的機器，比較像海綿，而不是計算機。只是單純的存在。

平靜接納的態度會自然而然和好奇心結伴而行，當兩者齊頭並進，就會發生美好的事情。

我經常在女兒蘇菲睡前讀《哈洛和紫蠟筆》（*Harold and the Purple Crayon*）的故事給她聽，這本有趣的童書談的是一個充滿好奇心的四歲孩子哈洛，如何讓筆下畫的東西成真。他想要造訪月亮，於是他畫了一條通天的路徑，可直達月球。

他畫了一棵蘋果樹，又畫了一條龍來保護樹上結的果實。他很怕那條龍，所以畫了淹過頭頂的大水。他迷路了，於是畫了窗戶，好找到回家的路。

哈洛不知道自己會往哪裡去，或之後會發生什麼事，但他不斷用紫蠟筆畫出可能的遭遇。

像哈洛這樣充滿好奇，其實是出於決定。當我們決定聽從好奇心的驅使，探索自己的內在和外在世界，做其他決定時，也變得更靈活了。我們會刻意在反應時留些餘地，根據我們重視什麼，以及希望成為什麼樣的人，作出選擇。

每當我讀這本故事書給女兒聽時，我注意到哈洛不會試圖遏止情緒。他害怕時不會逃跑，反而會正視自己的恐懼，提出創造性的解決辦法，例如畫出大水來淹過自己頭頂，以躲避可怕的龍，又畫一扇新窗戶，讓自己溜出去。每個人都能從這個虛構的四歲小孩哈洛身上學到一些東西。

職場上的冒牌貨症候群

桑雅是知名會計師事務所的合夥人，她之所以向我求助，是因為儘管擁有

ＭＢＡ學位和非凡成就，她總覺得自己是個冒牌貨。她每天跌跌撞撞，努力證明自己，因害怕被拆穿而說話結結巴巴的。心理學家稱桑雅的恐懼為「冒牌貨症候群」。她深信總有一天，別人會發現這可怕的「真相」——她根本不配擁有現在的地位。即使從來沒有人對她的工作績效有任何負評，她仍然忐忑不安，緊張焦慮。

桑雅陷入了前面提過的「歸咎於想法」的困境，太把「我是冒牌貨」的恐懼當真了。她沒有積極爭取自己有興趣承擔的工作，反而過度看輕自己的才華和工作能力，彷彿錯用望遠鏡的另一端反觀自己。如果她學會用心而好奇的看待自己的經驗，她就能跨出去翻轉望遠鏡，以更開闊的視野看待一切。

「好吧，我心裡一直認為自己是魯蛇。」像桑雅這樣的人可能會說。

「其他還有啥新鮮事嗎？那是我心裡『受傷的小孩』在說話。我平常想很多事情，無論想法是好是壞，我都注意到，但我仍保留最後的權利，除非這些想法能幫助我過我想要的生活，否則我不會付諸行動。」

寫下你最深層的恐懼

每當我為企業主管上團體輔導課程時，通常會讓他們作一些練習，這些練習表面上好像是給孩子玩的笨遊戲，卻能產生奧妙的效果。我會請大家在便利貼上寫出他們最深層的恐懼，或他們在工作、關係和人生中從未明白說出的「潛台詞」：例如「我這個人很乏味」，或「我不討人喜歡」，或「我是騙子」、或「我很壞」。然後我請每個人把便條紙貼在自己胸前，並播放音樂，好像在開派對一樣。大家互相握手，眼睛直視對方，然後自我介紹：「嗨！我是個乏味的人，很高興認識你。」或用任何他們寫在便條紙上的字眼（順帶一提，「我是個乏味的人」是我的標籤，我總是團體中那個「乏味的人」，或在我看來是如此）。

這是一次令人震撼的經驗。作過練習的企業主管總是告訴我，他們貼在自己身上的醜陋「真相」、影響他們至深的嚴苛自我評價，都因此得到舒緩。多年後我仍收到電子郵件告訴我，能把內心的想法純粹當成一種想法，還真是讓他們大大鬆了一口氣。他們的恐懼有了名字，還可以拿來取笑一番，找點樂子。這樣做的時候，他們為自己創造了更多空間，容許他們真正做自己。他們已經跨出去了。

想法只是想法

只要瞪著寫上你名字的信函，你就能對此稍有體會。你已經看過自己的名字無數次，所以會跳過辨識和詮釋的過程，立即想到「那是我」。然而當你真正注視著書寫文字中代表著某些發音的線條符號時，你開始注意到它的形狀，而且有些形狀還滿滑稽的。

或你可以大聲唸出某個簡單的辭彙，例如「牛奶」，然後重複唸三十秒。這樣做的時候，你會注意到一些變化。剛開始實驗的時候，你會看到這兩個字在字面上的含意：你倒在早餐玉米片上、或加在咖啡中、或小時候和奧利奧餅乾混在一起吃的白色東西。然而，當你重複唸這兩個字的時候，情況開始變得不同了。「牛奶」二字會產生的典型聯想逐漸消失，你開始注意到它的發音，以及你說出這兩個字時口形的變化，純粹把字當字。

現在不妨試試看拿你最討厭自己的一面來作實驗，或甚至拿最令你困擾的日常經驗來考驗自己，例如「我很胖」、「沒有人喜歡我」、或「我一定會把這次簡報搞砸了」。挑選你想採用的字眼，大聲說十遍，然後再倒著說，或把字的排列順序搞亂後再唸一遍。你會發現原本充滿意義、能激發情感、對你有主宰力量的字音，變得無足輕重、甚至有點愚蠢可笑。你不再內心糾結，從負面思考的角度看世界。你反而會正視它，你在思考者和思緒之間創造出適當的空間，把望遠鏡倒轉過來。

透過你所創造的迴旋餘地或喘息空間，你可以有所選擇。你開始純粹把想法當想法，而不是必須遵守的命令，甚至傷透腦筋的問題。你可以心裡想著你是冒牌貨，注意到這個想法，但刻意選擇不去理會它，因為眼前更重要的事情，是對你正在參與的會議作出實質貢獻。你也許認為另一半應該邁出第一步，設法修補你倆今早的爭執，你認知自己的想法，甚至也合理化這樣的想法，但後來你仍然拿起電話，主動撥電話給另一半。你可以接受自己對焦糖布丁的渴望，意識到你心裡想著：「我要吃焦糖布丁！」卻選擇不要伸手去拿。

這種情形不算封裝情緒，因為你並沒有忽視或否認或試圖壓抑自己的想法、情緒或慾望，而是饒有興味注意這一切想法、情緒或慾望，以及伴隨而來的資訊，但不讓它主宰一切。

如果你在組織中步步高升，總有一天，你會開始帶人，而屬下會交報告給你。身為主管，你必須決定哪一份報告需要採取行動，哪些報告的內容可以置之不理，切記我們的想法和情緒就如同自私自利的臣子般，不見得總是說實話，而且思緒會來來去去。

這是為什麼我們應該把這些報告視為有待評估的立場文件，而不是真實情況的陳述，必須據以採取行動。思維和情緒都能提供資訊，而不是形成指令。我們會根據某些資訊來採取行動，但有些資訊只需標記起來密切注意就可以了，有些資訊則根本胡扯一通，只需丟進垃圾桶。

掌握情緒靈敏力的意思是，無論有多少令你困擾的想法和情緒，你依然能設法透過行動方式，實現你最想要的生活，跨出去和脫鉤也就是這個意思。

用第三人稱和自己說話

二〇一〇年夏天，出現了另一種語言上的跨出去。

美國職籃超級巨星雷霸龍詹姆斯面臨艱難抉擇。他當時的決定引發巨大的抱怨聲浪，但也為他連續贏得兩屆職籃冠軍。他需要決定，究竟要留在家鄉俄亥俄州克利夫蘭市打球，繼續待在一手培植他的騎士隊，還是搬到佛羅里達州，加入邁阿密熱火隊？結果他決定到佛羅里達州加入熱火隊。他後來描述當時的思考過程：「我不想作情緒化的決定，我希望作出的決定對雷霸龍最好，能為雷霸龍帶來快樂。」

有沒有注意到他一開始提到自己時，用的是第一人稱代名詞「我」，但是討論到他不想作情緒化的決定時，已轉換為第三人稱的「雷霸龍」。當時許多批評者將這樣的用語歸因於他太過自大（以運動明星享有的高名氣而言，這完全是可以理解的事情）。但後來的發展（他在邁阿密熱火隊獲得非凡成就後，又回到克利夫蘭打球）顯示，他當初或許真的因為這個決定而內心劇烈交戰。果真如此的話，他用了一種複雜的語言策略來管理自己的情緒。

研究顯示，以這種方式使用第三人稱，是讓自己擺脫壓力（或焦慮、挫折感、悲傷）的好方法，可以幫助你有效管理自己的反應，在未來面臨高壓情境時，也更能視之為挑戰，而不是威脅。

跨出去的技巧

思考過程。認為這是一條長路，而自己正走在持續成長的路途上。語帶絕對的老套說法（「我最不擅長演講了」或「我在運動方面很差」）只是老掉牙的說法罷了，不代表你的命運。

容忍矛盾。禪修中經常要練習思考各種弔詭的情況，例如「單手鼓掌會發出什麼聲音」。你的人生中可能也充滿各種矛盾，可以透過禪修般的方式沉思默想：你可能對家鄉、家庭或自己的身體有一種愛恨交織的情緒。你可能覺得自己既是情感破裂的受害者，也是該負責的元兇。如果你能欣然接受這些看似矛盾的情況，就能大幅提升自己對不確定性的容忍度。

一笑置之。透過幽默跨出去，可能也是好方法，因為幽默感會迫使你看到新的可能性。只要你不是靠幽默來掩飾真實的痛苦（封裝情緒），那麼拿自己開玩笑能幫助你接受自己的處境，並從中抽離，拉開距離。

改變觀點。試著從別人的角度思考自己的問題，例如從你的牙醫、你的孩子，或甚至從你養的狗的角度來看。

戳破它。當你上鉤時，要認清想法只是想法，而情緒也只是情緒罷了。你可以藉由這類用語：「我正興起這樣的想法……」或「我目前的情緒是……」。切記，你沒有義務完全接受自己的想法或情緒，更遑論採取行動了（順帶一提，這是我自己迅速跨出去的招數，可以在倉促間很快做到，或在進行困難互動時應用）。

用第三人稱和自己說話。正如同雷霸龍的例子，這個策略能幫助你超越自我中心的觀點，節制自己的反應。

放下那件外套

如果能秉持接納的態度和開放的觀點，我們就能輕鬆看待自己的想法和情緒，不會糾結於過往，也不會心懷成見看待新經驗。我們開始懂得放下。

莫妮卡和大衛這對夫婦深愛彼此，但莫妮卡的一大怨言是，老公每天下班回家後，總愛把外套順手丟在地板上。她抱怨的事情聽起來微不足道，但曾和伴侶一起生活一段時間的人都明白，這些惱人的小事情，如牙膏蓋子沒蓋好，喝咖啡時發出咕嚕咕嚕的聲音，可能令我們上鉤，一直念念不忘，而陷入負面詮釋的循環。

麻煩的是，我們一旦上鉤，就執著於單面思考，不再認為牽涉其中的人除了我們觀察到的面向，或除了我們對他們的需求之外，還有其他許多面向。

「我每天都說：大衛，拜託你不要把外套扔在地板上好嗎？」莫妮卡告訴我。「但他每天還是照做不誤！他說因為他很累，而且見到我太開心了，所以完全沒想到掛外套的事！」

莫妮卡試著了解他提出的理由，但還是覺得很生氣，而大衛照舊把外套丟在地板上。她嘗試完全不理會地板上的外套，如果外套剛好掉在她經過的路上，也執意踏上去。她曾嘗試自己把外套掛起來，通常都大張旗鼓的，讓大衛很清楚她在做什麼。這時候，地板上的外套已經不只是一件掉在地板上的外套而已，而具有象徵意義——莫妮卡很重視這個問題，大衛卻完全不當一回事。大衛一直忽視和貶抑莫妮卡，外套的問題就是明證。雖然總的說來，外套的問題微不足道，然而每次夫妻倆發生爭執時，外套問題總是一再被提起。

有一天，大約就在大衛的生日快到時，莫妮卡找到了新觀點，讓情況完全改觀。她讓自己抽離原本的想法，不再從「他這樣做是為了貶低我」的角度來詮釋整件事情。她在這個小小的困擾和所引發的強烈情緒之間，創造出迴旋的空間。

她刻意拋開原先賦予外套的種種主觀臆測，而假定大衛完全出於善意。與其斤斤計較大衛幹嘛老是把外套丟在地板上，她決定送給大衛一個生日禮物：她願意接受大衛（她深愛的人）就是這個樣子，這是他的一部分，她願意懷著愛意為他撿起外套，絲毫不覺有傷自尊或充滿怨懟。她決定拋開繩子，結束這場拉鋸戰。

「我沒有心不甘情不願或充滿挫敗的情緒。」她告訴我：「而是心甘情願，抱著寬容、接納、同情的心態，因為我愛他，我很珍惜我們之間的關係。我知道萬一大衛發生什麼事情，我會寧可捨棄其他一百萬件東西，只求讓大衛和那件外套重新回到我的生命中。」

原諒別人，原諒自己

朋友理查也跟我談到十五年來和妻子蓋兒相處的挫折感。

理查在家工作，蓋兒則每天花很長時間通勤上下班，所以理查操持家務，負責買菜煮飯等等，扮演家庭主夫的角色。長此以往，蓋兒愈來愈少進廚房，理查則成為很不錯的廚師。然而每逢週末，尤其家裡有客人時，理查總是希望蓋兒能多多參與，主要是因為兩人一起準備大餐，會有趣多了。但蓋兒從來不曾這樣做。理查愈來愈生氣，也愈來愈沮喪。蓋兒是不是在占他便宜？為什麼她好像把他當佣人般使喚？她把他當成什麼人了，灰姑娘嗎？

有一天，理查正在準備請客用的摩洛哥羊肉煲時，突然想通了。他知道蓋兒很愛他，而且蓋兒不是個自私的人。他也知道蓋兒不喜歡燒菜，但很喜歡找出漂亮瓷器，擺設餐具，布置花朵，對晚宴也很有貢獻。如果他選擇從其他任何角度來解釋她為何不肯在廚房裡幫忙，都無助於兩人的關係。

於是，他決定拋開不公平的感覺，同時也不再期望妻子會伸出援手，幫忙切菜或調醬汁。有了這樣的體認，並決定採取接納的態度後，他大大鬆了一口氣，內心重獲自由，而且也為他和蓋兒的關係注入新活力。

你選擇放下的事情將有別於其他人的選擇。放手有時意味著拋開過去的經驗，有時候是放下期望或一段感情；有時候，放手意味著原諒別人，有時候則是原諒自己。

單單說出「放下」二字，就足以帶來希望和解脫感。但同樣幾個字也可能引發焦慮，深恐最後一無所有，毫無希望。事實上，當我們鬆手放開一個東西，就擁有了其他的一切。緊抓住一塊小小的情感浮木，我們反而無法充分感覺到置身於宇宙之中，是動態系統的一部分。

我在前面曾談到翻轉望遠鏡以獲得更開闊視野的重要性。太空人把開闊視野的字面意義發揮到極致。他們談到「綜觀效應」（overview effect），也就是航行太空並回頭俯瞰地球時，所經歷的脫胎換骨的體驗，此時乘載著所有人類和我們大大小小問題的地球，看起來卻像漂浮在無垠黑暗中的一顆小小沙灘球。這就是我說的「跨出去」獲得的全新視角。

米契爾（Edgar Mitchell）是與綜觀效應關係最密切的太空人之一。他是阿波羅十四號太空船登月小艇的駕駛員，在一九七一年登陸月球，是第六個在月球漫步的人類。米契爾曾經如此形容他豁然頓悟的一刻：「回程時，從二十四萬哩外的太空注視著我來時的星球，我突然體會到宇宙的智慧、慈愛與和諧。」

並非每個人都有機會見到如此神祕的景象，但對每個人而言，「放下」至少可以代表「鬆手」，而當你鬆手時，你的心就變得更加開闊。這並非消極認命，而是積極參與真實的世界，得以直視未遭心智鏡片嚴格過濾或扭曲過的真實。

第六章

步驟三：聽從內心呼喚，依循價值觀而行

問自己想過什麼樣的人生？
你的決定，必須和你重視的事情產生連結，
做出趨向價值觀的決定，重視行動的質而不是量，
才能擁有完整的自我。

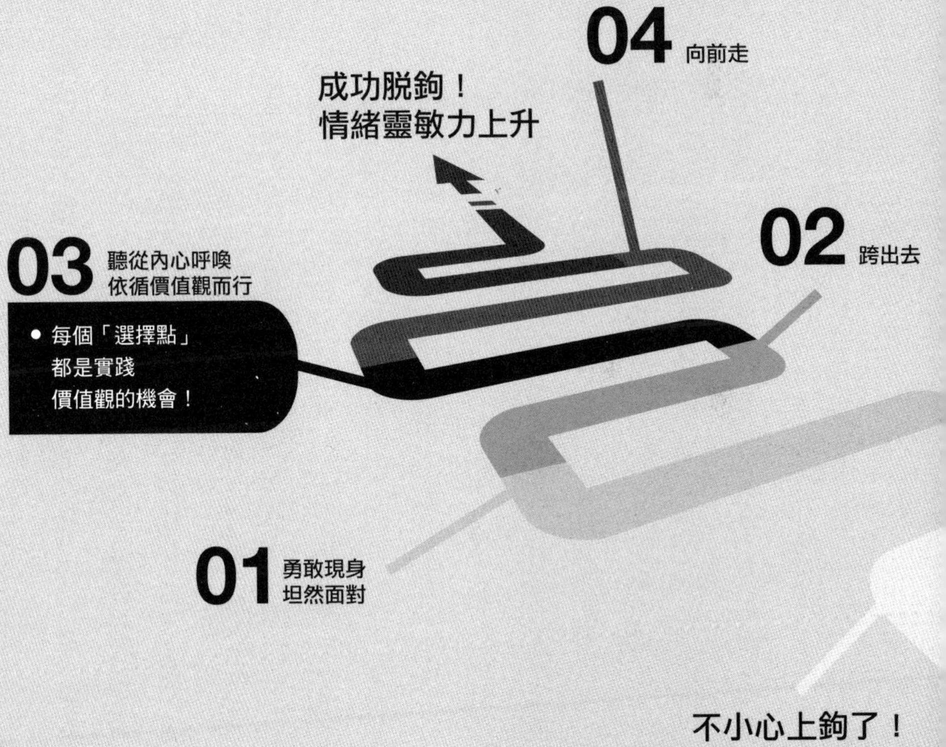
04 向前走
成功脫鉤！
情緒靈敏力上升
03 聽從內心呼喚
依循價值觀而行
● 每個「選擇點」
都是實踐
價值觀的機會！
02 跨出去
01 勇敢現身
坦然面對
不小心上鉤了！

金凱瑞生平第一個重要角色要拜導演薛狄艾克（Tom Shadyac）之賜，薛狄艾克讓金凱瑞主演「王牌威龍」，後來又執導了幾部金凱瑞主演的熱門大片，如「王牌大騙子」、「王牌天神」。薛狄艾克也曾和艾迪．墨菲、羅賓．威廉斯、摩根．費里曼、史帝夫．卡爾等大明星合作。

到了二十一世紀初，薛狄艾克拍的電影總收入已超過二十億美元，個人身價也高達五千萬美元，他在洛杉磯擁有近三百五十坪的豪宅，還養了一整隊豪華名車，搭乘私人噴射機旅行。在大多數人眼中，薛狄艾克已在競爭超級激烈的電影娛樂業功成名就，但依他自己的標準來看，卻不見得如此。

「我日子過得還不錯，」他寫道：「但卻沒有像我原先指望的那樣，大大提升我的幸福感。我發現我對這一切沒什麼感覺，甚至在某些方面，還產生負面情緒。每當我想到其他人的需求，尤其有些人連食物和醫藥等生活基本需求都無法滿足，就覺得不對勁。沒有人會捧著大把鈔票，送到你面前。你必須開口要求。而提出這樣的要求時，隱含的意義是我比別人重要；我比廚師、清潔工、維修人員都重要。但我不認為如此。我知道經濟學教科書教的是另一套，但我的心卻把我帶往其他方向。」

薛狄艾克明白，儘管他的個人「價值」已得到社會文化的認可，但他需要的是不同的東西。於是他賣掉豪宅，搬到小一點的房子，雖然並非奉行禁慾主義，但他覺得這樣的生活比較適合他。

他開始買經濟艙機票、搭乘民航客機旅行，平日在洛杉磯的交通大都仰賴自行車。他更嚴格篩選即將執導的電影，並開始捐錢給自己認同的組織。薛狄艾克並沒有完全捨棄物質享受，他只是透過篩選、逐步減少物質財富，讓物質在他生命中只占有恰如其分的位置。如此一來，他可以把更多時間和心力投注於真正重要的事情上。

他強調純粹只是為自己作出選擇。他接受訪談時曾表示：「我不能評斷其他人，我選擇走一條和別人不同的路。我沒有捨棄一切，我只是滿足自己的需求。」

由於薛狄艾克依照嚴謹的原則，重新調整自己的生活，無論周遭發生什麼變化，這些原則持續扮演他的指路明燈。他解釋：「（我們的）成功模式非常強調外在條件，你必須在職場上達到某個地位、擁有一些財富。我覺得真正的成功存乎內心……包含了愛、仁慈、社群認同等。」

他有些好萊塢死黨認為他瘋了，而且也坦白跟他說。有些人則讚美薛狄艾克的決定。但無論外界反應為何，對他而言都不重要。有一次在訪談中，被問到改變生活方式之後，他是否變得更快樂，他回答：「毫無疑問。」他知道他為自己作的選擇是對的，他因此有勇氣無視於外界的讚美或批評，繼續依循自己選擇的道路。

簡而言之，就是聽從內在動機的呼喚，實踐自己的價值觀。也就是依循自己的價值觀過日子的藝術，而價值觀是你珍視的信念和行為，能讓你感到有意義，並帶來滿足感。找到自己的價值觀，並好好實踐它，是強化情緒靈敏力很重要的下一步。但必須依循你真正的價值觀，而不是別人強加在你身上的價值觀，不是你認為自己應該關心的事情，而是你真心關注的事情。

工作與生活的自我抉擇

找到自己重視的價值並好好實踐，並不是容易的事。

我們每天都遭受大量訊息轟炸，這些訊息可能來自我們的文化、廣告商、我們的教養、宗教課程，以及家人朋友和同僚，關乎哪些事情比較重要，哪些事情能讓我們贏得他人敬重。大多數人都沒有錢買私人噴射機或頂級豪宅，儘管如此，我們體驗到的文化壓力和薛狄艾克沒什麼兩樣。也許鄰居開的豐田轎車比你炫，或他都去星巴克買五美元一杯的咖啡，而不是自己在家裡泡即溶咖啡。她的度假行程可能比你棒，或有人幫忙操持家務，或似乎從工作上得到更大的滿足感，或婚姻更美滿，或比你更會帶小孩。

無論內容為何，大家都是在比來比去。薛狄艾克在好萊塢踏上他自以為選定的道路，持續向前走，直到有一天他領悟到那根本不是他想過的生活；同樣的，我們都很容易悶著頭往前衝，只是一天熬過一天。感到茫然的時候，我們舉頭四顧，看看其他人都在做什麼，漫不經心找一些據說能帶來滿足感的事情來做，例如接受大學教育、擁有自己的家、養兒育女等。事實上，不見得每個人都適合這樣的生活，只不過有樣學樣總是比自己找出路快多了，也容易多了。

透過「社會傳染」（social contagion）的有趣現象，別人的行動和選擇會在不同層面對我們產生莫大的影響。這個名詞令人很容易聯想到病毒經由隨機接觸，透過人群散播出去，「社會傳染」的概念正是如此。研究顯示，人類的某些行為和感冒或流行性感冒一樣，很容易受人感染。你接觸的胖子愈多，自己變成胖子的風險也隨之升高。即使離婚在你眼中是非常私人的決定，如果同僚中有多對夫妻分手，你離婚的機率也會變得比較高。

而且事情真的十分詭異。傳染病通常會人傳人，然而就「社會傳染」的情況而言，你可能會從自己不曾接觸過的人那兒感染到某些行為。有一項研究發現，你不但在朋友多半離婚時，比較可能離婚，而且當朋友的朋友有多對離婚時，你也比較可能離婚。沒錯，甚至連你根本不認識的人，都可能影響你的私生活。

即使涉及的是不太重要的小決定，依然如此。

有一位史丹佛大學的行銷學教授，追蹤了超過二十多萬名機上乘客的購買行為，結果證明，當鄰座購買機上的商品或服務時，乘客在機上購物的機率也會提升三成。當你被困在機艙中，哪兒都不能去時，這三成加總起來相當於一大堆你原本大可不必將就的爛電影和零食。

這類選擇都來自於漫不經心的決定，沒有在衝動與行動、思緒與思考者之間留下空間，只是盲目從眾，單憑群體本能行事。偶爾這樣做倒是無妨（在飛機上多看一部電影反正也無傷大雅），有時候甚至對你有益，像是如果朋友都規律運動，你也比較不會成天窩在沙發上。

但長期而言，太常漫不經心、不假思索做決定的話，你會漸漸覺得好像在過別人的人生，依循你不見得認同的價值觀行事（更甭提到頭來，你還得帶著好幾磅你根本不想要的零食下機，也沒有照計畫利用搭機的幾個鐘頭，閱讀你一直想讀、卻沒時間讀的書）。就像美國樂團「臉部特寫」（Talking Heads）有一首歌說的：「你可能自問／唉……我當初是怎麼落到這個田地的？」

只是隨波逐流，會讓你失去工作目標和生活的意義，公私關係似乎都變得脆弱不穩，生活缺乏目的，也意味著你可能無法達成你真正想做的事情。

要讓你的決定符合你未來想要的生活，你的決定必須和你重視的事情產生連結，把它當作指路明燈。

如果你從來不曾花時間釐清自己的價值觀，你會經常即興發揮，浪費掉很多時間，像是上網亂逛、轉寄無聊的連鎖電郵、花幾個小時反覆觀賞電視實境秀，感覺很不踏實。從談戀愛到度假，幾乎事事都可看到缺乏清晰目的如何影響人們的選擇（不過，假如每個人的喜好都和我一樣，我最鍾愛的小旅館就會變得太擁擠了）。

我們不見得都會因為不清楚自己的價值觀，而不假思索就做決定。另外一個危險是，你的選擇看似經過深思熟慮，但其實對你並不適合，例如決定在離辦公室兩小時車程的地方為家人買一棟房子，而沒有意識到通勤時間這麼長，會占去陪伴家人的寶貴時間。耗費極大心力在這類決定上，結果卻適得其反，我們原本大可把這些心力用來完成目標。

在缺乏明確價值觀的情況下作出選擇或處理關係，會格外費勁。不但每天得心生困惑、面對眼前各種機會，而且有時還須調整情緒，努力讓自己的表現符合心目中別人對你的期望。比方說，即使你寧可去其他地方度假，但再一次去常去的主題樂園度假時，還是得裝出一副興高采烈的樣子。

二十年後的你，想過什麼樣的人生？

心理學家曾經請一群二十出頭的年輕人寫一封信，內容是對未來的我描述目前的我。他們要求其中一部分人想像和三個月後的自己，也就是「近期的自我」說話，其他人則越過二十年，和「遠期的自我」說話。

研究人員告訴他們：「想像你到時會變成什麼樣的人……描述一下目前的你，你覺得哪些事情很重要，你如何看待自己的人生。」換句話說，他們要求這些年輕人思考自己重視哪些事情，並加以說明。

寫好信之後，兩組年輕人都拿到一份問卷，裡面描述了三種非法的情境：明知電腦是贓物仍購買、詐騙保險金，或在網路上非法下載，並問他們有多大的可能會這樣做。

兩組相較之下，寫信給遠期自我的年輕人，認為自己會參與這三種不道德行為的可能性，比寫信給近期自我的另外一組小多了。

乍看之下似乎難以理解，為何寫信給自己，竟會改變一個人對某種行為的態度。但寫信的人其實是在創造所謂的「自我延續性」（continuity of self）。他們和多年後的自我，以及自己的價值觀產生連結後，認為自己擁有穩定的核心信念和道德原則，即使生命中其他情況發生改變，都不會因此動搖。

相反的，應研究人員要求、只看未來三個月的年輕人，會一直把遠期自我視為抽象的陌生人（研究顯示我們經常如此）。他們作出選擇時，彷彿在為別人作選擇。畢竟如果你認為二十年後的自己和現在的你不太相干，又何必在意自己究竟會不會買贓物、詐騙保險金，或舉個更實際而普遍的例子：會不會抽菸、花光退休金、或背負沉重卡債呢？

與未來的自我產生連結

開創自我延續性，有助於我們作出對的選擇。在另外一項實驗中，他們要二十歲左右的年輕人想像自己突然收到一千美元，然後必須把這筆錢分配到四個用途上：「用來買個不錯的禮物送給一個特別的人」、「拿來作退休基金」、「辦個奢華好玩的派對」、「把錢存起來」。但實驗對象還沒開始分配這筆想像中的意外之財，研究人員就讓他們置身於虛擬實境中。有一半的人看到的虛擬化身，會呈現出他們目前的自我；另一半人看到的數位化身，則呈現出他們七十歲時可能的模樣。結果不出所料，看到年老化身的那組人，會把兩倍以上的意外之財撥到想像中的退休基金帳戶中。換句話說，花時間看長遠的未來，會導致對長期有益的行動。

肯尼是暢銷童書系列《葛瑞的囧日記》（*Diary of a Wimpy Kid*）的作者，《葛瑞的囧日記》在全球有四十五個不同語言的版本，總共賣出一億五千萬冊。儘管這部作品的成功讓他欣喜若狂，也打算繼續寫下去，但他也很清楚，不可能單靠一部創作一直走下去。他告訴《紐約時報》：「如果我一輩子都只有《葛瑞的囧日記》，我不會覺得滿足。我不想到下半輩子還在設計『遜咖葛瑞』的枕頭套。」

肯尼和未來的自我產生連結後，找到改變的動力，轉換到更符合自己價值觀的跑道上。他在家鄉開了一家書店，偶爾開班授課教漫畫，週末或夜晚則在櫃檯收錢或在咖啡廳值班。他從這個世界得到太多，這是他回饋的方式，而且這回感覺對了。「只要有一個孩子的人生因為這家書店而改變，」他說，「這樣做就值得了。」

肯尼和薛狄艾克的故事也說明了更重要的事實：如果你清楚自己的價值觀，而且基本上奉行不悖，那麼你也比較可能坦然接受自己是什麼樣的人，不需要和別人比來比去，因為根據你自己的定義，你已經非常成功了。薛狄艾克認為成功就是生活中充滿愛，有自己認同的社群；肯尼則認為能回饋社會，就是成功。依照他們的標準來看，兩人都非常成功。

找到自己珍視的價值

「價值」這個詞隱含了一種主日學般的訓斥意味，有點無趣。我們聽到一大堆關於「正確的」價值觀（或「不正確的」價值觀）之類的，但這些話到底是什麼意思？誰決定我們應該擁有什麼樣的價值觀？

首先，一味不知變通的強調對錯，根本無濟於事，所以本書既然主要在探討情緒靈敏力，當然不會出現這樣的觀念。反之，我認為價值觀並非主宰人生的種種規則，它代表的是我們在人生各層面導入的有目標的行動的本質。

價值觀不是放諸四海皆準；對某人而言「正確」的價值觀，不見得適合其他人。但釐清哪些事情在你心目中最重要，無論是事業成功、創造力、親密關係、誠實、利他精神都好（幾乎有無限的選擇），你就找到了自我延續的寶貴源頭。價值觀是讓你保持穩定的心理支柱。

而且你不見得只有一種價值觀。有個同事形容價值觀是「鑽石的刻面」。他說，有時候，「你把鑽石轉成有一面正對著你，就必須把其他刻面轉開，但是它仍在那兒，依然是整體的一部分，而且透過稜鏡仍清晰可見。」

以下是價值觀的部分特性：

- 價值觀是我們自由選擇的結果，而非強加在我們頭上。
- 價值觀不是目標；換句話說，價值觀會持續發展，而非固定不變。
- 價值觀會引導我們，而非限制我們。
- 價值觀是動態的，而非靜態的。
- 價值觀會讓你更接近自己想要的生活方式。
- 價值觀能讓你擁有免於和他人比較的自由。
- 價值觀會強化自我接納，對個人心理健康非常重要。

最重要的是，價值觀有它的用處，在人生路途上，能幫助你邁向正確的方向。

女作家吉兒伯特撰寫回憶錄《享受吧！一個人的旅行》（*Eat, Pray, Love*）時，對自己、對這本書和整個寫作計畫，都充滿懷疑。「我腦子裡不斷高唱『爛透了！』」她還記得。她飽受折磨，詛咒上蒼為何要讓她成為作家，然後從負面自我評價的無限迴圈中，突然冒出她從不曉得自己擁有的價值觀。

「我領悟到——我從來不曾許諾上蒼，要成為出色的作家；我只承諾我會寫作。於是我依照承諾，埋頭苦幹，努力寫作。」

她釐清自己真正重視的是藉由寫作來創作，並忠於自己的信條，終於完成這部傑作。正如大家所知，接下來的發展，早已成為出版史的一部分了。

要找到自己的價值觀，不妨問自己幾個問題：

捫心自問，對我而言，什麼最重要？

我想建立什麼樣的關係？

我希望擁有什麼樣的人生？

我大半時候都感覺如何？什麼樣的情況對我而言至關重要？

假如奇蹟出現，我的一切焦慮和壓力突然消失，我的人生會變成什麼樣子，我會追求什麼新目標？

你給的答案將幫助你釐清人生的指導原則，其中有許多可能是內隱的原則，無法明顯意識到。有沒有哪些特定領域，人們經常尋求你的忠告或請你提供專業知識？你在參與某些活動或工作專案時，是否特別活躍？有沒有什麼時候，你覺得最能做自己？

需要問的不是某件事的對錯，而是如何和你想過的人生產生連結。當你了解自己真正在意什麼，就能擺脫自己根本不在意的事，重獲自由。

舉例來說，如果你很在意自己是不是好媽媽，那麼釐清你心目中的好媽媽應該是什麼樣子，遠比努力扮演別人眼中的好媽媽重要多了。世界上有各式各樣的父母，即使在你居住的城市裡、街坊鄰居間或朋友圈中，也沒有哪一種養兒育女的方式絕對正確。

關於為人父母，你可以問自己幾個問題：「當別人看見我和孩子在一起時，我希望他們觀察到什麼？如果換作自己，我會觀察哪些事情？我的行為是否前後一致，合情合理？我的行為符不符合我對好父母的核心信念？」

當然，以上只是舉例而已，你可以針對日常生活的每個層面，問自己類似的問題。有個辦法是每晚就寢前，都問自己一個問題，並寫下答案：「回顧我今天做的事情，有哪些真正值得我花時間去做？」這個問題要問的不是你喜不喜歡做某件事，而是找出對你而言真正重要的是什麼。

如果經過幾個星期後，你發現關於這個問題，已經沒什麼東西好寫了，那麼你可以進一步在早上醒來時問自己：「假如這是我活在世上的最後一天，我會怎麼做，讓這一天變成很棒的最後一天？」比方說，如果你很珍惜和太太的關係，但她下班回家時，你慢慢習慣不再和她真誠打招呼，你也許決定，這天她打開家門時，不要再像往常那麼冷淡，而要以熱情的擁抱迎接她。

一旦你開始新的做法，就可以衡量是否值得花這個時間；不久之後，你就可以列出一連串行動和經驗，全都和你重視的事情相關。

不受他人左右

達比（Joseph Darby）中士二十四歲的時候，是美國陸軍的後備軍人。他在伊拉克戰爭剛爆發時受徵召，被派到如今惡名昭彰的阿布格萊布監獄，當時全世界還不知道美軍在那裡對囚犯嚴刑拷打和性虐待。

在監獄高牆之內，這類行為看起來很正常，當士兵一個接一個參與虐囚時，達比也睜一隻眼閉一隻眼。其他警衛給他一片光碟，裡面有一些虐囚的照片，他起初也拿來播放。

「一開始還覺得好玩，」他告訴記者。但目睹愈來愈多暴行後，他明白虐囚「違反了我個人的一切信念，也違背我曾被教導過的所有戰爭守則」。焦慮不安的他反覆思考幾天後，決定把光碟交給上級軍官，導致照片中許多士兵接連遭到起訴。

軍隊文化非常強調服從和忠誠。在組織嚴密的部隊裡，當情況緊繃、面臨高壓時，軍人可能會陷入危險的集體思考，展現缺乏人性的暴力行為，但換作在其他情境，連他們自己都會譴責這類暴行。

美軍在阿布格萊布監獄犯下的殘酷暴行，可說是集體脅迫現象的最佳範例。唯有心志堅強的人，才能抗拒集體行為的強大拉力，而達比之所以能戲劇化的扭轉局面，是因為他聽從內心的呼喚。由於他依循自己的價值觀行事，不但得以擺脫集體行為的拉力，而且進一步鼓起勇氣，將虐囚暴行公諸於眾，儘管他很害怕別人發現他是告密者，有一陣子連睡覺時都把槍藏在枕頭底下。

達比的選擇雖然引發驚人後果，骨子裡其實很單純。他對於哪些是可接受的行為，具有強烈的個人信念，也就不難理解他為何會舉發暴行。

當你和真正的自我相連結，了解個人的價值觀，就能縮小你的感覺和行為之間的鴻溝，你的人生不再有那麼多遺憾和事後的追悔。

大多數人從來不曾陷入達比中士的危險處境，但都會面臨其他許多選擇：要不要為了生活去推銷信用違約交換（CDS）的金融商品，應該選擇到哪裡定居，如何教小孩等等。即使很小的決定，如晚餐要自己煮，還是叫外賣披薩？要走路，還是開車？都不能小覷。早在希臘加入歐盟的許久之前，亞里士多德就曾告訴希臘友人：「你出於習慣反覆去做的事情造就了你。」

深入價值觀的核心

如果你想要有所改變，提升滿足感，就必須清楚了解自己的價值觀。擁有個人價值觀不但是好事，而且研究顯示，價值觀能幫助我們增強意志力，鍛鍊恆毅力，保護個人不受社會傳染的負面影響。價值觀也幫助我們對抗潛意識中的刻板印象和信念，儘管渾然不覺，這些刻板印象卻會限制我們、打擊我們面對挑戰的能力。

假定你是大一女生，夢想未來當醫生，但是從小到大，周遭文化經常傳達的訊息是：「女生對科學很不在行。」過程中你又遇到挫折，比方說大一生物學第一次測驗就沒考好。你很可能退選這門課，放棄行醫的夢想。

除非你很清楚哪些事情對你而言最重要。有一項重要研究發現，單靠釐清自己的價值觀，就能幫助一群少數族裔學生不受危險的文化訊息所影響，像是他們在學業上的表現不如條件較優越的同學等等。

研究人員請美國非裔和拉丁裔中學生花十分鐘完成一份習題，寫下對他們而言最重要的事情。他們的答案從舞蹈到家人到政治，無所不包，而這個簡單的練習效果奇佳。花時間專心思考自己和世界、和其他人的連結後，這群學生的成績都大幅改進，和白人學生的差距也縮小了。對許多學生而言，這樣的效應甚至延續到高中。而一切的改變不過是因為這群孩子花了幾分鐘時間，思考自己的核心價值觀。

我們在一群選修物理學概論的女大生身上，也看到同樣的情形。物理課正是典型的環境，女性的科學能力很容易遭受懷疑。研究人員隨機指派一些女學生作價值觀確認的練習，結果她們不管是測驗成績或課堂表現，都超越沒有作練習的學生。思考哪些事情對自己最重要之後，這群女大生無視於社會文化對女性科學能力的懷疑，充分發揮自己真正的潛能。

人生苦短，應該帶著智慧運用時間，追求個人心目中的意義。一個接一個的研究都顯示，強烈意識到自己重視什麼，能令人更快樂、身體更健康、婚姻更美滿，在學術上和專業上也獲得更高的成就。其中一項研究的參與者雖然只確認了一個核心價值，卻更懂得因應潛在健康問題發出的警訊（更強烈表達出他們打算好好面對問題），也更能接納別人的文化世界觀。

我們做決定時，如果能忠於自己內心真正的信念，而不是一味聽別人告訴我們對錯、或哪些事情比較重要、或怎麼做最酷，我們就有力量以建設性的方式面對任何挑戰，滿懷自信，邁步向前，而不是只會裝模作樣或和別人比來比去。

確立了價值觀，還得付諸行動

當然，決定自己真正在意的是哪些事情，其實只走到一半。釐清自己的價值觀之後，還應該實地測試一下。

你必須鼓起勇氣，你不能希望自己完全不害怕，反而應該直接面對心中的恐懼，把你重視的價值當成指南，追求自己重視的目標。**勇氣不是無懼，而是伴著恐懼前行。**

桑德勒（Irena Sendler）七歲時住在波蘭，當醫生的父親告訴她：「如果你見到有人溺水，一定要跳下去救他。」二次大戰期間，納粹入侵她居住的小鎮，由於篤信助人的價值，她庇護猶太鄰居並提供他們食物。

戰事持續進行，桑德勒和志同道合的朋友一起偽造了幾千份假文件，協助猶太家庭逃離華沙猶太區。她還假扮檢查斑疹傷寒的社工，從猶太區將孩童偷渡出去。

這些事情都很恐怖，但即使蓋世太保逮捕她，判她死刑，都無法動搖她助人的信念。她後來說，聽到宣判時，她反而有一種解脫的感覺，因為再也不必因選擇走這條勇敢的路，而天天擔驚受怕了。

後來有個警衛協助她逃走並躲藏起來。然而她並沒有只顧自保，設法安全度過這場戰爭，反而選擇忠於自己的價值觀，甘冒巨大風險，繼續援救猶太兒童，人數高達兩千五百人。雖然躲避或逃走對她來說實在輕鬆多了，也安全多了，但她仍堅持初衷。桑德勒知道，如果缺乏行動，個人秉持的任何價值都只是志向或抱負罷了，不能代表我們真正的為人。

無論你遵循價值觀的行為是否如桑德勒的行動般攸關生死，或幸運的只是「我應該準時上床睡覺，還是放任自己多看一小時網飛（Netflix）上的影片」之類的世俗瑣事，你終究會來到我所謂的「選擇點」，面臨抉擇的十字路口。

然而和其他許多日常選擇（像是應該穿白鞋，還是棕色鞋子？喝拿鐵，還是卡布奇諾？）不同的是，每個選擇點都會提供你實踐價值觀的機會。你會更趨向自己的價值觀，表現得像你理想中的模樣；還是你會悖離價值觀，反其道而行？

你愈常選擇趨近價值觀的行動，人生就愈是生氣勃勃、充滿意義，且能充分發揮效能。不幸的是，當我們上鉤，陷入難以處理的想法、感覺和處境時，就會悖離價值觀。

如果你很重視關係，希望踏入婚姻，你可以透過行動來實踐價值觀，例如網路交友、上烹飪課學做菜，或參加攀岩訓練、加入讀書會，或許能碰到和你志趣相投的人。一味堅持自己生性害羞或容易緊張、不適合這種方式，是把自己推離價值觀，直接悖離你聲稱重視的價值。

如果你希望身體更健康，你可以從改變飲食、固定健身，或甚至不搭電梯、改走樓梯開始做起。但你不可能只在腦子裡作出承諾，而必須言出必行，實踐價值觀。畢竟騎單車時，唯有當你保持動態，不斷踩著單車前行，才有辦法保持平衡。就價值觀而言，也是如此。

目標與價值觀發生衝突，怎麼辦？

曾經有多少次，你在不同的抉擇之間左右為難，因為兩種選擇都深得你心？應該選擇以工作為重，還是家庭至上？先照顧自己，還是照顧別人？追求靈性，還是世俗？或換個不同的說法，萬一依循每個價值觀而行時，會引導你走向相反的方向，你會怎麼做？

關鍵在於，思考時，不要把這些選項想成哪個比較好，哪個比較壞，而視之為相等但不同的選項。然後，你必須設法找到選擇的理由，不是因為哪個選項比較好，而純粹因為必須有所選擇。你最好非常了解自己，才能作出像樣的選擇。

正如同哲學家張美露（Ruth Chang）所說：「選擇讓我們有機會讚頌人類的特

殊境遇……慶幸我們有力量為自己創造理由，成為今天這個與眾不同的自己。」

我們眼中的價值衝突，往往是目標衝突的問題（價值和目標不同，這點非常重要），或時間管理的問題，或其實是無法全心投入某項計劃或行動。有時候純粹是身為凡人，我們無法同時出現在兩個地方。許多人在選擇時碰到的最大問題是，如何在工作與家庭之間取得平衡。包括我在內，對許多人而言，專注於工作與花時間陪伴家人之間，經常在進行拉鋸戰。

但如果真正的抉擇，其實不在於選擇工作或選擇家庭呢？如果真正的抉擇其實是你要不要對工作和家庭都全力以赴，而不是兩者相互衝突、令你左右為難呢？

如果你說：「當個充滿愛心的好媽媽，對我而言非常重要，我會把滿滿的愛投入每天和孩子的互動中。」你又說：「當個有生產力的員工，對我來說非常重要，我每天都會在辦公室發揮高度生產力。」將非常不同於你說：「當個充滿愛心的好媽媽，對我來說非常重要，所以我每天不管怎樣，都要五點鐘就離開辦公室。」如果你秉持前一種態度，你將不再面臨衝突，而擴大了生命的可能性。

重質不重量

價值關乎行動的質，而不是量，你花多少時間實踐價值觀，不見得反映出某個價值對你的重要性，也不會限制你和家人共處時的投入程度，或在有限工作時間中所作的努力。

如果你為了完成手上的專案，必須留在辦公室加班，那麼只要趕緊發個電郵或簡訊給另一半，就能守住你關愛伴侶的價值觀，心理學家稱之為「社交零食」（social snacking）。你可能需要出差，但你在外地時，仍然可以每晚就寢前打電話和孩子聊聊，而且談話時把焦點都放在他們身上。

要堅守這些價值，可能意味著你必須更辛苦工作，發揮更高的工作效率，才有辦法在合理的時間走出辦公室大門；也意味著每年美國大學男籃進行決戰時，你不能再主持辦公室裡的「三月瘋籃球」賭盤，也無法再擔任公司壘球隊的投手，但是當你從重視家庭生活的角度來看時，就很容易有所取捨了。

當然，有時候決定會變得比較複雜。如果為了工作需要，你非得在兒子生日當天出差不可，無論你多麼重視親子關係，那天很可能仍然無法待在家中（因為另一方面，付得出帳單、養得起小孩，對你而言也很重要）。但既然你很重視為人父母的角色，你仍然可以想辦法表達對孩子的愛，例如在出差前提早安排慶生會，或在兒子生日當天，請人把生日禮物快遞到家裡，或在孩子慶生會上，和他視訊通話。

追求完整的自我

我們都會視不同狀況，花時間在不同的價值上，當你實踐某個價值時，不見得表示你不重視其他價值。

事實上，作出艱難抉擇，能幫助你釐清自己究竟是什麼樣的人，並展現塑造人生的力量，因此反而會感到解脫。如果你願意承受因放棄另一條路而帶來的痛苦，就能欣然擁抱自己的決定，心智清明，向前邁進。

價值觀不但不會限制我們，而且會持續不斷地提供我們支持網絡，賦予我們自由。了解自己的價值觀，讓我們更有彈性，能更開放心胸，嘗試新經驗。我們可以依循價值觀，採取更深思熟慮、帶來滿足感的「趨向性」行動，減少本能式、沒有建設性的「反其道而行」。

不過，實踐價值觀，不表示你的人生從此毫無險阻。無論你的信念多麼堅定或做了哪些決定，仍會面臨兩難的困境。依循價值觀而行至少就當下而言，並非總是那麼有趣或容易。如果你有社交焦慮，而朋友邀請你參加派對，最簡單的反應是回信表示：很遺憾，我無法參加。但如果你真的珍惜這份友誼，並且接受這個價值的引導，那麼你會採取趨向性的行動，答應參加。抵達聚會場地時，你又開始焦慮不安，不像待在家裡那麼自在。但不安的情緒是你邁向有意義的人生必須付出的入場券。

正如同吉兒伯特的發現，即使開始專注於寫作，過程依然艱辛。達比和桑德勒學到的教訓是，忠於自己的信念選擇道路，意味著會為人生帶來更大的挑戰。

我還記得和著名的靈長類動物學家珍古德一次意味深長的談話。珍古德長年奉獻於保育和動物福祉，她告訴我，在她卓越的職涯中，有一度她經常哭泣。後來她和朋友談到這件事，朋友問她覺得自己為什麼會如此悲傷，「我當時說的一些話，真的連自己都嚇了一大跳，因為我以前從來不曾這樣想過。」珍古德告訴我：「我說：『我之所以會哭，是因為我明白自己正在放棄自私的權利。』我當時是這麼說的，是不是很奇怪啊？」

我有個同事則這樣形容這種兩難困境：「你心想：『嘿，我以為只要我做了這件符合價值觀的事情，我就不會感覺這麼糟，或在選擇後面臨這麼大的衝突了。』但事實是，你仍然必須有所選擇。」

選擇中隱含失落。你放棄了沒有走的那條路，而任何失落都會帶來一定程度的痛苦、傷心，甚至悔恨。你知道你為何這麼做，還記得那個問題嗎？「我所做的事情是否值得我花那麼多時間？」但你仍會因此感到不安和難過。差別在於，你實際投入的心力，將能幫助你靈敏因應困難的情緒。即使後來證明你作了錯誤的選擇，你至少知道自己是基於正確的理由而作的決定，並從中得到安慰，秉持勇氣、好奇心和自我寬容的態度，真誠面對自我。

我曾經聽過一個故事。有個婦女得知自己生命垂危。她問醫生：「還有希望嗎？」

醫生回答：「什麼希望？」

醫生想說的是，即使在接近生命終點時（我們每個人都在逐漸步向死亡），我們仍然可以有所選擇，根據自己的價值觀，好好利用剩下的日子，活出自己。

我的好友兼同事琳達被診斷出致命的神經退化性疾病「肌萎縮側索硬化症」（簡稱ALS，又稱漸凍人症）時，又再度提醒我這個故事。琳達深愛子女和朋友，也熱愛跳舞。當症狀愈來愈嚴重時，她吃了很多苦，但儘管痛苦不堪，她仍然持續在社群媒體上更新動態，貼文中充滿了愛和生命力。當琳達面臨選擇點時，她決定選擇趨向價值觀的行動，和外界保持連結。在她過世前不久，即將被送進安寧病房時，她寫下：「我打算利用我待在那神聖之地的安靜時光，好好思索我的生與死。我覺得我很幸運。很多人根本沒機會好好衡量自己的使命，就被奪去生命。……另外，可以的話，就盡量多跳跳舞吧。」

如果你了解自己是誰、價值觀為何，那麼你面臨人生抉擇時，就掌握了最有力的工具：完整的自我。可以的話，就盡量多跳跳舞吧。

第七章

步驟四之一：以微調方式向前走

微調心態、微調動機、微調習慣，
在小事修正，
就會對行為產生巨大的影響。

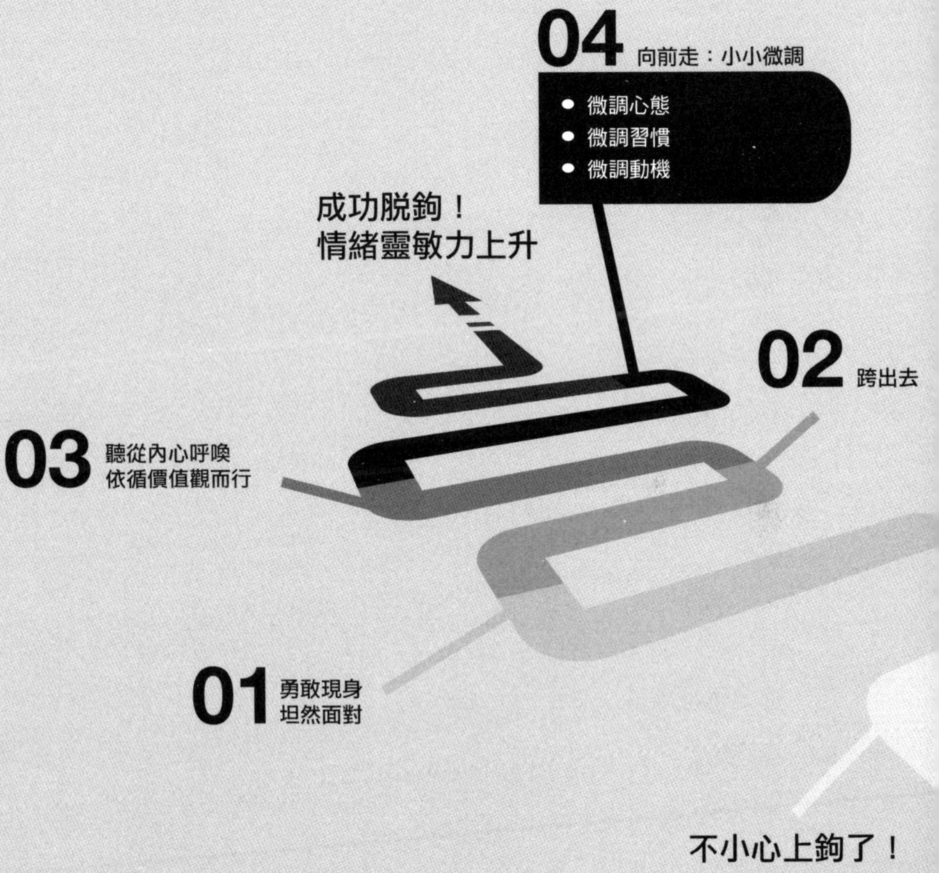
04 向前走：小小微調
微調心態
微調習慣
微調動機
成功脫鉤！
情緒靈敏力上升
02 跨出去
03 聽從內心呼喚
依循價值觀而行
01 勇敢現身
坦然面對
不小心上鉤了！

辛西亞和大衛正在為錢爭執。辛西亞過去幾個月來一直省吃儉用，犧牲不謂不大，只為了存下一筆緊急應變的儲備金，以防……畢竟世事難料。如今大衛卻想動用這筆錢，帶全家人去大峽谷泛舟。

這個點子並不差，能去度度假，當然很不錯，但辛西亞希望至少總有一次，他們該實際一點。

另一方面，大衛卻有不同的想法。「不知不覺的，小孩很快就長大了。」他告訴辛西亞。「我們也會變老。多年來，我們一直反覆討論這樣的旅程，如果現在不去，更待何時？」

他們翻來覆去討論，每一回氣氛都更加緊繃，也翻出更多舊帳。「你簡直就像你爸爸！」「你和你媽媽沒什麼兩樣！」

後來辛西亞低頭瞥了一下。「你的襪子怎麼了？」她問。

大衛低下頭，稍稍放鬆警戒，彷彿才第一次注意到自己烏漆抹黑的腳丫子。「我昨晚得去把園子裡的浣熊趕走。」他停頓了一會兒才說。「沒時間穿鞋。」

夫妻倆對看一眼，笑了起來，緊張氣氛一掃而空，有如暴雨後的晴空。

你的情感參與度多高？

無論在哪個地方，家人總是經常為金錢問題爭吵，辛西亞和大衛之間的爭執唯一不尋常之處在於，心理學家錄下他們之間的互動。研究人員想要觀察「在自然環境下」夫妻的互動情形。

由於要研究人員搬進實驗對象的家中會有點麻煩，所以他們在實驗室設計了一個攝影棚公寓。這個臨時住處設在華盛頓大學西雅圖校區景色優美的校園中，是一間附設了小廚房的套房，裡面擺設了一些家具，也有電視機和音響設備。參與實驗的夫婦都同意花二十四小時的時間，住在那裡接受拍攝，每次只有一對夫妻，通常都從星期天早晨開始。

研究人員要求每一對夫妻自行攜帶週末在家會用到的日常雜貨和其他東西，不管是電影、書籍，甚至工作都好。其他唯一的指示就是，他們平常在家都怎麼度過星期天，那天就照樣這麼過。而研究人員會拍攝二十四小時中的十二小時，通常是早上九點鐘到晚上九點鐘。

最令研究團隊震驚的發現是，實驗對象如何邀請另一半「產生情感上的連結」和設法溝通，以及對方如何反應，例如辛西亞問大衛那襪子是怎麼回事。研究人員根據這些做法需要的情感參與度，把邀請方式分為幾個不同層次，從最低到最高排列如下：

單純想引起對方注意：「那艘船很漂亮。」

企圖引起對方的興趣：「你爸爸有沒有開過像那樣的帆船？」

爭取對方熱烈參與：「嘿，假如我們有一艘像那樣的船，就可以環遊世界了。」

嘗試讓談話繼續下去：「你最近有沒有和哥哥通電話？他的船修好了沒？」

和對方打趣一番。把報紙捲一捲，輕輕敲打另一半的頭：「嘿，我今天一整天都想這麼做。」

幽默一下：「猶太拉比、牧師和精神科醫師一起揚帆出海……」

希望得到關愛：「我需要抱抱！」或其他非語言的類似表達。

企圖獲得情感上的支持：「我還是不明白，為什麼這次沒有獲得升遷。」

鼓勵自我揭露：「你小時候和爺爺一起揚帆出海，是什麼感覺？」

研究人員注意到，說出這些開場白後，對方通常有三種反應：熱情「轉向」另一半，原本只是咕噥著表示曉得了，變成全心全意參與；或「轉開」，乾脆不理會另一半的評語或提出的問題；或「轉為反抗」（「拜託，我在看書！」）。

這些夫婦面對情感給予的回應，透露了許多關於未來的訊息。雖然表面看來微不足道，但這些小事卻是最好的指標，預示夫妻關係未來將如何發展。學者在六年後的追蹤研究中發現，針對另一半的情感邀請，當初在十個邀請中，只親密回應了其中三個的夫妻早已離婚；而迄今婚姻關係依然穩固的夫妻，當時有十分之九的情感邀請都得到對方的親密回應。

在婚姻關係中，這些親密回應或疏於關注的小小片刻，會形成一種文化氛圍，影響情感關係蓬勃發展或日益枯萎。不管事情看起來多麼微不足道，小事會經過不斷反芻，日益惡化，而且每次互動都會受到上一次互動的影響。每個人斤斤計較或怒氣沖天、寬宏大量或深情款款的小小片刻，都會形成回饋迴路，為日後關係蒙上陰影，或讓婚姻生活愈來愈開心。

小事很重要

一九五〇年代初，有一首凱蒂．卡倫（Kitty Kallen）唱紅的情歌叫「小事很重要」（Little Things Mean a Lot），她說得很對。在小事上稍微修正一下，會對我們的行為產生巨大的影響，更符合我們真正重視的價值。

大自然偏好演化，而不是劇變。許多不同領域的研究都顯示，長期持續的小改變能夠大幅提升我們的生存能力。如果你想改變自己的人生，最有效的方法不是辭掉工作，搬到修道院去，而是如老羅斯福總統所說的，在你所在之處，用你所有，做你能做。

每一次的小微調看似無關痛癢，但不妨把它想成電影的一格格畫面。如果每次修改一格畫面，將所有修改後的畫面全部組合起來後，就變成一部截然不同的影片，道出完全不同的故事。或用我們前面提過的帆船來比喻，如果你曾經揚帆出海，就會知道穿越海灣時，只要微調一、兩度，就會大幅改變最後的終點。

當我們因應問題的方法太過宏偉時（「我需要轉換新的職業生涯」），往往自討苦吃，備受挫折。但如果我們只求微調（「我每個星期都要找個和我不同領域的人聊一聊。」），失敗的代價就不會太高。當我們知道自己沒什麼損失時，壓力頓時減輕不少，信心也會大幅提升。我們會覺得「我應付得來」，因此也變得更加投入，更有創意。同樣重要的是，利用人性基本需求，朝著有意義的目標邁進。

究竟應該在那些地方進行這些小改變，不妨從三個寬廣的領域中找到改變的契機。你可以微調你的信念，或心理學家所謂的「心態」；也可以微調你的動機或習慣。我們如果學會如何在這些領域作些小改變，就準備好面對人生中更深遠而持久的變化。

心態微調：你是在勞動，還是運動？

心理學教授克拉姆（Alia Crum）曾在一項研究中，設法微調八十四名旅館女清潔工的心態。克拉姆招募的這群辛苦的女清潔工每天長時間工作，值完班後，還要回家照顧家人。她們沒有時間到健身房運動，很可能每天都吃富含咖啡因和糖的典型美國食物。她們大都超重，明顯過胖。

克拉姆的想法非常簡單。假如單純請這群清潔工以不同方式看待自己的工作，會如何呢？假如她們不再因為沒時間規律運動，感到愧疚，反而體認到她們每天花大把時間從事的活動，事實上就是在運動呢？

除非你真的很好命，否則應該知道把房子從裡到外整個清掃一遍，是多麼累人的事（這是為什麼我們大都沒有真的這樣做）。想想看，整天彎著腰，一會兒推、一會兒抬，還要除塵、吸塵，每個星期有好幾天都要操勞，辛苦清掃十五個旅館房間。但只因不是在健身房揮汗或在游泳池中來回游泳，旅館清潔工從來沒有把工作看成正式運動。其實她們每天花的力氣，遠超過美國衛生署長建議健康生活該有的運動量。

克拉姆把清潔工分成兩組，雖然他們對兩組都說明運動的益處，但只有其中一組知道自己的運動量符合衛生署長提議的每日運動量。

這是明顯的介入。

四個星期後，這群女清潔工生活如常，沒有其他變化，但和「不知情」的那一組相較之下，「知情」的女工血壓比較低，而且也甩掉幾公斤，體脂肪和腰臀比都有改善。稍稍調整一下心態，就能造成極大的不同。

定型心態 VS. 成長心態

我剛開始接受臨床心理學的訓練時，曾擔任大學生的治療師，在澳洲墨爾本的大學診所看診，每星期都和麥克討論手邊最棘手的案子。麥克是資深同事，也是我的督導。

起先病人的問題似乎都很複雜，而我擁有的資源又如此不足，我感覺完全被壓垮了。有的人多年來都一個星期又一個星期持續來診所報到，看不到明顯改進。老實說，幾個星期後，我覺得別人問我的每個問題都很無謂，我根本不可能幫到任何人。然後我認識了卡洛斯，從此相信我仍然有機會。

三十七歲的卡洛斯已經失業九年，離婚八年。第一次會晤時，我可以從他的氣息中聞到酒精的味道。

「自從我有記憶以來，我就一直很憂鬱。」卡洛斯告訴我。他相信他的內心有些部分早已破損，他借酒澆愁，讓問題變得更嚴重。

那天晚上，我跟麥克說：「我不認為我幫得了他。他一輩子都很憂鬱，得不到任何支持，也不太可能穩定接受治療。即使他真的來治療，也會繼續酗酒。我看不出來他有任何改變的可能。」

麥克微笑著告訴我，我乃是抱著「定型心態」（fixed mindset）來看卡洛斯的問題。

多虧了史丹佛大學心理學家杜維克（Carol Dweck）的研究和著作《心態致勝》（*Mindset*），許多人都聽過「定型心態」和「成長心態」的概念。

抱持定型心態的人依循「本質論」（entity theory）來看待自我，認為每個人的聰明才智和個性等重要特質都是固定不變的。抱持成長心態的人則認為這些基本特質都具有延展性、可以鍛鍊，透過不斷學習和努力來自我改進。究竟你抱持的是定型心態，還是成長心態，會因不同特質而異。你的數學能力可能是「固定的」（「我碰到數字就沒轍」），但談到「社交技巧」時，就有「成長」的空間了（「我只是需要多多認識新同事」）。

許多研究顯示，這些有關改變的信念可能對行為造成深遠影響。如果孩子認為聰明才智是固定不變的，他們碰到困難的學科時，就會表現比較差；另一方面，相信可以透過努力來改善聰明才智的學生，則會表現得比較好。畢竟，一個人如果對改變抱著開放的態度，相信自己可以變得更出色（而且努力非常重要），他們對自己的表現會產生一種「主體感」（sense of agency），積極因應挑戰。即使心情沮喪，仍會不屈不撓，堅持到底，不會一遇到挫折或失敗，就一蹶不振。

我們可以發展和轉換心態。孩子表現好的時候，如果父母稱讚他：「你真用功！」就會鼓勵孩子的成長心態。如果父母老是說：「你瞧瞧，拿A耶！你真天才！」就會鼓勵定型心態。當孩子逐漸相信成功乃是仰賴與生俱來的聰明才智，而智力是固定不變的，那麼當功課免不了變得愈來愈難，他讀西班牙文或基礎微積分，都讀得很辛苦時，很可能感到無能為力。

心態上的小小調整

不過，杜維克也特別提醒我們，不要把抱持成長心態和單純付出更多努力混為一談。如果孩子花了無數時間用功讀書，可是成績一直不見起色，或他對這門學科的理解毫無進步，那麼就應該考慮轉換策略。

父母也不該僅止於稱讚孩子的努力。當女兒歷史考不及格時，安慰她「你盡力了」也許能讓她好過一點，卻無法幫助她提高成績。杜維克表示，也許可以說：「我們來討論一下你這次是怎麼準備的，看看下次考試前，你可以試試哪些不同的方法。」

最近有一項研究探究的問題是，社區大學中有兩百名學生連高中數學都沒學好，有沒有什麼辦法可以提升這群大學生的成功率。可想而知，社區大學的學生如果數學能力在平均水準之下，想要趕上課程進度，一定會碰到很大的困難，更甭提如果他們還想轉學到四年制大學。但讓他們去上補救教學，他們又會覺得自己簡直無可救藥。

於是研究人員把一篇文章發給半數學生閱讀，文章中說明人類大腦會隨著練習而不斷發展和改進，即使成年人的大腦也是如此。然後要求學生為讀到的內容作重點整理。對照組的學生則讀一篇不同的文章。結果相較於對照組，接收到大腦具延展性訊息的實驗組學生，不但退修數學的人數只有對照組的一半，成績也比較出色，這一切都只因為他們在心態上作了小小調整。

碰到卡洛斯的問題時，我的心態很僵化。我不相信自己有能力幫助他，也不認為他能成功完成療程。我的督導麥克則有不同的看法。他協助我微調心態，把問題看成機會，而不是徒勞無功的任務。最重要的是，他幫助我把焦點放在過程中一個個的小步驟，例如在進行不同階段的療程時，我需要哪些技巧，如何和卡洛斯建立起真正的關係，而不是只注意到結果，像是我有沒有「成功治癒」卡洛斯。如此一來，我的思緒獲得解脫，轉而專注於如何更正面積極應用我的知識和精力。

我們訂定新年新希望時，往往把改變視為一次性的事件。但其實改變是過程，而不是單一事件。著重於改變的過程時，人們會覺得即使犯了錯，但如能從錯誤中學習，長期下來，仍然可以改善自己的表現。

你覺得自己老了嗎？

雖然關於心態的理論常把焦點放在智力和學業成績上，其實不止如此。抱持何種心態，會影響到我們如何自我定位，甚至攸關生死。

你會怎麼回答下面的問題？請針對以下敘述回答「是」或「否」。

1. **老人家都很無助。**
2. **隨著年紀變大，日子會愈來愈難過。**
3. **我今年不像去年那麼有精神。**

耶魯大學公共衛生學院的里維（Becca Levy）很有興趣研究實驗對象如何回答這類問題。他花數十年的時間，持續追蹤實驗對象的健康狀況。在上述問題中回答「是」的人，也就是視老化為不可避免的衰弱失能過程，比較有可能在年紀大的時候，罹患呼吸系統疾病、重聽等疾病，甚至早逝。

舉例來說，在里維的一項研究中，年輕時對老化抱持負面看法的人（研究人員將近四十年前曾問他們對老化的看法），心臟病發或中風的可能性是正面看待老化者的兩倍。甜頭來了：即使里維控制了已知的風險因子，例如年齡、體重、血壓、長期健康狀況、膽固醇、家族病史、抽菸習慣等，仍然顯現同樣戲劇性的差異。

由此可見，對長期健康狀況真正影響重大的，並非研究起始時上述健康標記所顯示的狀況，而是他們當時的心態。里維在另一個分析報告中指出，對老化保持固定的負面看法的人，會比態度開放、正向看待未來的人提早七・五年過世。

倒不是說，老化的壞處不是真的。背部僵硬，膝蓋吱嘎作響，或看到手背上出現棕色斑點，這一切都再真實不過。但如果牽涉到心智能力和因應能力，我們對衰老的認知會嚴重影響到我們對事情的假設。二十四歲時，如果找不到汽車鑰匙，你可能只覺得「哇，昨天在外面玩得太晚了」或「我腦子裡想太多事情了」；但等到五十歲時，如果找不到汽車鑰匙，你立刻感嘆：「我老了。」事實上，五十歲的人要忙的事可能同樣那麼多，八十歲也一樣。許多研究都顯示，年長者的生活滿意度較高，工作上犯的錯誤也比年輕同事少，思考和記憶的某些層面，甚至還會隨著年齡增長而不斷進步。然而當我們抱著定型的負面假設時，往往不去看這些事實。

大腦非常在意我們到底相信什麼。在我們出現任何隨意動作的幾毫秒前，大腦已經發出電波，預作準備，然後才將啟動訊號傳給必要的肌肉。這種行動前的準備，也就是所謂的「準備電位」（readiness potential），雖然不是有意識的動作，卻是透過我們的意向啟動。當主體感和效能感降低時，大腦中的「準備電位」也會變弱。

容許改變的自我感覺是情緒靈敏力的基石。抱持成長心態、視自己為生命主體的人，心胸比較開放，樂意接受新經驗；也比較願意冒險，更能堅持到底，更具備從失敗中再起的韌性。他們比較不會盲目順從別人的心願和價值觀，比較可能擁有創造力和創業家精神。無論對出任高階主管、投入研發、困難的遊騎兵訓練，或複雜的情感關係而言，這一切加總起來，都有助於提升表現。

透過小小改變，激發自我感覺，會產生深刻影響，即使有時只是在語法上微調一下。有一項研究在某次重要選舉前，請合格選民回答一份問卷，他們在問題中提及投票時，採取兩種不同的表達方式，一種是動詞：「在明天大選中投票，對您而言有多重要？」另一種是名詞：「在明天的大選中當個選民，對您而言有多重要？」第一個版本提及投票時，彷彿只是我們忙碌日程表中一項待辦的事情，完成後打個勾就成了；第二個版本則將投票定位為有機會成為重要人士——選民。只不過把措辭從「投票」改為「當個選民」，就能將官方記錄的投票率提振百分之十以上。

每個人都希望改變某些個人特質或個性。然而當我們試圖改變，卻碰到困難時，有時候會太強調我們自以為已注定的命運。我們會說「我很胖。我一直都很胖，我以後也會一直胖下去」，或「我就是沒什麼創意」，甚至「我長大後會當醫生或會計師」。

心態微調必須先從質疑自我概念和似乎已經定型、難以改變的世界觀開始（但這樣一來，可能會違背你所看重的價值），然後主動作出選擇，讓自己逐漸走向學習、實驗、成長、改變的道路。不用大刀闊斧奮進，一次只走一步就好。

動機微調：問自己「想要做」嗎？

家母性格強硬，在我成長過程中，她刻意避免把那些代代相傳的典型女性智慧講給我們聽。她從來不會叫我「要懂得欲擒故縱」或「絕對不要在九月一日之後穿白衣服」，反而常常告訴我：「蘇珊，你應該要隨時準備一筆『去你的』基金。」

父親過世後，留下母親獨自撫養我們三個孩子；多年來，她一直靠賣文具給一些公司，勉強維持生活——做一份她很討厭的自雇型工作。她每天清晨五點鐘就醒來，整理好一包包筆、鉛筆和其他各式各樣的文具，走遍約翰尼斯堡，交貨給客戶；回家後還要處理客戶訂單和記帳，忙到半夜，整個人都垮了，就寢時早已筋疲力竭。當時她正經歷喪偶之痛，失去一生摯愛，還要設法維持家計，協助我們三兄妹走出喪父之慟，確保我們衣食無虞，接受良好教育。

這樣的親身經歷，讓家母深深了解陷入困境的感覺是多麼可怕，做每個決定時，考量的不是你**想要**怎麼做，而是你**必須**怎麼做，她想保護我不要走上相同的命運。她的忠告是：「你手上隨時要有一筆錢，讓你可以大膽說：『去你的！』」如此一來，我才不會因缺乏足夠財源，被痛恨的工作或不適合的伴侶綁住，動彈不得。

家母勸我存一筆自己的「去你的」基金時，並非只是在傳授理財訣竅，她其實也在強調自主權的重要，以及能夠秉持自由意志來做事，而非受外力壓迫，是多麼令人鼓舞。因此，在設法透過微調、推動重大改變的路途上，第二個先決條件是：應該充分發揮自主的力量——因真正想做、而非不得不做所產生的力量。

泰德是我在倫敦的客戶，後來和我結為好友。他超重近二十公斤，又因為工作關係經常出差，很難建立起健康的生活習慣。長途飛行後，他抵達旅館時又累又餓，開始想念家人，只能從起司堡和啤酒中得到慰藉。然後，邊看電視，邊覺得無聊，他又忍不住去拿小冰箱裡的零食出來吃。太太和醫生都盯著他，要他減肥和運動，但雖然知道自己「必須」減肥，不知怎麼的，他從來沒有真的這樣做。

由於泰德很晚結婚，夫妻倆無法生育，所以領養了名叫艾力克斯的羅馬尼亞男孩。艾力克斯是孤兒，從小就無人照管，童年境遇十分悲慘。他幾乎總是被獨自放在小床裡，無法走路或探索。幾乎沒有人抱他、摸他或和他說話，由於營養太差，他長期有學習障礙。

儘管如此，艾力克斯很有繪畫天分，藉由能激發豐富想像的畫作，表達自己的內心世界。艾力克斯十歲大的時候，有一天畫了一幅自畫像，描繪孤獨、寂寞、遭遺棄的自己，並將這幅畫取名為「孤兒」。對於這樣的主題，泰德倒不會太過驚訝，艾力克斯經常描繪童年經驗。但是泰德注意到，這一回，畫中的艾力克斯不再是學步的幼兒，而是成年後的年輕艾力克斯。泰德詢問時，艾力克斯哭了起來，抽抽噎噎解釋，由於泰德健康習慣太差，他知道泰德準會在幾年內死翹翹，讓自己再度失怙。

泰德後來告訴我，就在那一刻，他的感覺立刻從「必須」改變健康習慣，變成「想要」改變健康習慣。突然之間，為了他對艾力克斯的愛，以及渴望看著艾力克斯長大成人，他產生強烈的內在動機，想維持身體健康。泰德開始有小小的改變：點餐時以沙拉取代薯條；出差的時候，把旅館的糖果藏到看不到的地方；無論去哪裡，都以步行方式探索城市，而不隨便搭計程車。這些改變長期累積下來，他終於成功減重，而且避免復胖。即使到現在，無論是否出差，他都保持健康的生活習慣，因為他**想要**這麼做。

為了讓行動符合我們重視的價值，我們會加強紀律和堅定意志力，但大多數人得到的痛苦教訓是，這一切不見得會導致最好的成果。你也許硬把自己拖去健身房，但這樣做有多少次真能產生很棒的健身效果，或讓你養成規律的運動習慣呢？你可能出於責任感驅使，不得不打電話給親戚，但其中有多少次是有意義的談話呢？當我們不是由衷想這麼做，而是被諄諄告誡應該這麼做時，雖然立意良善，卻會不斷受到執行力不佳的拉扯，即使最終目標（健康有進步、與家人關係改善等）符合我們的價值觀，也是枉然。

馴服熱情和理性的雙頭馬車

二千五百年前，柏拉圖曾以雙頭馬車來比喻內心矛盾。兩匹拉車的馬截然不同，一匹馬是熱情，代表內心的強烈渴求；另一匹馬是智識，代表我們理性、有道德感的心智。換句話說，柏拉圖深深了解，我們想做的事、以及我們知道自己該做的事，經常把我們拉往兩個相反的方向。他認為，身為駕馭馬車的人，我們的職責是馴服並引導這兩匹馬朝我們想走的方向奔馳。

柏拉圖的話其實不是太離譜，因為現代神經影像學告訴我們，每當大腦中衝動性的報酬尋求行為（熱情）和長久以來的理性目標（智識）起衝突時，我們的大腦會試圖牽制。

比方說，你想要吃得健康一點。在餐廳吃飯時，你瞄到點心架上的巧克力慕斯看來十分美味，觸發腦中伏隔核的活動；伏隔核是與愉悅相關的大腦區塊。天哪，你真想吃那塊巧克力慕斯，但是不行，你提醒自己，不能吃。當你試圖堅定意志力，放棄甜點時，和自我控制相關的大腦區塊「額下回」（STG）開始發揮作用。當這兩個大腦區塊都活化，而我們試圖決定究竟要堅持到底，還是控制一下自己時，腦子也陷入交戰。

更複雜的是，我們的本能會搶先起步。根據大腦影像，我們面對典型的選擇時，大腦處理像味道這類基本特性的時間，會比處理健康相關特性的時間提前一百九十五毫秒。換句話說，早在意志力還沒登場以前，大腦已開始鼓勵我們作某些選擇。也許這是為什麼在一項研究中，當時間設定在「未來某一天」時，七四%的人說，他們會選擇水果，而不是巧克力。但如水果和巧克力現在就擺在眼前，七成的人會拿起巧克力。因為這才是大腦真正運作的方式——原始慾望勝過深思熟慮後的判斷——你不太可能單靠心裡的女教師不斷諄諄告誡，而達到你長期想達到的目標。

幸運的是，我們可以做些小小改變，避免雙頭馬車的競爭拉鋸。我們可以和泰德一樣，根據我們想做什麼，來定位目標，而不是根據我們必須做什麼或應該做什麼。當我們像這樣微調動機時，就無須擔心究竟熱情或智識會勝出，因為整體自我都協調一致。

「**想要**」追求的目標反映出一個人真正的興趣和價值觀（即背後的「為什麼」）。我們之所以追求這類目標，是因為樂在其中（**內在的興趣**），因為這些目標本身的重要性（**找到的興趣**），或因為目標已經融入核心的自我認同中（**整合的興趣**）。但最重要的是，這些目標是出於我們的自由選擇。

另一方面，「**必須**」達到的目標，往往是愛嘮叨的親友強加在我們身上的目標（你一定要想辦法消掉你的大肚子！），或我們自覺有義務遵循的一些內心說法或外在標的，而這一切通常和害怕丟臉有關（天哪！我看起來簡直像一艘固特異飛船！我不能這個樣子去參加婚宴）。

你選擇吃得更健康，可能是因為你憂心忡忡、焦慮不安，深恐自己這副模樣很丟臉，也可能是因為你把健康視為能讓你感覺愉快、享受人生的重要特質。這兩種原因的主要差異在於，「必須」的動機雖然能讓你在一時之間積極改變，最後卻無法堅持到底。總會有些時候，你的原始衝動搶在良善意圖的前面，而且只需領先一百九十五毫秒就夠了。

舉例來說，研究顯示，同樣以減肥三公斤為目標的兩個人，由於動機不同，對同一塊巧克力慕斯的看法會截然不同。如果減肥的動機是出於「想要」，那麼巧克力慕斯對他的實際誘惑力會大減（甜點看起來很不錯，不過我不是那麼感興趣），而且也不覺得堅持目標有多困難（菜單上還有其他很多比較健康的選擇）。動機微調後，他不再覺得甜點的誘惑是那麼難以抗拒。

當你出於「想要」而追求某個目標時，比較不會不自覺受到某些刺激的吸引，例如舊情人、侍者托盤上的馬丁尼等等，「想要」的動機會引導你選擇有助於達成目標的行為。另一方面，「必須」的動機會引發受限縮或被剝奪的感覺，反而更強化了誘惑的吸引力。如此一來，出於「必須」或「不得不」而追求某個目標，可能會損害你自我控制的能力，讓你變得更加脆弱，也更容易做出原本不該做的事情。

假如你帶過六歲小孩，就會知道當你堅持要他們做某件事時，不管是上床睡覺、刷牙或和阿姨打招呼，他們會變得多頑固。有一天晚上，我兒子諾亞對於必須寫數學作業這件事，一直抱怨不停，雖然他其實熱愛數學。這正好是個大好良機，可以給他一點機會教育。

「你必須寫嗎？還是你想要寫？」我問。他咧嘴笑了。「我想寫！」然後就蹦蹦跳跳回去作功課。

我想要做到

如果人生是一連串小小片刻的累積，那麼只要些微調整每個小小片刻，加總起來，就可能產生重大改變。想想看，只要運用簡單的微調技巧，在「必須」做的事情中找出潛藏的「想要」做的動機，可以得到多大的收穫。但在此要再度提醒，了解我們真正重視的價值，是重要關鍵。綜觀全局，了解自己真正想要的是什麼，能幫助我們在似乎只是善盡職責的情況中，找到真正的渴求和想望。

比方說，我可能很容易就脫口而出：為了盡快把書寫完，我又「必須」把美麗的星期天拿來趕稿了。朝著圖書館走去時，我可能因為不能在家陪小孩，又辜負了這大好陽光，而感到忿忿不平，所以儘管趕了一些進度，卻沒辦法全心全意投入寫作。不過，假如我提醒自己，沒有人強迫我一定要寫書，而且我可以透過這本書，散播有關情緒靈敏力的重要觀念。當我把寫作定位為我「想做」的事情時，我就會感到愉快，也大大激發我的寫作能量。當我開放心胸，接受新觀念，將編輯的提醒視為合作，而不是批評或命令。晚上回家後，我可能仍然充滿活力，可以充分享受和丈夫孩子共度的時光。

我們都會陷入這類微妙的語言和思維陷阱。「我今天得善盡父親的責任。」或「我必須去參加另一個無聊的會議。」說這些話時，我們忘了今天的處境往往是我們過去為了自己的價值觀而選擇的結果：「我想要當爸爸。」或「我很喜歡目前的工作，我想要更加精進，表現突出。」

先說清楚，我並非建議大家只需「正向思考」、無須理會所有真實潛藏的疑慮。如果你找不到真正想做的事時，也許正意味著你應該改變了。假如你進入這個領域，是因為想要讓世界有所不同，但你的公司卻只顧著賺錢，也許就該是轉換跑道的時候了。或假如你慢慢看清楚伴侶不是你想像中的那個人，你或許需要尋覓新戀情。找出自己「想要」什麼，並非強迫自己作任何選擇，而是讓你的選擇更容易帶領你過著想要的人生。

習慣微調：習慣成自然

即使抱持成長心態，即使我們的行為由衷出於內在的「想要」動機，我們的種種努力仍然可能落得無疾而終，和其他立意良善的嘗試一起束之高閣，就像酷炫的運動單車，只用了兩次的昂貴果汁機一樣。要讓改變持久，唯一的辦法是把我們刻意選擇的行為變成習慣。

我們在前面針對系統一的自動反應，也就是漫不經心、不假思索的行為，提出各式各樣的警告。但我們也承認習慣的力量非常大，要打破舊習十分困難。那麼，如果我們想把行為導向與價值觀一致，如果我們想要達到大師級的情緒靈敏力，就應將刻意的行為變成根深柢固的習慣。如此一來，就不再需要「刻意」為之了。

如果我們刻意根據自己的價值觀和「想要」動機培養習慣，好處在於，無論生活順不順遂，或我們用不用心，幾乎都無須再投入更多心力，這些習慣自然而然會長期持續下去。不管多累，我們早上都會記得刷牙；上車以後，也一定記得繫安全帶。養成符合價值觀的習慣，不但能讓我們的良善意圖發揮持久功效，也可把心力挪到其他事情上。

幸虧科學家已經發現輕鬆建立習慣的奧祕。經濟學家塞勒（Richard Thaler）和法學教授桑思坦（Cass Sunstein）在暢銷書《推力》（*Nudge*）中，說明如何透過精心設計的選擇或所謂的「選擇架構」（choice architecture），影響他人的行為。比方說，你無法強迫每個人都去捐贈器官，事實上也無須如此，只需好好設計，讓捐贈器官的行為變得比不捐器官更容易做到，就成了。例如，在德國，你必須在表格上明確勾選，同意捐贈器官，才能加入器官捐贈計畫。結果德國的器官捐贈率只有十二％。反觀在鄰國奧地利，除非你刻意選擇不參加器官捐贈計畫，否則就會被當成器官捐贈者。結果奧地利的器官捐贈率幾乎是百分之百。

我們也許無法單靠在表格中打勾而改變行為，但仍然可以把選擇架構的概念應用到生活上。如此一來，我們就更容易養成有助於達成目標的良好習慣。

習慣乃是在面對經常碰到的情境時，由外力啟動的自動反應。我們每天都會碰到數十個、甚至數百個熟悉的情境，通常都會不自覺的自動反應。如果我們刻意接觸這類情境，找機會採取符合價值觀的行動，就能透過這些行為，逐漸養成好習慣。接下來不妨檢視一些立基於價值觀的意圖，你可以選擇在這些情境中要不要依循個人價值觀來行動，以及如何小小微調一下。

意圖：你想把出差時間運用得更好。

情境：旅館房間。

選擇點：一進房間就打開電視，還是不開電視？

※　※　※

意圖：你想要在婚姻生活中保持浪漫的感覺。

情境：晚上在家裡。

選擇點：另一半下班回家時，你只咕噥幾句，隨便打個招呼，還是站起身來，熱情迎接？

※　※　※

意圖：你想把有限的時間保留給孩子。

情境：早上在家裡。

選擇點：一起床就查看電子郵件，還是穿著睡衣逗孩子玩？

假如你習慣一回家就打開電視，隨便咕噥幾句打個招呼，或一覺醒來就查看電子郵件，那麼起初要改變習慣，可能需要費點勁。然而新選擇很快會成為根深柢固的習慣，腦子開始下意識指揮你邁向目的地。

在針對九千名通勤族所作的一系列研究中，研究人員在火車站設立了兩種標示。一種採用「想要」式的語言，訴諸通勤族追求自主的慾望：「你會走樓梯嗎？」另一種則採用「必須」式的命令語氣：「走樓梯。」

標示放置的位置離走樓梯或坐電梯的決策點有一段距離，讓通勤族有足夠的時間考慮，結果「你會走樓梯嗎」的標示效果最好。接收到訊息的通勤族即使後來到了沒有標示的地方，仍會選擇走樓梯。所以提倡自主的訊息——容許他們做想做的事，而非必須做的事——會帶來更多持續的行為。

不過有趣的是，當研究人員把標示剛好放在走樓梯或坐電梯的決策點時，人們比較容易遵循「走樓梯」的指令。由此可見，推動有效改變時，關鍵在於連結到「想要」的動機，然而在時間緊迫（或很累、很煩、或很餓）時，最需要的卻是明確知道該怎麼做——換句話說，剔除主動的選擇。我們再度看到習慣性自動反應發揮的力量。

功能性核磁共振影像（fMRI）顯示，接觸到和報酬相關的訊號時，例如好吃的食物、金錢、性、香菸（對老菸槍而言）、吸毒工具（對有毒癮的人而言），會活化大腦中的報酬區塊，驅使人們追求眼前可得的歡愉。對負責整合我們的認知和情感功能，以促成適當行動的「大腦總指揮」而言，限制接觸，限制誘惑，「大腦總指揮」的工作就會簡單許多。

依照塞勒和桑思坦的方式，以下是改變選擇架構時，你可以採取的微調方式：

1. 完全不花腦筋，直接從環境下手，作出改變：每當你肚子餓、疲倦、壓力大或趕時間時，讓最直接容易的選擇，順勢成為最符合價值觀的選擇。

假定你想甩掉幾公斤肥肉。研究顯示，用餐時無論盤子大小，人們通常習慣把盤子裡九〇％到九七％的食物吃光。根據這個數字，如果盤子比平時小一〇％，你吃進肚子裡的食物分量也會減少一〇％。

還記得我先前引用過一項研究嗎？被問到在未來某個時間會選擇吃什麼時，大多數人都說他們會選擇水果，而不是巧克力；但是當水果和巧克力真的放在面前時，大家卻沒有真的作出比較健康的選擇。下回到雜貨店買東西時，幫幫你的未來自我一個忙，多買些健康的食物回家儲存，跳過那些不健康的食品不買。如此一來，你回家後，忍不住想縱容自己吃點餅乾時，你已經把家裡的環境布置得有利於健康的選擇，也就是根本沒有餅乾可誘惑你。不一會兒，你會發現吃核桃或啃蘋果也能提供所需的滿足感，你不再像從前那樣，一味渴望肥滋滋的糖果了。

研究還顯示，人們覺得無聊時，就會想吃零食，而大多數人在看電視時，大半時間都感到無聊。所以，你應該趕緊去除家裡的「誘導性毒品」，取消有線電視頻道，然後找一本有趣的書來讀，玩一玩比手劃腳，挖出以前一時興起買的烏克麗麗彈一彈，或好好整理一盒盒的家庭照片，把照片依序放在美麗的皮面相簿中，你不是一直夢想把相簿一排排陳列在架子上嗎！

動植物都頗受制於周遭環境，人類大腦卻容許我們對環境產生影響，而不僅是讓環境影響我們。我們因此有機會在衝動和行動之間創造適當的空間，過自己想要的生活。

如果你還有其他行為或習慣想要改變，想想看可能的阻礙是什麼，很可能只需小小微調，就能解決問題。

2.搭舊習慣的便車，養成新習慣。

研究顯示，當參與者選擇在既有習慣上面增加新做法時，例如每天吃燕麥脆穀片時，都加點水果，就能成功把新行為變成習慣性的行為。

假設你覺得增加陪伴孩子的優質時間很重要，結果和孩子在一起時，你卻總是在滑手機，人在心不在。你大可叫自己：「不要再查看手機了。」但只要手機在那兒，「只花一秒鐘」看一下手機的衝動總是不斷和你原先的意圖交戰。也許你已經養成習慣，一進家門就把鑰匙丟進抽屜裡或放在碗裡。不妨開始建立新習慣，回家後就把手機和鑰匙放在同一個地方，而且關掉手機。

想創造機會和同組的同事面對面溝通嗎？不妨把每天下午買咖啡的習慣變成集體行動，趁機好好聊聊。

由於你只是在既有習慣上增添新行為，新習慣的養成會變得容易許多，你也不需要大幅調整每天的工作習慣或生活常規。

3. 預先承諾：預期會碰到哪些阻礙，並採取「若—則」（萬一……那麼……）策略預作準備。

假定你和男友吵嘴，想要把事情緩一緩。你知道壓力大的時候，你們都很容易發火，但相互咆哮讓彼此都不好過，而且你有時候會說出讓自己後悔的話。你想要解決這種情況，不想一再重蹈覆轍。

當我們可以預見這類不愉快的處境或反應時，等於容許自己上鉤。即使想要改變，面對會引發情緒的處境時，卻依然故我。但如果你情緒靈敏的話，就能退後一步，把這類時刻看成依循價值觀自我承諾的好機會。甚至還沒開口和男友說話以前，就可以先承諾自己，萬一他提起爆炸性話題，你要以開放的心胸聽聽他說什麼。

同樣的，你可能很清楚，鬧鐘在清晨五點鐘響起時，你一定會忍不住翻過身去，把鬧鐘按掉，而不是起床晨跑。所以，每晚就寢前，你最好告訴自己，萬一你忍不住想繼續睡懶覺，那麼無論你覺得多累，最好鬧鐘一響，立刻把自己拖下床。儘管你可能會抱怨幾分鐘，但一小時後，當你在運動後展開一天，你的心情會好上一千倍。即使睡糊塗的腦子都能記得這「若（萬一）則（那麼）原則」的承諾，而且你早起運動的次數愈多，就會覺得愈容易，直到最後終於養成早起運動的習慣。

4.當作障礙賽訓練：透過思考潛在挑戰，看清障礙，推翻正面幻想。

我們之前討論過正向思考如何阻礙情緒靈敏力。改變習慣就是個好例子。有項研究請參加減重計畫的婦女想像自己完成課程後，身材會變得很苗條。然後請另一組婦女想像自己受到誘惑，在飲食內容上作弊。結果一年後，想像自己減肥成功的婦女減掉的體重，反而不如被迫實事求是思考減肥過程的婦女。

學者曾在不同國家作過類似研究，觀察擁有各式各樣目標的人們，包括想找約會對象的大學生、髖關節置換後想要重新站起來的病人、正在求職的研究生、希望拿到好成績的學童等等，結果在每一種情況下，結果都一樣。一味幻想自己能順利實現夢想，對於達成目標並沒有太大幫助。事實上，騙大腦相信自己已經達成目標，反而會憑添阻礙。正向幻想會浪費我們的力氣，而我們原本需要保持精神振奮，以貫徹始終。

能綜合樂觀主義與務實作風的人往往能獲致最佳結果。很重要的是，雖然相信自己能達成目標，同時也需留心半路上可能遇到的阻礙，這就是所謂的「心智對比」（mental contrasting）方式。

在最近一項針對健康飲食與運動的研究中，採取這種心智對比方式的人，每週健身的時間是對照組的兩倍，四個月下來，他們吃的蔬菜分量也遠超過對照組。心智對比的技巧能幫助人們更快康復，擺脫慢性背痛，對目前的關係感到更滿足，成績進步，也更懂得應付職場壓力。

如果在想像未來的同時，也能清楚評估眼前的現實，就能將兩者連結起來，開創一條心理途徑，裡面既包含障礙，也包含你跨越障礙的計畫。這條途徑能引領你從目前所在的位置，走向你想抵達的地方，形成改變的康莊大道。

能開放心胸接受成長和改變的心靈，是實現價值觀和達成目標的樞紐。當你決定成為自己人生的主體時，就擁有龐大的自主權，無論是自己的個人成長與職涯發展、創造性心靈修煉和建立人際連結，都出於自己的選擇。

微調你的心態、動機和習慣，就是讓自己的心順應世界的流動，而不是一味追求穩定，你的心態會變得饒富興味、充滿好奇、願意嘗試，並自問「倘若……我的未來會如何呢」。你會拋開「我將成為……」的想法（強調美好的結果和目標、成果），自由自在投入其中的過程和旅程，品嘗生命中的時時刻刻，建立一個又一個的習慣，並且一次踏出一步。

第八章

步驟四之二：以翹翹板原則向前走

一邊是前所未有的挑戰，一邊是熟悉的舒適區，
如何不被過度的壓力擊垮，又能持續前進？
訣竅就在於，
勇於承擔稍微超過自己能力範圍的挑戰，
恆毅力雖可貴，但人生更重要的是知所取捨，
「保持剛剛好的壓力」，可以幫助你登頂，
並讓你看見人生不同的風景。

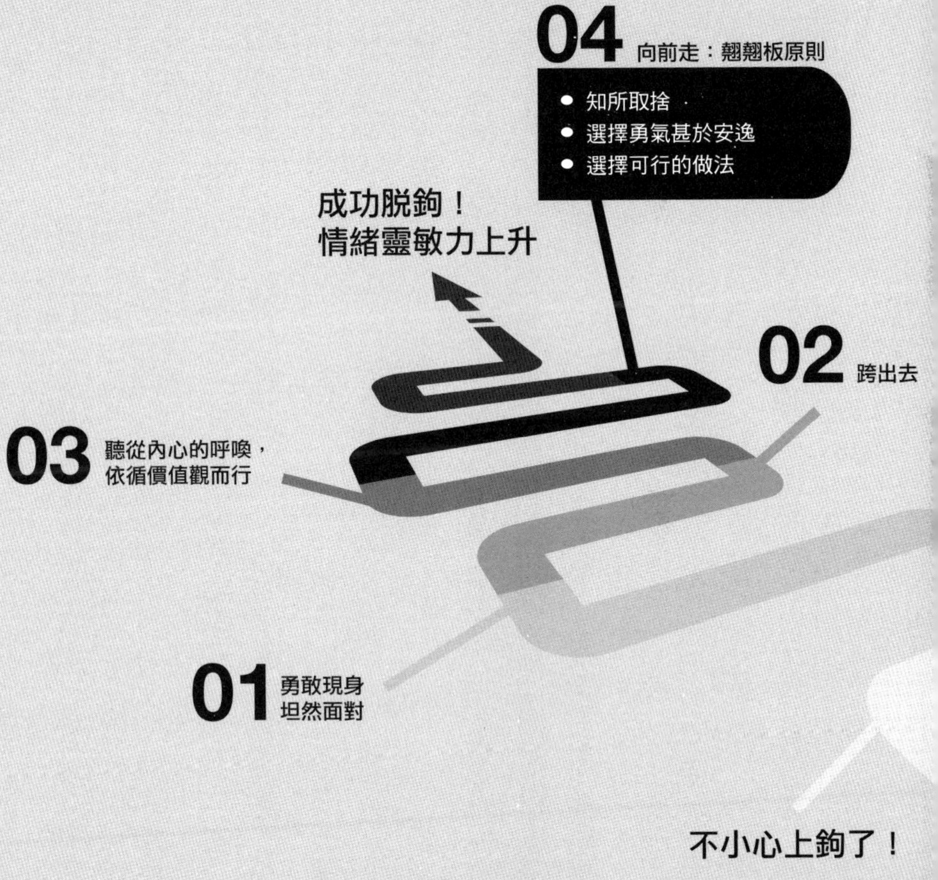
04 向前走：翹翹板原則
知所取捨
選擇勇氣甚於安逸
選擇可行的做法
成功脫鉤！
情緒靈敏力上升
02 跨出去
03 聽從內心的呼喚，依循價值觀而行
01 勇敢現身 坦然面對
不小心上鉤了！

有一天，朋友喬治的四歲大兒子，在浴室待了老半天，他既擔心又好奇，究竟浴室裡發生了什麼事。套句西部牛仔老片子的說法，情況變得有點：「安靜……太安靜了。」

喬治敲敲浴室的門，打開門後，發現小喬治站在凳子上，面對著洗臉槽。喬治後來描述，他看到浴室內的景象時，時間頓時變得很慢、很慢。他首先注意到四處都沾上白色的東西，不管是洗臉槽、鏡子、地板上，兒子也滿臉都是。然後他又看到紅色的東西，沒那麼多，但同樣到處都是，不管在洗臉槽、鏡子或兒子臉頰上，從兒子嘴巴下方的切痕汩汩流出。

小喬治想要模仿爸爸刮鬍子，雖然他拿了一把比較無害的塑膠柄安全刮鬍刀，但不幸的是，他讓刀鋒水平在臉頰上來回移動。還好切口不是太深（臉上的傷口通常血流較多），唯一留下的長遠影響是，小男孩學到寶貴的一課，雖然這個教訓慘痛又嚇人。

這個故事提醒我們，人類是充滿好奇心的動物，衷心渴望學習與成長。我們都和小喬治一樣，希望自己很能幹，而且藉由嘗試新事物，增強自己的能力，只是有時候會太過逞強，衝過頭了。理想狀況是，我們接受的挑戰和努力培養的能力都能幫助我們更接近自己深切渴望的生活。

早在學齡前，我們就渴望接受挑戰，能自己綁鞋帶。成功達到這個里程碑時，不管爸媽或孩子都欣喜若狂。但過了一陣子之後——事實上，很快就會發生——能幹導致自滿。一旦學會綁鞋帶，每天早上把鞋帶繫好，就不再是什麼值得大肆慶祝的事情了。

我們在前一章看到，這種習以為常的能力不見得是壞事。我們對從前感覺新奇的工作逐漸習以為常後，可以釋放出大量心力，讓我們跨出去，進入更廣大的世界，攀登更高的山峰。我們也討論到，把刻意選擇、符合價值觀的行為變成習慣，是培養情緒靈敏力的重要關鍵。

過度勝任 vs. 過度挑戰

在人生的某些領域，會出現「過度勝任」的情況。當我們非常擅長某件事情時，可能很快就發現自己太過放鬆，回復到自動操作模式，不但變得比較僵化，而且沒那麼用心，缺乏成長，沉悶乏味；簡而言之，就是沒辦法蓬勃發展。

每個人或多或少都經歷過這種過度勝任的情況。當你就算閉著眼睛，也可以把事情做好時，當你已經很清楚這天會怎麼過，或當你的技能不再增長，也不再看到更多可能性時，對你的工作而言，你已經過度勝任了。

如果你看完電影後，很清楚妻子會有何觀感，或在外用餐時，乾脆幫丈夫點餐，因為你很清楚他會想吃菜單上的哪一道菜，那麼你在婚姻中也已經過度勝任了。

家庭中也會出現同樣情況。吃感恩節大餐時，你完全預料得到會出現什麼樣的對話（「請不要讓羅叔叔開始談論政治！」）；或當你問青春期的孩子：「今天在學校怎麼樣？」眼睛卻緊盯著手機，頭抬也不抬一下，而孩子回答「還好」，也繼續低頭盯著手機時，同樣的事情也發生在你身上。

當所有的事情都被簡化為例行公事，當生活中每個層面都變得清楚分明，有如陽光帶的郊區般枯燥乏味、可以預期，甚至輕鬆安適時，生活就變得毫無挑戰性，從中得不到喜悅，也沒有發現的樂趣。

但「過度勝任」的反面「過度挑戰」同樣不妙。當我們同時應付太多事情，即使如超人加上神力女超人般日夜加班工作，都沒辦法全部做完；或是當我們和伴侶的關係十分脆弱微妙、難以預測時；我們會變得很緊繃，不但創造力無從發揮，也沒辦法適當反應，更遑論蓬勃發展了。如果想保持情緒靈敏力，我們必須在過度勝任和過度挑戰之間，找到平衡點，也就是秉持「翹翹板原則」。

像翹翹板保持平衡

遊樂場的蹺蹺板主要關乎平衡。當你坐在翹翹板一端高高翹起時，你需要另一端有一些阻力，你才不會猛然（且痛苦的）墜落，屁股著地。另一方面，倘若另一端太重了，你也可能一直懸在半空中下不來。

人生要依循翹翹板原則，意味著要知所取捨，找到適當的平衡點，讓綽綽有餘的工作能力與熟能生巧的安逸感，加上挑戰未知帶來的興奮、甚至壓力，形成一種創造性張力。在逼近個人能力極限時，最能將能力發揮得淋漓盡致：這時候，我們既不會過度勝任、太過自滿，也不會因為陷得太深、挑戰過大而被壓垮。

當我們逐步向前推進，超越原本的能力水平，也跨出舒適圈時，就愈來愈逼近自己的能力極限。理想中，此時的推進步伐，乃是採取之前討論過的漸進式小小微調。

無論在人際關係、創作、個人發展和工作上，我們都可以從擴展廣度（從我們所作所為：包括學到的技能、談論的話題、探索的途徑等），以及加強深度（我們能把這些事情做得多好：包括聆聽的品質、對世界投入的程度等等），來推動個人的進步。舵手都希望根據風向調整船帆，絕對不要逆風而行；打網球的人總希望對手的球技只比自己稍稍高明一點，因為打起來會比較好玩，也更有收穫。

但我們也需要留心如何去擴大自己的廣度深度，以及為何要自我擴展，也就是必須選擇和個人價值觀協調一致的廣度和深度，而非只因有能力這樣做，或純粹受到壓力，必須成為最好、最棒、最聰明，因此任意為之。切記，一切都關乎如何打造出你真正「想要」的人生，而不是為忙碌而忙碌，或為自己訂下更多「必須」做的事情。

安逸的詛咒

要將個人能力發揮到淋漓盡致，聽起來很吸引人，就像成功大師東尼．羅賓斯（Tony Robbins）在大家展開困難的踏火試煉之前發表的演說，或高中生在畢業典禮上高唱「爬遍每一座高山」（Climb Every Mountain），喚起你從四歲大時就渴望學習成長的內在驅動力。那麼，為何大多數人仍是停滯不前。為何我們的翹翹板總是有一端翹得老高，另一端卻陷入泥沼之中呢？

最主要的原因是恐懼。我們天生喜歡探索，也生來就追求安全感，但大腦會將安全和安逸搞混，安逸會引人上鉤，無法自拔。如果在某些情況下我們感到安逸自在，例如覺得很熟悉、容易理解，或前後一致，大腦發出的訊號會是：目前情況不錯，真是多謝了。如此一來，碰到新的、困難的、或甚至有點不清不楚的情況，恐懼感就會油然而生。

雖然有各式各樣、不同程度的恐懼，但有時候恐懼會偽裝成其他面貌出現，例如拖拖拉拉、完美主義、自我封閉、缺乏自信、或拚命找藉口，而且只會吐出一個字「不」，例如：「不行，我會把它搞砸！」「不要，那裡我一個人都不認識！」「不，我會死得很難看！」「不用，謝了，這回我不參加。」

這個「不」其實有其演化上的根源。從最基本的層次來看，動物行為除了因為太害怕而當場僵住不動之外，還有兩個選擇：靠近或避開。幾百萬年前，我們的原人祖先假如看到貌似食物的東西或求偶的對象，就會設法靠近。但一發覺似乎會惹上麻煩，就會避開、逃跑並躲起來。

最後，演化的力量開始偏好某些前智人（pre-Homo Sapiens），在健全的發展過程中，前智人的巨腦會引領他們純粹為了好玩，接觸各式各樣的新經驗。這些物種的幼代可能不懂得害怕，就像小喬治一派天真把玩安全刮鬍刀一樣，除非在巨大壓力下，演化才會設法讓害怕的感覺發揮作用。一旦感受到壓力，原本充滿好奇的動物，只要碰到稍稍不太熟悉的事物，就避之唯恐不及，即使對方是他的祖母也一樣；直到那人在他身邊閒晃了一陣子，也許還做了些蘋果醬給他吃，他才會放鬆警戒。

即使到今天，孩子感到不安或害怕時，都會退縮回去，在破爛發臭的舊絨毛玩具動物身上尋求慰藉。成年人的行為也是如出一轍。感到悲傷、疲憊或壓力很大時，幾乎每個人都會穿上自己最鍾愛的舊毛衣，或躲到自己最喜歡的地方（也許在那裡，「每個人都叫得出你的名字」）。

研究顯示，我們評估風險時，會偏好選擇熟悉的事物。舉例來說，一般人往往選定自己熟悉的科技、投資和休閒活動，以為風險比較低，儘管有時候事實證明恰好相反。這也是為什麼許多人害怕搭飛機，儘管根據統計數字，因車禍而死亡的風險遠比搭飛機高多了。對大多數人而言，開車是他們習以為常的活動，相對而言，搭機旅行就比較不尋常，是不太熟悉的經驗。

在我們腦子裡，容易理解也代表安全和舒適。在一項研究中，參與者會拿到兩套內容相同的說明書，其中一套說明採用容易閱讀的字體，另一套說明的字體讀起來比較費力。他們請參與者估計一下，需要花多少時間來完成說明書中的例行程序。結果發現，如果參與者閱讀的說明書採用的是易讀的字體，他們猜測大約花八分鐘可以完成；但如果閱讀的說明書儘管內容完全一樣，字體卻較不易讀，他們估計需花的時間是前面那組的兩倍。

我們偏好容易理解的熟悉事物，這種傾向甚至會影響一個人對事實的接受程度，也就是比較相信大家似乎都普遍抱持的看法。問題是，我們並非十分善於追蹤自己究竟多常聽到某件事情，或這件事究竟是聽誰說的。換句話說，只要有人一再重複某個（容易理解的）簡單概念，而我們聆聽時沒有抱持批判心態，就可能會把它當成事實來接受，即使只是某個狂熱份子一再重複相同的概念也一樣。

如果安逸的詛咒（偏向選擇熟悉和容易理解的事物）只會在我們逛超市的時候，引領我們跳過不太熟悉、也看不懂的異國食品，直接走到最喜歡的花生醬品牌前面，倒也無妨。然而事實上，安逸的詛咒會帶來更深遠的負面影響，可能引發錯誤、浪費時間，阻礙我們抵達真正想去的目的地。

想像一下，你正急著赴約，眼看已經快遲到了，你慣常走的路線卻開始塞車。你知道另外有一條捷徑需要穿過一些小巷道，而你只走過那條捷徑一、兩次。研究顯示，當準時赴約的壓力很大時，你比較可能堅持待在熟悉的魔鬼旁邊（明知會塞車，仍選擇一向熟悉的大馬路），而不願嘗試陌生的捷徑，結果幾乎必定遲到。同樣的，醫生告誡你必須減肥、降低膽固醇和多多運動，但減肥的壓力很可能反而讓你更渴望熟悉的甜甜圈帶來的慰藉。

神經影像會顯示出我們面對不確定帶來的不安時，會有何反應。當面對已知的風險時，例如在可以算出賠率的情況下注，大腦的報酬區塊（尤其是紋狀體）的活動會增加。但如果我們必須在無法衡量風險或不熟悉的情況下注，則換成大腦杏仁核（與恐懼相關的區塊）比較活躍。

有一項研究顯示，只要有小小的不確定因素，參與者都會大幅降低參加賭博的意願。古怪的是，風險不在於他們究竟是贏是輸，而在於勝算有多大。即使情勢有利，只要仍有混沌未明之處，就足以讓約四成的參與者選擇不要加入賭局。任何時候，只要我們的知識出現缺口，就會為恐懼所填滿，儘管可能得到報酬，仍敵不過恐懼的力量。

為何一錯再錯？

我們愈是感到孤獨、懷有強烈的不安全感，恐懼因子就益發幽微而複雜，因為人類乃是經過演化而成為社交的物種，出於求生存的需要而成為家族或部族的一份子。也就是說，即使到了今天，一旦切斷和所屬部落的連結，我們仍會覺得十分可怕，這是攸關性命的大事。

由於人類大腦變得愈來愈大、愈來愈複雜，探索也成為人類天性的一部分，原本平凡無奇的猿類因為大腦的演化，而有能力處理更龐雜的社會結構。大腦的威力愈強大，我們就愈懂得判斷沒有血緣關係的人究竟可不可靠、值不值得信任，也更善於開創和維持互惠的合作關係，因此比較瘦弱但頭腦靈活的物種（後來演化成人類）才有辦法勝過肌肉發達、但腦袋不靈光、也不懂得合作的物種（後來演化為黑猩猩和大猩猩）。

最後，這種用來理解社會環境的器官經過高度發展後，開始試圖理解萬事萬物。頭腦較大的猿類開始意識到時間的流動和生命的軌跡，不但試圖說明自己在社會結構中的位置，也努力尋找自己在宇宙中的定位。他們變得有所自覺，擁有所謂的「意識」，從而產生自由意志、同理心、道德感，甚至對宗教的敬畏。

但所有的覺知都仰賴巨大的頭腦，來執行一項重要功能，當身體感官和剛發展出來的覺知功能接收到大量令人困惑的資訊時，大腦必須提供我們一幅連貫的圖像。

管理社會連結對人類生存至關重要，因為我們仍然十分仰賴部族以及親朋好友，以維護自身福祉。但奇怪的是，到了緊要關頭，我們在心理上和情緒上都非常重視連貫性或一致性。

大腦認知功能提供的一致圖像提醒我們，今天的我和昨天的我是同一個人，我總有一天會死掉，但從現在到生命終結之時（假如我活得夠久的話），我會漸漸老化，所以最好預先規劃，好好利用我擁有的時間。心理上的連貫性幫助我們理解，隔壁房間傳來的嬰兒哭聲很重要、值得注意，但電冰箱持續發出擾人的嗡嗡聲就可以置之不理。如果缺乏這種連貫性，我們會像罹患思覺失調症般，沒辦法過濾周遭環境的刺激，連不符合外在現實或無關緊要的知覺都趕忙反應。

連貫性和熟悉度或容易理解程度一樣，在我們的大腦中等同於「安全」，即使有時候一味追求連貫性反而會違背了自身最佳利益。比方說，許多研究顯示，瞧不起自己的人通常寧可和對他評價不高的人互動。另外，可能令人震驚的是，低自尊的人常常會選擇在薪水逐步上升的時候辭職。因為在他們看來，得到公司賞識和加薪似乎不符合他們一貫的自我認知。比較合乎邏輯的是，擁有健全自尊心的員工一旦發現無法獲得適度加薪，會傾向另謀他就，因為對他們而言，拿不到應得的獎勵，真是不合理。

正因為我們接觸熟悉一致的事物時會比較安適自在，因此我們童年時期如何看待自己，長大以後也會如何看待自己。我們成年後會根據小時候別人對待我們的方式，來預測今天別人怎麼看待我們，以及我們是否應遭此對待，即使這樣做不啻自我貶抑和自我設限。同理，任何資訊如果對我們一向熟悉、前後一致的觀點形成挑戰，可能就會令我們感到危險和困惑，即使這樣的落差能提供正面的新視角，也是枉然。

對成功的恐懼，甚至連「還ＯＫ」都害怕，可能導致自我糟蹋的行為，包括在學校表現失常、喜歡偷懶，或只因自認還沒有「贏得」這份感情，而毀掉原本健康的關係。當我們死守著看不到出路的工作，容許家裡反覆上演肥皂劇，或在極端情況下，重新接納會施暴的另一半，可能都是為了追求連貫性或一致性，而不惜傷害自己。

追求立即的滿足

我們一心尋求連貫性的慰藉，而且彷彿帶來的傷害不夠大，這種連貫性有時還會和「立即的滿足」相互呼應。

假設有個剛出社會的大學畢業生史考特，從他開始懂得將幾個字串成詞語以來，總是妙語如珠，扮演開心果，吸引旁人注意。史考特剛開始在新城市上班，他在那裡沒有任何熟人，正經歷辛苦的過渡期。所以他重新使出過去在班上耍寶的老招數來破冰，一逮到機會就說些俏皮話，開開同事的玩笑。有些人覺得他很好笑，其他許多人卻不欣賞他的揶揄調侃。即使他努力融入新環境，仍和同事格格不入。

史考特明白是怎麼回事，也知道應該改變策略，但由於他既寂寞又疏離，實在很難放棄逗樂同事時得到的些微肯定，或至少是一點點的注意。雖然很多時候，也不過博得尷尬的笑聲，但畢竟他還是成功逗他們笑了，這一直是他選擇的藥方。

比起真正能讓我們有所長進的小小微調和持續努力，立即的滿足能更快讓我們感覺良好。你可能聽說過，有些研究會讓實驗鼠操控兩根壓桿，一根壓下去會跑出食物顆粒，另一根壓下去會跑出古柯鹼。結果，無論實驗鼠的肚子有多餓，牠們總是一而再、再而三的，去推那根古柯鹼壓桿，直到餓死為止。

人與鼠給我們的教訓是：得來容易的興奮感（甚至過度安逸舒適），都要付出昂貴代價。

吃下巧克力聖代，你可能現在覺得棒極了，但二十分鐘後，就感到後悔。依循價值觀行事，減重三公斤，雖能讓自己更健康，帶來的愉悅感卻遠遠不及吃了淋熱巧克力醬的冰淇淋後產生的興奮感，但前者帶來的滿足能維持更長的時間。

這種自我糟蹋的反應並非出於我們的選擇，而是我們已經受到制約（尤其碰到壓力大的時候），而且還會持續被制約，直到我們設法脫鉤，不再動不動就逃避到熟悉的事物中，而能靈敏的關閉自動操作系統，坦然現身面對，跨出舒適圈，掌控自己的人生。如此一來，才能持續擁抱能促使我們成長茁壯的種種挑戰。

特別在壓力大的時候，許多人會緊抓住多年以前遺留下來熟悉自在的自我認同不放。史普林斯汀（Bruce Springsteen）的歌曲「光輝歲月」（Glory Days）中的高中棒球明星球員和選美皇后正是絕佳例子。但情緒靈敏的做法包括放下過去的抱負（因為過去的抱負反映的可能是非常狹隘、或過於天真的自我定義），努力強化從行動中產生的意義，而這些行動乃具體實踐你當下的價值觀。當你有了三個孩子，而且得設法讓他們都念完大學時，早該拋開過去的光輝歲月，探索人生新方向了。

逃避才是卓越的大敵

柯林斯在暢銷著作《從A到A+》（*Good to Great*）中表示：「優秀是卓越的大敵。」恕我無法贊同他的說法。我認為逃避才是卓越的大敵。逃避（尤其是避免不安）甚至是優秀的大敵，對於能帶來蓬勃發展的成長與改變而言，逃避是心頭大患。

當我們說出「我不想失敗」、「我不想讓自己難堪」、「我不想受傷」時，我們希望達到的境界與目標，正是所謂的「死人目標」，也就是說，有誰絕對不會因成為別人笑柄而感覺不舒服呢？大概只有死人才辦得到吧。

不肯改變、也不願變得成熟一點的人也是如此。在我看來，如果有誰絕對不會感覺受傷、脆弱、生氣、焦慮、沮喪、緊張，也不會因承擔挑戰而引發不安的情緒，那麼這個人一定早已離世。

死人當然不會惹惱家人或同事，帶來麻煩，或說出不該說的話。但是，你真的想拿死人當榜樣嗎？

有一句諺語說，如果你向來都是過去怎麼做，現在就怎麼做，那麼你得到的結果也會和過去沒什麼兩樣。但也許這麼說還太樂觀了一點。只要想想過去二十年來一直在同一公司的同一個職位上、每週賣力工作八十小時的中階主管，在公司縮編後，發現必須和只有自己一半年紀的年輕人競爭新工作。或想想看多年來一直在單調的婚姻中辛苦耕耘的忠誠伴侶，某天回家時，卻只看到臥室裡半空的櫥櫃和枕頭上的字條。

想要真正的活著，就必須選擇勇氣，而非舒適，才能持續成長、自我挑戰。如果我們只坐在離自己最近的高原上，千萬不要自以為已經找到天堂。然而根據翹翹板原則，我們也不想因為追求不切實際的目標而被壓垮，或以為單靠一時的努力，就能很快達到巔峰。

如果你努力達到能力極致，蓬勃發展，承擔挑戰，但還沒有到受不了的地步，最適切的說法或許是「保持剛剛好的壓力」：雖然有壓力，但還沒有不堪負荷，快被壓垮了，關鍵就在於，必須經過選擇，才有所許諾和承擔。唯有能真正喚起你的想望、呼應你深層價值觀的挑戰，才選擇承擔。

喜歡解題，如此而已

費馬是十七世紀初法國南部圖盧茲的傑出法官。費馬雖然在法律界發展，其實數學才是他真正的熱情所在。

一六三七年的某個冬日，費馬在閱讀古希臘著作《算術》（*Arithmetica*）時，在頁緣草草寫下注記：「將高於二次的冪分成兩個同次冪之和，是不可能的。對於這個定理，我已找到絕妙證明，只是這裡空白處太小，寫不下。」

謝了，皮耶，你還真會賣關子。

於是，關於這個古怪數學定理的有趣證明，四處流傳著各種說法，到了十九世紀，許多學者和富人都懸賞徵求解答。世界各地的數學迷努力尋找證明，但都徒勞無功。費馬的最後定理依然令人費解。

到了一九六三年，英國有個名叫威爾斯（Andrew Wiles）的十歲男孩在當地圖書館看書時，偶然發現了這個問題，他馬上立誓要解開謎團。

三十年後，威爾斯在一九九三年宣布已經找到證明方法。不幸的是，有人在他的計算中找到一個小瑕疵。

於是威爾斯繼續埋首鑽研了一年，重建他的證明方式，直到完美無瑕。費馬在《算術》頁緣草草寫下他的挑戰之後近四個世紀，人類終於解開數學史上最大的謎團。

有人問威爾斯，為何有這麼多人（包括他自己），花這麼多力氣來解決一個抽象的心智遊戲，威爾斯回答：「純粹的數學家只是很喜歡嘗試解開未解的問題——他們熱愛挑戰。」

換句話說，驅策威爾斯不斷努力的力量並非成功的希望或可能帶來的榮耀，而是純粹對數學之美有一種知性的深度好奇心。

我們的祖先正是出於相同的好奇心，走出雨林，探索草原，發明農耕，創建城市，最後更全球走透透。這是為什麼人類正持續將火星探測車送上火星，而我們遺傳譜系上的表親黑猩猩仍需用樹枝把白蟻從土堆中挖出來，才有午餐可吃。

當然，不同的人需要不同的好奇心，才能牽引出適當的挑戰、堅持和成功。有的任務會讓我焦慮得抓狂，別人卻覺得輕而易舉。像威爾斯之類的人深深著迷的問題，我們可能感到乏味。

有些人也許當上中階主管就很滿足了，但也有人除非在曼哈頓坐擁成排豪宅，名字被燙金刻在每棟建築物上，否則並不覺得自己很成功。有的人需要參加鐵人競賽，才能激發出源源不絕的活力；然而另外有些人只要在住家附近散步時不會上氣不接下氣的，就已經是最適當的自我挑戰了。無論我們的選擇為何，訣竅在於保持剛剛好的壓力，在過度挑戰和過度勝任之間求取適當的平衡。

保持壓力，但不要被壓垮

一八八〇年代，在摩斯密碼的全盛期，印第安納大學的兩名學者布萊恩（William Lowe Bryan）和哈特（Noble Harter）想研究普通電報員如何變得卓越。他們花了一年時間，監看電報員的發報速度，然後根據數據，畫了一張曲線圖。結果發現，電報員練習得愈多，發報速度愈快。完全不出所料。

一般人的學習曲線

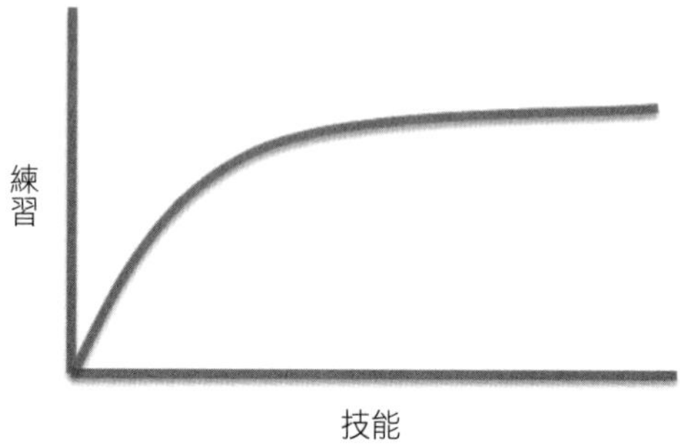

最厲害的人能突破學習高原

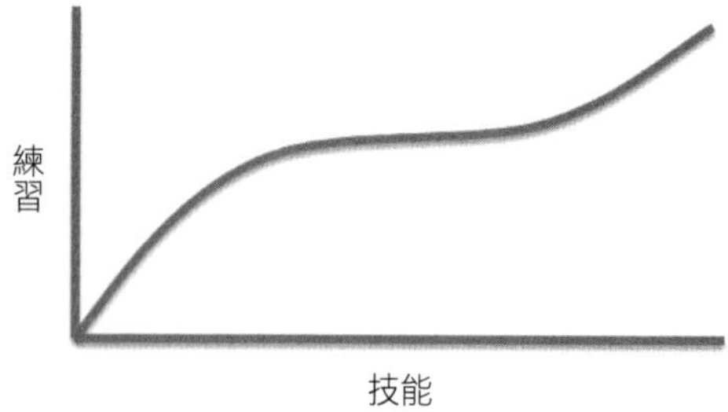

事實上，我帶領工作坊時，有時候會請參與者描繪類似的概念，也就是他們認為練習對個人技能產生什麼影響。學員通常畫出的曲線圖如右頁上圖，和布萊恩及哈特的圖形很像。

大多數人都認為，過了一陣子之後，練習的效果會遞減，某項技能的純熟度會停滯不前。不過，雖然對大多數人而言，確實如此，但布萊恩和哈特發現，最厲害的電報員進步的圖形卻如右頁下圖。

大多數電報員（七五％）在達到心目中的巔峰水平後，都不再認真練習，從此安於停滯在高原。但其餘的二五％卻能突破高原，再次進步。能不斷進步的電報員和原地踏步的電報員，究竟有何不同呢？

能突破高原期的電報員都能欣然接受挑戰。他們不斷設定新目標並試圖超越新目標，背後的誘因不外乎個人成長的喜悅；這種喜悅，和幼時學會繫鞋帶或數學迷寫下費馬最後定理的數學證明時，感受到的喜悅相同。

壓力不見得是壞事

葛拉威爾透過《異數》這本書推廣了一個觀念：要突破高原，真正精通某項技能，必須投入一萬小時的努力。不過，心理學家和學習專家都認為，投入的時間不如投入的品質重要。優質投入需要的是「努力學習」，這是一種用心練習的方式，包括能持續應付稍稍超越我們能力範圍的挑戰。

證據則藏在大腦灰質中。過去幾十年來，研究人員大力推廣「神經可塑性」的觀念，認為在幼兒發展的某些階段，大腦並非「固定不變」，而會產生新的腦細胞。更微妙的發現是，這些重新補充的腦細胞大多數都會死亡。而努力學習的經驗可以防止新細胞死亡，甚至還可以連結神經元成為突觸，並整合為大腦架構和腦電位。但假如你只是花一萬小時用吉他重複彈奏「通往天堂的梯子」（Stairway to Heaven）這首曲子，或只是一再重複早已十分熟練的膽囊手術步驟（假定你有動手術的資格，而病人也十分合作），腦細胞不會增長。努力學習意味著不只要用心投入，更要持續擴展自己的極限，提升知識和經驗的複雜度。

每個人在開始嘗試新事物時，幾乎都會努力學習。然而一旦我們的表現達到可以接受的水準，例如能夠追上高爾夫球友的桿數，或為學校樂團用鐵琴彈奏歌曲「十字麵包」（Hot Cross Buns），大多數人就會放鬆下來，進入自動操作模式，也就是典型的高原期安逸狀態。

還記得剛開始學開車的情景嗎？你初次坐上駕駛座前，還沒有意識到自己是多麼缺乏駕駛技巧，因為你不清楚自己有多少東西不懂。然後，你到駕駛訓練學校報名上課，明白自己有很多東西要學（「等等！你是說我還得學會平行停車？」），這時候你進入「**有意識的無技巧**」狀態。

接納新經驗的態度促使你努力學習。於是你照著駕駛手冊上面的清單一一檢查，繫好安全帶，小心翼翼把駕駛座調整好，檢查後視鏡。第一次開上州際高速公路時，你可能驚慌失措，不過多試幾次以後，你就找到竅門了。

然而等到你考上駕照不久，「**無意識的熟練技巧**」就開始接管。一旦坐進車子，開始駕車，你往往不知怎麼的就回到家了。這時候，你基本上進入自動操作階段，停泊在高原期。

當你處在這兩種狀態時，其實還算理想，因為你依然能開放心胸，接收更多知識。你也許還是新手，不是那麼穩當，但至少你抱著初學者的心態，渴望成長，也願意學習。

你也許覺得有些壓力，這不見得是壞事。幾十年來，壓力一直被當成人類心理的頭號大敵，會扼殺健康與幸福，必須不計代價消除。當然壓力有很多壞處。從生化角度來看，長期壓力可能破壞身體系統，引起發炎，導致心臟病、癌症，並降低免疫力，引發感染。

但只要不被過度的壓力所壓垮，在適度壓力下努力，可以變成很棒的誘因。雖然壓力有時令人不安，卻能驅策我們前進。看到計分板上的失分，雖然落後，但還不是遠遠落後，就會驅策筋疲力盡的球員在最後兩分鐘反敗為勝。截止日雖然近在眼前，但還不算太緊迫，就足以激發個人的創造力和衝勁，完成專案。

如果你想在有限的人生中完成更多事情，而不是成天拿著電視遙控器轉台，就必然需要壓力。挑戰必然會有壓力，但學習和成長也隨之而來。

你必須先投入大量努力，承擔莫大風險，才能成功攀登聖母峰。同理，要教養出適應良好的孩子，或五十年來一直婚姻幸福，或把企業經營得很成功，或成為馬拉松健將，全都一樣。如果缺乏壓力和不安，沒有人能真正達到重要的成就。

踏出高原

那麼，我們要如何運用剛學到的，努力踏出高原呢？

選擇勇氣甚於舒適安逸：把安全與熟悉度、可及性和一致性混為一談，會限制我們的選擇，猶如你從這道門進來，因此曉得這道門，但並不表示在危急時，這道門是最安全的出口。要持續成長，你必須對不熟悉、甚至令你感到不安的經驗，保持開放的態度。當你積極迎向不安的情緒，才能從中學習。

選擇可行的做法：踏出高原意味著你需要建備一生皆適用的完整能力。任何行動的最終檢驗應該是：我是否因此愈來愈接近我想變成的樣子？但你也必須善用合理且可行的直覺判斷，成功度過第二天、下個星期。

可行的選擇就是無論面臨什麼短期限制、都仍適用的選擇，也能讓你更接近自己長期想過的生活。走出婚姻不見得是明智的決定，但咬住嘴唇，避而不談，容許不幸與誤解持續存在，也不見得是明智的選擇。最有勇氣的解決方案，通常也是最可行的選擇方案，能助你展開難受的對話，實際解決問題。

持續前進，持續成長：成長茁壯意味著不但要擴大嘗試的範圍，同時也要加強深度及發展能力。

以擴大嘗試範圍來說，不妨自問：「最近我做過什麼讓自己驚嚇的事情？我上一次新嘗試失敗是什麼時候的事情？」如果你腦子裡空白一片，那麼也許你打安全牌太久了。

至於深度，你上一次投注全部熱情，孤注一擲，因此備感脆弱，是什麼時候的事？也許當時是為了在工作上盡情揮灑創意，或是對當時的戀情十分投入？你真的了解周遭的人嗎，還是平常只是閒聊些有的沒的，從來不曾進行深度的實質對話？如果你今晚就會離開人世，你最後悔的是有哪些該說的話從未說出口？

堅持到底，還是放棄？

即使我們選擇勇氣，而不是舒適安逸，選擇將自己逼近能力極限，但情緒靈敏力不見得代表加足馬力全速前進，詛咒路上的重重險阻，不計代價，一定要達成目標。如果你的選擇符合個人深層的價值觀，也許終有一天，最聰明的事情就是告訴自己：「夠了就是夠了。」

英國人向來以「繃緊上唇」聞名，面對任何情況都能不動聲色，冷靜以對。他們會在T恤印上「保持冷靜，繼續前進」的字樣賣給觀光客，還有個更文雅的說法就是：「情勢日益艱難，強者卻愈挫愈勇。」

美國人則習慣透過讚揚拓荒者堅毅的美德，表達相同的感覺。即使我們最愛的T恤標語「美國夢」，隱含的意思也是：只要我們埋頭苦幹，辛勤工作，一隻眼望著目標，另一隻眼關注結果，就能實現任何夢想。

「恆毅力」（grit）則體現了韌性、企圖心和自我克制的精神，但又不是完全相同。美國賓州大學心理學家達克沃斯（Angela Duckworth）為「恆毅力」下的定義是：努力在長時間內達成目標時展現的熱情和毅力，而且一路上沒有特別考慮到可能得到的獎賞和肯定。韌性與克服橫逆有關；企圖心就某種程度而言，暗指對財富、名聲，和（或）權力的慾望；自我克制可以幫助你抵擋誘惑，但卻不見得表示你能鍥而不捨追求長期目標。

根據達克沃斯的研究，恆毅力特殊之處在於它是長期成功的重要指標。有恆毅力的教師會待在教職更長的時間，教書也更有成效。有恆毅力的學生比較可能順利畢業。有恆毅力的男人能維持較長的婚姻關係（有趣的是，這項發現不適用於女性）。

由於情緒靈敏力能讓我們和困難的情緒及想法脫鉤，更懂得因應挫敗，並釐清自己的價值觀，追求值得追求的長期目標，因此也可幫助我們培養恆毅力。但情緒靈敏力也幫助我們懂得放下，捨棄不再適合我們的目標。

我們之前曾提過，當你受情緒驅使，追求不符價值觀的目標時，就出現被鉤住的跡象。恆毅力中的熱情固然重要，但唯有當你有辦法管理自己的熱情，而不是聽憑熱情擺布，才是健康的熱情。當熱情變成一種執念，以致於人生其他重要活動都相形失色時，勢必無法幫助你成長茁壯。

你可以試著堅持不懈，辛勤工作，累得像狗一樣，甚至從中獲得成就感，但如果所有的努力和決心都無法幫助你達成人生目標，那麼就不適合你。

達克沃斯的研究說明了與價值觀協調一致的重要性，在一般說法中，堅毅就等同於絕不輕言放棄的態度，無法不顧困難、奮力前行的人會被貼上軟弱、懶惰、甚至懦弱的標籤。但情緒靈敏力仍留下餘地，容許我們放棄不再有助益的作為，這可能是好事。

多少人子因執意要追隨父親的腳步，追求父親的夢想，而浪費生命，即使盡責的兒子對於父親的足跡和夢想所指引的人生方向，根本毫無興趣？更甭提眾多乖巧的女兒壓抑自己，只為了操持家務，照顧老人家，表現女性堅忍不拔的精神？有多少政治決策是因恆毅力用錯地方而起？越戰期間，美國總統詹森以拒絕成為「第一個戰敗的美國總統」，來彰顯他西部牛仔式的堅毅精神，即使他早在一九六五年就私下承認，這是一場贏不了的戰爭。二〇一五年在南卡羅來納州以馬內利非裔衛理公會教堂屠殺九人的槍擊犯曾說過，他之前遲遲沒有執行大屠殺計畫，是因為教會的會眾人太好了，但他最終仍大開殺戒，因為他必須「完成使命」。這是錯用「恆毅力」極其可悲的案例。

執意追求不切實際或有害的目標，而沒有好好檢視其背後的情緒，是刻板僵化最糟糕的展現，會帶來各種不幸，錯失良機。許多人投入多年時間，追求無法令人滿足和不切實際的選項，只因害怕承認自己犯的錯，他們的價值觀已逐漸改變，等到現實逼迫他們改變方向時，別人早已揚帆而去。也許你一直埋首撰寫的小說根本行不通，必須暫時擱置。也許你雖然在學校所有音樂劇都當主角，仍然不是闖蕩百老匯的料子。也許你剛領悟到這段戀情不適合你，但又不願主動提分手，因為你已經投注多年時間。

也許你的野心並非不切實際，也許你只是選擇了一條特別艱困的道路。也許你終究加入芭蕾舞團，或是獲投資銀行聘用，得到你一向夢想的耀眼工作。但過了一陣子之後，等到最初的狂喜逐漸冷卻，依然要面對非常、非常殘酷的現實生活。同時，由於你等了太久，才開始面對冷酷的事實，可能付出的代價是，通往其他機會的大門開始一扇扇關起來。有時候，真正的勇敢是能大膽說出：「我就是沒辦法再對自己這樣做了。」

我們應該不屈不撓，堅持到底，但不該盲目投入。對於達不到的目標，最靈活適性的反應是調整方向，不再苦苦追求，轉而投入別的目標。

當然，這是十分艱難、也令人害怕的決定，如果你一向認為恆毅力是最寶貴的特質，就很容易覺得自己是半途而廢。但你完全不必因由衷作出合理選擇而感到丟臉，尤其世上還有很多其他的美德。與其把這樣的轉變視為放棄，倒不如把它看成向前走的機會，你會隨著周遭情勢的變化而不斷演變、成長，並選擇充滿各種可能性的新道路。這是優雅且有尊嚴的決定。

那麼，你怎麼知道什麼時候該堅持，什麼時候該放棄呢？怎樣才能優雅而有尊嚴的採取行動？

在某些職業生涯中，例如運動員或模特兒，答案十分明確，因為在這些行業，年輕就是本錢。但如果你是個音樂家，雖然有演出機會，卻還不足以餬口呢？或你是個學者，卻必須兼著教幾門課，才能勉強湊合？或你暫時擁有一份夢幻工作，但由於這個產業正在沒落，許多公司都在縮減裁員呢？或你是個創業家，剛關掉你創辦的第三家新公司？或假如我們談的不只是工作呢？萬一你「該堅持還是放棄」的決定，關係到令你失望的友誼呢？

沉沒成本 vs. 機會成本

許多人都曾陷入某種困境，無法自拔，最後才突破困境走出來；但有更多人一直堅持到底，終於走進死胡同中。那麼，你怎麼知道應該調整目標、另闢蹊徑，還是再給自己一次機會？

在試圖平衡「堅持 vs. 放棄」的等式時，經濟學家杜伯納（Stephen J. Dubner）比較兩件事情：沉沒成本與機會成本。沉沒成本是指你已經投入的成本，無論是金錢、時間或心力，你因此不願輕言放棄。機會成本則是指當你一直堅持目前的選擇時，可能放棄的機會。畢竟你持續投入目前的計畫、工作或關係的每一分錢或每分鐘時間，都無法再把它用在可能帶來更多滿足的其他計畫、工作或關係上。如果你可以退後一步，停止煩惱已投入的沉沒成本，就可以好好評估是否真值得投入更多時間和金錢在同一個計畫、工作或同一段關係上？

究竟應該奮戰到底，還是主動認輸，唯有透過情緒靈敏力的核心支柱——自我認知，才能找到真正的答案。你只需勇敢現身，坦然面對真實自我，努力跨出去，向前走，找到自己的深層價值觀和目標，並致力於目標的追求及實現。

如果你正面對堅持或放棄的抉擇，不妨問自己下列問題：

整體而言，我現在做的事情能不能讓我感到快樂和滿足？

我所做的事，能否反映出對我而言最重要的是什麼，也就是我的價值觀？

這件事能不能發揮我的長處？

如果我完全誠實面對自己，我相不相信自己（或目前的處境）真能成功？

如果我堅持到底，會喪失哪些機會？

我真的有恆毅力嗎？或只不過是愚蠢罷了？

在提到翹翹板原則時，我其實是運用遊樂設施來說明平衡的原則，當面對未知的挑戰與熟練的掌控力形成一種創造性張力時，就是最有效的擊球點。不過我當然不是建議人生目標應該像坐搖椅般，一直在同一點前後搖晃。

情緒靈敏力談的是人生要如何繼續下去，包括朝著清晰、有挑戰性、但可達到的目標邁進，而且你並非出於必須，才追求這些目標，或只因別人叫你這麼做，才這麼做，而是因為你真的想這麼做，因為這些事情對你而言很重要。

當你持續追求新知識和更豐富的經驗，當你聽從內心的呼喚，並誠實回答你重視的問題時，你會發現自己沒有被困在翹翹板上，反而能振翅高飛，不但打開自己的心靈，也打開了全世界。

第九章

打造工作上的情緒靈敏力

為什麼聰明人會做笨事？
辦公室是所有情緒問題發生的舞台。
把午餐時間拿來跟同事發牢騷，
不會讓你心情好轉，更無助工作績效，
每天努力保持一張專業的臉，只會讓你情緒過勞，
其實只要重塑工作，微幅調整，
就能讓工作重新變有趣。

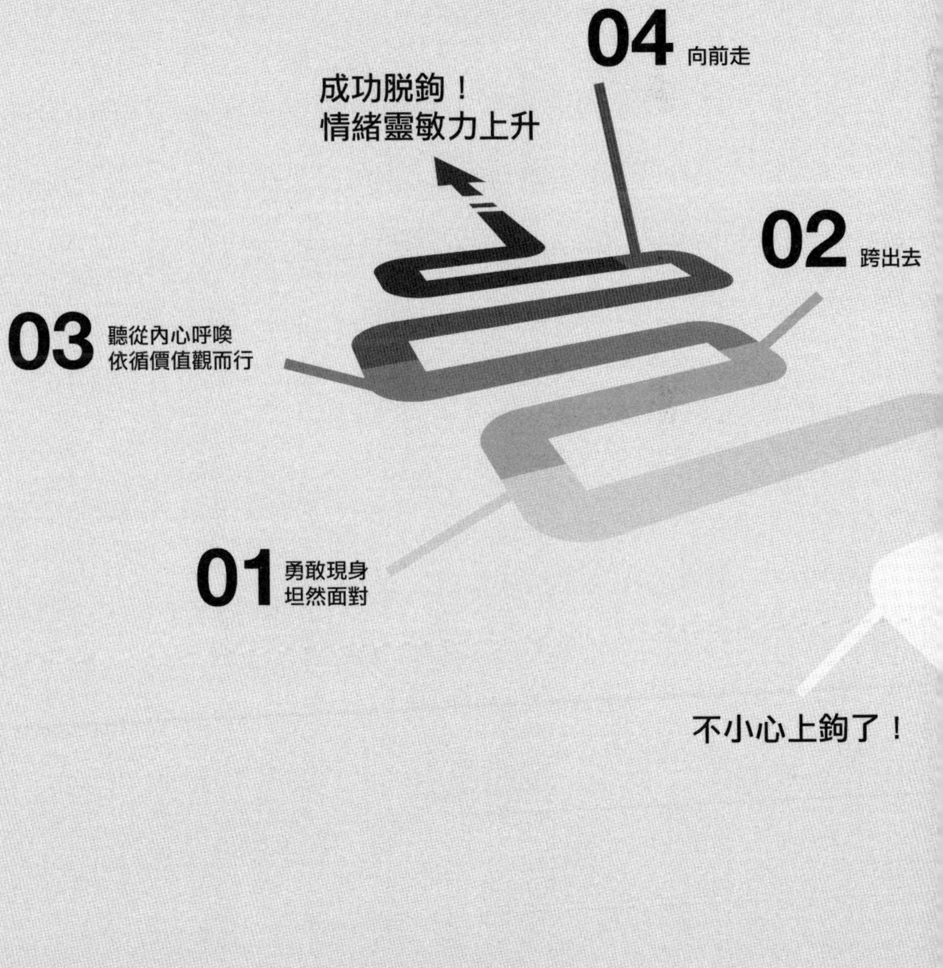

04 向前走
成功脫鉤！
情緒靈敏力上升
02 跨出去
03 聽從內心呼喚
依循價值觀而行
01 勇敢現身
坦然面對
不小心上鉤了！

第一次見到艾琳，是在為女性主管舉辦的訓練課程上。她身穿針織套裝，戴著珍珠耳環，一頭完美的漂亮髮型。我看著她，心想：「這個人真是有條不紊。」

學員在課程中開始談到工作壓力，以及設法在工作與私人生活之間求取平衡是多麼辛苦。令我訝異的是，原本看來沉著從容的艾琳突然熱淚盈眶。她脫口而出：「我正為這煩惱，簡直應付不來！」

艾琳解釋，她有三個孩子，都還不滿五歲，她為了多陪陪孩子，每星期只工作四天。她和上司一起討論出這樣的工作模式，然而等到真正運作時，卻不見得都如她希望的那麼順暢。一個星期前，上司在不是她上班日的那天，安排了一次重要的電話會議，艾琳覺得別無選擇，唯有接受。由於她不想讓上司在講電話時，聽到背景中出現孩子的聲音，所以在這通超級重要的九十分鐘電話進行過程，她一直蜷縮在衣櫃裡談公事。

她談到這件事時，其他女性主管紛紛點頭，喃喃的表示支持，覺得她的行為既悲哀又滑稽。但她們也有相同的感覺，好像被困在自己的陰暗衣櫃中，拚命想討好每個人，結果卻弄得自己狼狽不堪。

艾琳確實被困住了，但不僅是被困在衣櫃裡，而是她總想當完美員工，無論發生任何情況，都要隨時待命。她擔心一旦透露太多家庭生活，就得不到老闆重視，所以她將自己的身分認同和非常重要的價值觀（她不只是盡職的員工，也是負責的好媽媽）隱藏起來。

我剛好和她的上司很熟。他是個和藹可親、但不太有條理的人，每天辛苦追蹤三十多名屬下的情況。我猜他如果知道這名年輕媽媽得躲在衣櫃裡接公務電話，尤其那天還不是她的上班日，一定覺得很難為情。

艾琳和我們分享她的感覺後，決定坦然面對自己不舒服的感覺，順應自己的價值觀，找上司開誠布公談一談，坦白告訴他那天發生的事情，以及他打電話過來時她感受到的壓力（雖然我不認為她會透露那天的「臨時辦公地點」到底在哪兒）。

由於她挺身面對自己真實的感覺（她一直在家庭生活的需求和當個「完美員工」的要求之間辛苦保持平衡），才能抽離困境，跨出去看清實際情況（這只是她的感覺，而非命運），她也因此得以聽從自己內心真實的想望，開誠佈公和上司聊一聊，討論上司的期望及自己渴望達到的目標。她在談話中明白表示，她很珍惜從工作中得到的成長，但也很重視與孩子相處的時間。每逢星期五，如果公司真有急事，她當然還是可以來上班，否則的話，她就會毫不羞愧、待在家裡，當個好媽媽。

向上司吐露真實情緒之後，艾琳原本強烈的內心衝突和焦慮都不見了。釐清自己和工作場所的關係後，她不但在工作上得益於新關係，在家陪小孩時，孩子也能得到百分之百的關注，艾琳自己則幾個月來頭一遭享受一夜好眠！

辦公室是各種情緒問題的主舞台

我們如今明白，要擁有充實而滿足的個人生活，並不是拚命做別人認為你該做的事就好，而是所作所為都必須時時刻刻盡量符合自己的深層價值觀。工作亦是如此。雖然為了領到薪水而接受某些限制，是司空見慣的事，但受雇不代表受奴役，員工也不是私人財產。只要多練習，你就懂得運用技巧來提升情緒靈敏力，塑造你的工作生活，而不是完全受工作生活所支配。

今天的企業文化普遍認為，辦公室裡不該出現令人不舒服的想法或不安的感覺。員工（尤其是領導人）應該刻苦耐勞或永遠樂觀。他們必須一副自信滿滿的樣子，壓抑內心沸騰的情緒，尤其是負面情緒。但這樣做其實違反基本生物學。無論你對自己的工作多麼在行，每個健康人內心的思緒和感覺中都必然包含了批評、懷疑和恐懼，這代表人類大腦正善盡職責，試圖理解世界，預見和解決問題，避免落入隱藏的陷阱。

這也是為什麼工作時無論你走到哪裡，都會碰到隱藏的鉤子或陷阱。我們的工作會整合運用個人隱藏的信念和自我概念、競爭心和合作感，以及第一天報到之前已累積的所有人生經驗。我們孩提時代是否很能融入團體之中，還是總覺得遭到冷落？父母對我們有沒有不切實際的期望？我們對自己仍然期望過高或過低嗎？我們是否對自我價值充滿信心，深以自己的才華和想法自豪？

雖然工作表面上乃聚焦於數據與分析、試算表和冷冰冰的理性決策上，其實無論我們有沒有意識到這個現象，辦公室是各種情緒問題發生的舞台。工作時，尤其碰到壓力時，我們往往回頭求助於過去的自我概念。在關鍵時刻，這些老掉牙的說法可能真的會引人上鉤，例如當我們獲得負面評價（或必須給別人負面評價）時、被逼著承擔更多工作或更快完成任務時、必須和難纏的上司或同事打交道時、覺得沒有受到賞識，或當工作與家庭生活失衡時，我可以一直列下去，總之你明白我的意思。

但如果想在職涯中向前邁進，我們必須更新這些老套的說法，就像我們不時更新履歷一樣。正如同我們一旦大學畢業，進入社會，就不再把暑期工讀的經驗列在履歷上，同樣的，我們也需拋開一些久遠之前的過往。

我在第一章曾經提過，由於生活變得日益複雜，步調也愈來愈快，我們更急切需要培養情緒靈敏力。商業界正面臨諸多慘烈巨變：全球化、科技創新、不穩定的地緣政治、法規修訂、人口結構改變，令工作變得愈來愈難以預測。職務說明可能幾個月就修改一次，上一季擬訂的目標如今變得無關緊要，裁員、合併和組織轉型時有所聞。即使我們的情緒和思緒尚未失控，這場仗都已經夠難打了。

在這樣的環境下，如想發揮工作效能，就必須比過去更用心檢視我們的計畫，包括事先預測我們的計畫將如何影響公司或專案的其他層面，並據以調整。我們需要發揮韌性來因應生活中唯一不變的常態：模糊不清與不斷改變的情勢。我們也需要良好的人際技巧，才能借助群體力量，產出新觀點和新創意，以完成工作。

不幸的是，速度和改變的力量一方面要求我們發揮彈性，另一方面也會造成僵化。由於我們接收到太多資訊，需要做太多決定，以致於很容易採取最先想到的最佳推測，但這些推測通常都包含了非黑即白的簡化思維。由於可以互動的時間實在太少，關係往往化約為只是處理事情。當你的電子郵件信箱中有三百封郵件等待回覆時，我們很容易採取快速回覆的模式，從來沒想過該問候一下他罹癌的孩子。

結果我們變得心煩意亂，往往過早決策，採取過度簡化的方案，也就是所謂的「聰明人做笨事」，更別提其他如壓力、緊張、恐慌、內疚等情緒，和虛幻的期待了，總以為科技和多工作業方式一定能提供解決方案（不會的！）。

難以與工作情緒脫鉤

幾年前，我碰到一個名叫莉薇亞的女子，她服務的公司是我的客戶。莉薇亞聰明能幹、衝勁十足，公司裡上上下下都很喜歡她。事實上，我和他們公司的管理階層開會時得知，她已雀屏中選，即將獲得影響一生的升遷機會。但她未來的職位是公司重組計畫的一部分，目前還祕而不宣，所以她完全不知道大好機會正在前方等著她，我也礙於保密協定而無法透露好消息。

她只知道似乎有什麼事情即將發生，然而出於本能，她不喜歡這樣的情況。高階主管對她的態度似乎有些不同，有一、兩次她走進辦公室時，可以感覺到他們立刻中斷原本的談話。公司裡流言四起，說接下來幾個月，公司將出現大規模重組，而似乎「有什麼事即將發生」的微妙跡象，讓她認為自己快被炒魷魚了。她完全誤解情勢，以為「有什麼事情即將發生」，一定是壞事，所以心慌意亂。她開始批評公司每個改革方案，也不再貢獻自己的想法。當時我剛好請產假，等到我回來上班時，莉薇亞的辦公室已空無一人，因為她真的被公司開除了。

莉薇亞的錯誤在於，她放任不安全感阻撓她實踐自己的工作價值觀：渴望有所貢獻。就算她當初對情勢的偏執解讀是正確的，情緒靈敏的做法應該是：「好吧，也許我快捲鋪蓋走路了。但管他的，我走出去時一定要把頭抬得高高的，為我的工作成果感到自豪。」更好的做法是，一開始感覺不安時，就和上司約時間談話，坦白告訴上司：「我隱約察覺到一種古怪的氣氛，能不能讓我曉得究竟是怎麼回事？」

我另外一名客戶艾爾也因被好幾件事情鉤住，而拉扯得痛苦不堪。才智出眾的艾爾畢業於頂尖商學院，他是個驕傲的父親，有兩個小孩。艾爾在升官不成後來找我，以他出色的才華和努力的程度，原本應該得到這次升遷機會。

艾爾告訴我，他曾經自我承諾，絕不要像父親那樣，總是待在辦公室裡，因此在孩子成長過程中缺席。等到有特殊需求的老二出世後，艾爾對家庭的承諾更強了。由於家裡情況複雜，艾爾根據自己的深層價值觀，做了在他看來近乎所羅門王式的決定：他把全部的照顧心力和情感能量都留給家庭生活；上班時，則完全公事公辦，反正把工作做完就是了，才能趕快回家陪伴他深愛、也最需要他關注的家人。結果，他在公司裡根本沒時間和同事聊天或建立關係。他認為自己專心工作，很有效率，但在同事眼中，他好像機器人一樣，態度粗暴，缺乏同理心，這正是他始終升不上去的原因。

諷刺的是，艾爾讓舊鉤子（父親缺席帶來的痛苦）阻撓他達成自己最重視的目標——能真正在孩子身邊照顧他們。因為如果他想好好照顧家人的話，不僅需要多待在家裡，也必須事業成功，才能照顧到家人的財務需求。

放下個人執念

莉薇亞和艾爾都擁有成功所需的一切條件，卻缺乏因應劇烈衝擊的情緒靈敏力。要提高情緒靈敏力，我們首先必須脫離毫無助益的想法、感覺和行為模式，設法讓每天的行動與我們的長期價值觀及抱負一致。

幾乎每個人在工作上都會面臨各式各樣被鉤住或困住的情況。我在企業進行輔導時，看到很多企業主管完全執迷於手邊的任務。他們帶著尚待完成的工作清單走進會議室，只就特定工作項目和組員互動（「瑞秋，中午前把行銷報告交給我」），而不是把他們當成志趣相投（「有沒有人想到可以怎麼樣把專案執行得更有效率？」）或價值觀一致（「如何提供顧客卓越的產品或服務？——提供我們真正引以為傲的東西？」）的夥伴。

如果同事似乎沒在做被指派的工作，主管的防衛或攻擊機制就會啟動，或太關注枝微末節（「今天必須在兩點四十五分之前搞定這份簡報，不能有任何藉口」），而忽略了團隊更大的需求、想法或渴望。比方說，沒有因為屬下表現出色而恭喜他們；或只從純粹任務導向的觀點給予同事回饋：「你這一季的業績數字下降了。」而不是這麼說：「我看到你的業績數字下降了。有沒有碰到什麼問題？我們可以怎麼樣一起來改善這些問題？」

反之，情緒靈敏的經理人能跳脫這樣的焦點，細節固然重要，但他們也知道該如何拉高視角來思考和規劃，從聚焦於任務轉為追求目標。開會前，他們可能會自問：「會議要達到的共同目標是什麼？」「休會時，我希望組員有何感覺？」「我回饋的意見如何幫助他們達到自己的目標？」

另外一個非常普遍、也十分奇怪的職場陷阱是太過在意。幾十年前，我們多半認為工作是養家活口的手段，和參加社交俱樂部、嗜好或上教堂一樣，只是我們生活的一部分。今天對許多人而言，工作時間愈來愈長，工作場所變成我們主要的社交場所，職業生涯和我們的自我感覺密不可分。同時，每天都有大量訊息一再提醒我們：每個人都可以、也應該在工作中找到「目的」。工作固然有可能增進我們的心理健康，但今天我們也比過去更容易見樹不見林，分不清輕重緩急。

例如急於宣稱自己是多麼「專業」，一副什麼都懂的樣子，或不願承認錯誤，都是太過在意的表現。在人際互動中，太過在意可能表現在太愛干預同事的工作，過度涉入根本和你不相干的事情，或因為別人惱怒或脾氣古怪而一直耿耿於懷。

要執迷其中的人「不要那麼在意」，聽起來好像在勸他偷懶，其實不是。這是一種抽離和放手的方式，可以為人生開闢更多面向，發揮更大的工作效能，貢獻於我們真正重視的目標。

跳脫職場群體執念，轉換不同視角

大多數人都參與團隊合作，換句話說，引我們上鉤的源頭不限於個人的故事或執念，很可能也包含了同事的情況。但我們常常未經充分理解，就任意評斷他們的弱點和強項，以及他們是否盡心盡力或能不能幹。

有個簡單的事實是：我們很容易把別人完全看錯，問題通常都出在人類百萬年來從來不肯承認的偏見。更糟的是，人類對於自己的客觀程度，想法也很偏頗，所以往往渾然不知自己抱持偏見。

有一項研究請參與者（有男有女）評估一位男性候選人（麥可）和一位女性

候選人（蜜雪兒）能否勝任警察局長的職務。等參與者聽完兩位候選人的背景之後，研究人員詢問第一組實驗對象，他們認為成功的候選人應該在街頭打過滾，了解民間疾苦，還是受過良好的正式教育。

結果無論參與者表示哪一種特質比較重要，他們選擇的特質在背景資料中恰好都歸為男性候選人的特質。如果研究人員說男性候選人曾在街頭打滾，那麼參與者就會說警察局長的街頭生存本事比較重要；如果研究人員說男性候選人受過良好教育，那麼參與者就會認為教育水準比較重要。參與者不但一以貫之展現性別偏見，而且渾然不知自己有性別偏見。

另外一項研究請不同的實驗對象和同一個人對賭，他們對賭的對象有時穿著考究、滿懷自信，有時則衣著邋遢、笨手笨腳（頑皮的研究人員稱之為「衣冠楚楚」組和「笨蛋魯蛇」組，誰說科學家很無趣）。結果儘管他們的賭局只是從一堆牌中任意抽出一張牌，輸贏全憑運氣，但當對手看來像毫不起眼的笨蛋時，實驗對象會更勇於下注。他們注視著對面這舉止笨拙、穿著邋遢的魯蛇，不由得偏見作祟，告訴自己，我比這魯蛇厲害多了，即使在全憑運氣的賭局中，憑我的優越條件，一定可以勝出。

我曾在《哈佛商業評論》的文章中提過「傑克」的故事，傑克在我輔導的公司擔任高階主管，同事都認為他是好人。有一天，傑克宣布要中止一項重大計畫，失望的部屬突然就改口了，傑克在他們心目中，不再是會在派對中跟每個人閒聊的大好人，而是假情假意、自私自利、不願冒險的陰險小人，和其他高層沒什麼兩樣。

所謂的「對應偏誤」（correspondence bias）是指將他人的行為歸因於虛偽或厭惡風險等固定的個人特質，我們很容易就陷入這樣的概念。相反的，我們通常會將自己的不良行為解釋為因外在形勢所迫（「我還能怎麼辦呢？面對這麼大的壓力！」）。哈佛心理學家吉伯特（Daniel Gilbert）認為形成對應偏誤的根本原因有四：

未能充分體察情勢：就中止計畫的傑克的例子而言，傑克的部屬並不清楚這個決策背後的全部考量，包括或許連傑克自己都抗拒這樣的做法，或傑克的上司怎麼樣硬逼他這麼做。

抱著不切實際的期望：即使傑克的同事明白傑克其實處境艱困，進退兩難，他們可能還是會對自己說：「真是沒用，換作是我的話，絕對不會這麼容易屈服。」

放大檢視別人的行為：當傑克臉上露出些微笑意時，在同事眼中可能不只是一抹微笑，而把它擴大解釋為傑克在摧毀同事的夢想和抱負後，露出得意的笑容。

沒有修正自己最初的假設：即使失望的組員最後得知傑克決策背後的真正原因，或許仍然沒有修正對他的看法。

事實上，無論是傑克的同事最初對他的正面評價，或傑克做了令他們不爽的事情後引來的負面結論，都不夠完整，資訊也不充分。他們其實對傑克一無所知。

唯有經由提升情緒靈敏力的練習，我們才懂得轉換不同視角，並透過持續的調查與發現，逐漸對於我們碰到的人和處境有更深入的理解。

工作團隊集體窄視，影響組織靈活度

有時候，在合作式的工作型態中，被鉤住的人不只一個，而是整個團隊。二〇〇五年三月，伊蓮（Elaine Bromiley）到醫院接受小手術。她一直為鼻竇疾病所苦，醫生會替她開刀，把鼻子內部拉直，舒緩她的不適。她的丈夫馬丁跟太太揮手道別，然後帶著兩個孩子去採買一番。

幾個鐘頭後，馬丁接到醫院打來的電話：由於伊蓮在麻醉後呼吸道無法保持暢通，因此沒有適時醒來。她的氧氣指數直線下降，已被轉到加護病房。馬丁趕到醫院時，發現太太已陷入昏迷。幾天後，他同意醫生關掉維生機器。

事後的調查顯示伊蓮幾乎在手術開始後，就發生呼吸道塌陷。麻醉師根據標準醫療程序，試圖用呼吸器輸送氧氣。他請求援助，於是外科醫生和另一位麻醉師抵達現場，試圖在伊蓮的呼吸道中置入一條管子（就是所謂的「插管」），卻沒有成功。

病人在缺氧的情況下，頂多能維持十分鐘，然後就會出現無法復原的腦部損傷。所以在病患「無法吸取氧氣，又無法插管」的生死關頭，基本原則是：不要再嘗試插管，設法把氧氣直接送進病人呼吸道。醫生通常會在頸部開個直接通往氣管的切口。當時手術室的三位醫生加起來有六十年的醫療經驗，他們很清楚這條基本原則，卻沒能適時換檔，反而一次又一次不斷嘗試插管。等到終於插管成功時，已經過了二十五分鐘，一切都太遲了。

當醫生試圖插管時，有一位護士很清楚發生什麼事，趕忙準備了氣切工具組，醫生卻不理睬她。另一位護士趕緊去預約加護病房的床位，但她看到醫生的表情似乎在暗示她反應過度，於是她又取消預訂的床位。

像這樣的例行手術怎麼會搞得一團糟呢？原本健健康康的三十七歲婦女走進現代化的醫院，接受經驗豐富的醫療人員動的小手術，結果卻一命嗚呼？答案只有兩個字：僵化。醫生出現了「窄視」的問題，也就是視野狹隘，沒有意識到真正的處境，因此也沒能退後一步，釐清當時的情況，從A計畫改採B計畫。

手術室的護士後來說，他們很訝異沒有一個醫生為病人做氣切，但他們覺得自己沒辦法說什麼，認為在這種生死交關的時候，醫生會礙於偏見，不願聽護士指揮。但這個例子顯示，護士也對醫生懷有偏見。

這類集體被鉤住的現象在職場上屢見不鮮，只是不見得都會釀成悲劇。這種僵化的心態和本章開頭時提過的艾琳，就是做事有條不紊、躲在衣櫃裡接電話的那位女主管，沒什麼兩樣。同樣的僵化思維也可能讓設計團隊埋頭打造夢幻產品，儘管市場數據已透露這個產品必敗無疑。伊蓮的案例不同之處在於，錯誤的決策奪走了一條人命。

你一定也曾坐在會議室中，儘管感到懷疑或不以為然，卻拚命自我壓抑，因為你不願提出不同的觀點，或不覺得自己可以說什麼話。在會議中成為唯一的反對聲音，或提出不受歡迎的意見，的確很冒險，也滿恐怖的。在團體中成為少數，的確令人難受，但如果你不願面對這樣的感覺，永遠不會有人聽到你的聲音。沉默也可以充滿建設性，例如決定不加入無關緊要的爭辯，或不告訴同事你認為他臨時想出來的點子還滿可笑的。團隊中所有人都立場一致，固然令人寬慰，卻往往造成群體思考的大失敗，降低組織靈活度。

從哪些跡象可以看出你在工作上被鉤住了？

即使顯然還有更好的辦法，你卻執意不放棄原本的想法或堅持自己是對的。

你察覺有什麼不對勁，卻保持沉默。
你鎮日忙著一堆瑣事，卻沒有思考大局。
你變得無動於衷。
你只會自願接下最簡單的工作。
你喜歡挖苦同事或談論工作計畫時盡說些反話。
你憑著假設或刻板印象來決定對同事的看法。
你對職涯發展沒有自己的看法。

職場二手壓力的危害

真正現身於辦公室，意味著你會為想法和情緒騰出空間並清楚標示，視之為資訊，而不是事實或指令。如此一來，我們就能跨出去，拉開和心智過程之間的距離，從不同的觀點看事情，削減這些感覺和思緒的威力。

只有極其少數的美國人工作時會經常感受到恐懼，我指的是擔心可能喪命的恐懼，船快沉了、礦井正在坍塌，或六名持槍毒販把你逼到死角之類的。但幾乎每個美國工作者都很熟悉恐懼的表兄弟：「壓力」，以及戰或逃的古老本能引發的胃部糾結效應，只不過現在他們碰到的是第三季預算報告、惡劣的奧客、不願面對的談話或對裁員的恐懼。我們在第一章曾經談到有一種恐懼彷彿慢慢滴落的焦慮荷爾蒙（有別於大叫「啊！有蛇！」後突然湧出的腎上腺素），心理學家稱之為「適應負荷」（allostatic load），長期下來，我們承受的適應負荷愈重，就愈覺得心力交瘁。

當你大半時間都在群體環境中工作時，大家經常都壓力很大，於是經由前面提過的「傳染」過程，每個人又增加了其他人的「適應負荷」。在一般辦公室中，每個人的隔間似乎都籠罩著烏雲，壓迫感沉重。而二手壓力就和二手菸一樣，會對鄰近的其他人帶來深刻影響。

有一項研究請一群護士每天記錄自己的心情、工作上碰到的麻煩、以及團隊的整體情緒「氛圍」。結果持續三週的紀錄顯示，隨便挑一天，我們都可以從小組中其他護士的心情，來預測任何一位護士的心情，無論是好是壞。令人震驚的是，即使對個人產生影響的集體情緒氛圍與工作完全不相干，而且這些護士每天一起工作的時間只有幾小時，仍然會發生這種情緒感染現象。經過一段時間以後，有感染力的情緒可能在組織中擴散，連工作場所的整體文化都受影響。

另外一項研究顯示，即使只是看到別人緊張不安，都可能令觀察者自己也緊張起來。他們讓實驗對象透過單向鏡子，觀看陌生人作困難的數學演算或應付高壓力的面談。結果研究人員在將近三分之一的旁觀者身上檢驗出皮質醇濃度大幅上升，皮質醇是人體在壓力大時釋出的荷爾蒙。在觀看緊張的影片時，有四分之一的旁觀者有相同的反應。

沒錯，壓力可能是一大殺手，但結果為了壓力而焦慮不安（第三章提過的第二型思維），才是真正的殺手。一項得到近三萬份回收的調查顯示，有的人雖然面臨許多壓力，卻不擔心高壓力對自己有害，他們在未來八年死亡的可能性並不會高於其他受訪對象。但經歷極大壓力、同時又認為壓力有害的人，未來八年死亡的機率會比其他人高四成。

切記，壓力不見得完全不好。當我們面對截止日期和期望時，感受到壓力才會時時保持警覺。如果從比較存在主義的層次來看，有某種程度的壓力是我們生活的一部分，因此「擺脫壓力」也變成前面談過的死人目標之一。

你可以主宰工作壓力

情緒靈敏力帶來的重要訊息是：拒絕壓力、封裝情緒或一味煩憂多慮，都有反效果。我們不可能避免壓力，但可以調整我們和壓力的關係。我們不需要受到壓力宰制，我們可以主宰壓力。

第一步是單純接受壓力的存在，承認壓力不會很快消失，而不是執意把壓力當作折磨，認為壓力會毀掉我們的生活。

第二個重要的步驟是了解「壓力大」不能代表你這個人，當你說「我壓力很大」時，你等於讓自我和情緒合而為一。聽起來也許有點吹毛求疵，不過當你這麼說的時候，你把整個自我和壓力大的感覺融為一體。我在第五章曾經提議一個做法：大聲把你的想法和感覺說出來，體會想法不過是想法，而感覺不過是感覺罷了，可能是極其有效的跨出去絕招，例如說出：「我注意到……我正感覺壓力很大」會立刻在你和你的感覺之間拉開距離、創造空間。

但必須為情緒貼上適當的標籤，這個方法才有效。你可能領悟到，所謂的「壓力」，其實是因為承擔太多而感到筋疲力盡，或因為團隊不能同心協力而有挫折感。

當你思考有壓力的感覺究竟有什麼功能時，不妨評估一下究竟它想教你什麼。也許是提醒你應該和其他組員好好談一談，或向上司申訴，請他安排更合理的分工方式。如果不是這些困擾，你其實很喜歡這份工作，能從中得到很多挑戰的機會和成長，所以也許工作中不那麼愉快的一面，只是你必須付出的代價。

另一方面，這件事給你的教訓說不定是，你已經受夠了，也準備搬到奧勒岡州的波特蘭市，開創自製乳酪的事業。只不過千萬不要騙自己說，自行創業賣乳酪就不會有壓力，也不需要和一堆文青爭奪陽光明媚的閣樓。不過對你而言，承擔這類壓力或許仍然值得。

我們為何而工作？

從奧地利的維也納搭一段短程火車南下，就來到青山環繞、街道井然的迷人小鎮馬林薩爾（Marienthal）。一八三〇年，一座棉花紡織工廠在馬林薩爾鎮興建完成，在接下來百年中，紡織廠一直是這個地區最重要的雇主。在一九三〇年代的大蕭條時期，棉紡廠生意失敗，小鎮上約四分之三的勞工都丟掉飯碗。

不過，在工廠關閉前不久，奧地利開始要求所有公民投保失業險。失業補助彌補了小鎮居民失去的大半工資，但隱藏的陷阱是，為了取得失業補助，失業的員工不能做任何有薪工作，連非正式工作都不行。關於這段時期的研究報告描述，有個小鎮居民只因在人行道吹口琴，賺一點小費，就領不到失業津貼。

從一九三〇年到一九三三年，格拉茲大學（University of Graz）的研究人員觀察到當地居民出現驚人的轉變。長時間下來，整個小鎮變得暮氣沉沉。喜歡散步的人停止散步，喜歡健行的人也停止健行，大家的主要活動都變成打盹。男人不再戴手錶，因為時間變得不重要，太太們抱怨先生老是遲遲不來吃晚飯，儘管他們沒什麼地方可去。

鎮民甚至不會把多出來的休閒時間拿來閱讀、畫畫或從事其他藝術或知識性活動。事實上，在他們進行研究的三年期間，在當地圖書館登記借閱的書籍平均掉了五成。馬林薩爾鎮的鎮民似乎因為無法工作而意氣消沉，以至於對什麼事情都無動於衷。

我們已經證明：工作的意義絕不僅是提供飯票而已。工作能賦予我們認同感和目的感，我們以工作為中心來安排其他的活動和興趣。工作還能為心理健康帶來實質助益。一個人退休後如果不能投入新的活動，以取代工作，就可能面臨愈來愈嚴重的認知衰退。

當然，人們期待藉由工作，獲得報酬，但我的研究顯示，工作能提供滿足感，有激勵的功能，絕對不能僅從報酬的角度來看待工作。我最近為跨國性專業服務公司安永（Earnest & Young）作的一項研究中，檢視了所謂的「熱點」——員工特別積極投入的事業部，也就是說，那裡的員工覺得工作能充分發揮自己的長處。這些熱點在營收和聲譽等各項指標上也表現突出，但這些指標並非促使員工積極投入的因素，反而是因為員工積極投入，才帶來耀眼的成果。

我們很好奇，為何熱點的員工會如此積極投入，為事業部和整個企業都締造了非凡績效？結果我發現，只有百分之四的受訪者提到薪酬是一大誘因，其他人反而強調與團隊的連結感、工作上的挑戰、個人能真正被看見、覺得在工作崗位上得到充分賦權等。

職場上過多的情緒勞務

我十四歲就開始工作，但我大學畢業後第一份「真正的」工作是在紐西蘭的訓練機構撰寫技術文件。在那之前，我從來沒有好好思考自己究竟想做什麼，但我很快就明白，撰寫技術文件絕對不是我想做的工作。我痛恨那份工作。我每天都會和一名年輕女同事一起去吃中飯，我們互吐苦水，從同事、公司指派的工作、我們的主管等等，幾乎每件事都批評一番，然後再若無其事地回辦公室上班。

把午餐時間花在和同事生悶氣發牢騷，然後回辦公室扮好人，並不會讓我心情好轉，也無法提升我的工作績效。實情是，我需要挺身面對我的挫折感和不滿，檢視背後的原因，也就是「長期挑戰不足」。我需要從原本的感覺中抽離，跨出去培養更寬廣的視角，朝著更有建設性的方向邁進。我必須盡心盡力，努力培養所有的技能，發展人脈，利用這份沉悶的工作來幫助我了解自己究竟想做什麼。與其花力氣抱怨，還不如發揮更好的用途——花力氣找份新工作！

當然，無論是種植棕櫚樹或銷售汽油，都需要很多體力勞動或知識。但所有的工作都會牽涉到情緒運作，或心理學家所謂的「情緒勞務」（emotional labor），也就是在任何工作上，或大部分人類互動中，為了維持必需的公眾面孔所投入的心力。在職場上，如果上司說了個笑話，即使你覺得不好笑，你一定會有禮的笑一笑。你有時候可能會裝出一張笑臉，即使你其實很想趕快回家，窩在床上看書。情緒勞務某個程度關乎我們所謂的客套或應付一下。大家都這麼做，基本上無傷大雅，例如對女主人微笑，恭維她做的（糟糕的）紅酒燉雞很好吃，在社交上也是明智之舉，總比把燉雞吐回盤子裡好多了。

不過，你上班時愈是拚命在情緒上作假或作表面功夫，情況可能愈糟。你真正的感覺和你假扮出來的樣子差距太大時，會變成一樁苦差事，結果容易導致工作倦怠，不管對個人或組織都帶來各式各樣的負面效應，因為你實在太累了。

更不用說，工作不順遂的人都很清楚，職場上的遭遇會悄悄滲透到私人生活中。如果你以為鐵定到手的案子居然被同事拿到，而你在辦公室裡還得成天裝出開心的樣子，或無聊的會議一開就三個小時，令你無法完成工作，你還得在開會時表現機敏，你回家後都很容易怒氣衝天，至少你已經沒什麼力氣享受私人生活。你也許想去健身房運動或輕輕鬆鬆吃頓晚餐，但是白天努力表現奧斯卡級的演技令你精疲力盡，所以你早已脫離真正的核心自我，沒有力氣做你真正想做的事。

你或許以為旅館服務人員一定花很多時間作表面功夫。（「先生，很抱歉您的晚餐晚了三分鐘才送到。」「沒問題，女士，我們很樂意另外幫您找一件質料比較軟的浴袍送來。」）事實上，有一項研究以旅館雇員為對象，衡量在工作中壓抑情緒對回家後的婚姻衝突產生的影響。不出所料，他們發現在工作上最需作表面功夫的旅館員工，他們的配偶往往希望另一半換工作，以挽救家庭生活。

但事實上，旅館員工能否能真誠自在展現殷勤好客和關懷顧客的一面，有很大程度要看他們對工作抱持什麼樣的價值觀。如果他們只是誤打誤撞闖入這行，或純粹因為想住在馬德里或馬爾地夫，那麼他們的「適應負荷」可能很高，經常需要承受作表面功夫的壓力。但是如果他們找到內在的工作動機，真心喜歡取悅顧客，希望看到房客在住宿期間都過得很開心，那麼他們很可能完全不是在作表面功夫。

要根據你想要的生活方式來做決定，擁有你想要的職業生涯，就必須時時提醒自己哪些事情最重要，並且把它當指路明燈。有時候，我們因為工作太忙，而忘記聆聽自己內心的聲音。如果不能清楚意識到什麼最重要，而且仰賴自己的價值觀來導航，我們很容易花無數個小時、甚至幾年的時間，翻閱文件、瀏覽網站、讀一大堆沒有意義的電子郵件、在茶水間和同事東拉西扯，卻覺得有志難伸。唯有當你能在工作上實踐自己的價值觀時，你才能真正投入工作，將能力發揮到極致。

對許多人而言，例如毋須假裝殷勤的旅館員工，他們的工作動機有很大部分關乎人與人之間的連結。以色列有一項研究讓放射線人員解讀掃描影像時，可看到接受檢查的病患照片，結果他們不但對病人更感同身受，而且也花更多時間來撰寫詳細的報告。由於這樣的轉變，他們正確診斷的數量也提升了四六％。不只如此，他們後來都同意自己比較喜歡判讀時看到病患檔案中附了照片，遠甚於在工作時完全看不到病患照片。

接受目前的工作，設法微調

在完美世界裡，我們的工作都能經常保持動態，在工作上面臨的挑戰和我們的勝任能力分別在翹翹板兩端，重量平均分布，同時還能趁機拯救人類，和許多魅力人物共進午餐，更順便賺進大把鈔票。

但在現實世界裡，很難找到這樣的工作，即使真的有，我們也一心一意追求這樣的工作機會，仍需從較低的階層起步，再慢慢往上攀爬。假如你跟我年輕時代當技術文件撰寫員時一樣，正忙著把事情想清楚，那麼在決定自己真正想攀爬的階梯之前，也許不妨先多方面嘗試。

當你知道夢想的工作在階梯頂端的某處，或目前還遙不可及，但因為可料想得到的種種原因（金錢、時機、地點、經濟等），你仍需保住目前的工作，那麼你該怎麼辦？你應該坦然面對自己的感覺（「我感到很厭煩。」），跨出去，設法脫「鉤」（「我找不到更好的工作」的想法），檢視對你而言最重要的事情及你想要什麼（「但我的同事都很棒。」），然後開始微調自己的情況：採取行得通且長期而言對你有益的行動，你會變得更朝氣勃勃，積極投入。

微幅調整你的工作，也稱「重塑工作」（job crafting），包括以創造性的眼光看待自己的工作環境，設法重新調整，讓工作變得更吸引人、更令人滿足。嘗試過重塑工作的員工通常都更滿意自己的工作生活，在組織中達到更高績效，同時也提高個人的韌性。

工作塑造的第一步是留意自己最受哪些活動吸引——無論是工作上或工作以外的活動。也許你在公司不是主管，但很喜歡在週末球賽時指導兒子的少棒隊。那麼你能不能在公司推動導師計畫，幫忙輔導年輕同事，或是建議公司選一天為「帶孩子上班日」？或你注意到，雖然自己屬於業務部門，但你經常想到一些行銷點子，其他事業部有時甚至會接受你的點子，並付諸實施。那麼，你能不能要求列席行銷部每週的策略會議呢？你說不定能在開會時從銷售人員的角度提出一些建議？新兵基本訓練時有句老話說：「絕對不要自告奮勇。」意思是，當長官問：「有沒有人自願？」時，新兵一旦舉起手來，苦差事就會落到他頭上，例如清掃廁所。（當然，即使你不自告奮勇，也很可能會「被迫自願」。）不過如果談到在民間企業的職涯發展，自告奮勇倒是突破工作界線的絕佳方式。

你也可以藉由改變與他人互動的本質或程度，重新塑造工作。也許工廠裡有些工人是新移民，不妨去和他們聊一聊，或開設英語教學課程，也可以把他們的文化觀點反映在產品線上，讓公司的產品或服務變得更多元。

你還可透過重塑工作，改變自己看待工作的方式。也許你最近升官了，但被一堆管理雜務拖住了，反而沒有時間做你真正熱愛的工作。你變成另外一個官僚了嗎？這完全要看你覺得什麼比較重要。如果你很重視自己所扮演的教導和領導角色，希望幫助別人發揮潛能、改善生活，那麼你在管理上一定也可以找到很多發揮創意的空間。

不只在討生活

吉恩的工作十分乏味，絕不是任何小孩的夢幻工作。她是醫療設備廠裝配線的工人，她的職責是操作一具袖珍打孔機，在細管上面戳出小孔，專家會用這種細管子把藥物直接輸送到腫瘤那兒。假如小孔沒有完全打通，留下塑膠蓋子，癌症藥物就無法輸送到適當位置，或更糟糕的是在病患體內脫落，造成傷害。

二十八年來每個工作天，吉恩都花八小時在塑膠細管上一個接一個打孔。在這二十八年中，她一直在工作檯邊放個罐子，裡面是打完孔後一個個廢棄的塑膠蓋。她知道每片小小的塑膠不只是一片塑膠而已，而代表可能挽救的每一條生命。吉恩靠這個罐子，在可能是全世界最沉悶的工作中，找到意義。她只須看一看罐子，就明白自己的工作非常重要。對她而言，這個罐子有如放射線人員附在病患檔案上的照片。

當然，重塑工作仍有其限制。在嘗試不同的職涯選擇時，你不能不做公司雇你來做的工作。無論你的創意多麼偉大，公司可能沒有資源幫你實現創意。這是為什麼你必須對過程抱著開放的態度，一方面專心達成你想要的目標，另一方面要同時為組織創造價值。你還須贏得別人對你的信任，尤其是上司的信任，然後和最可能幫助你的人建立信任關係。你的主管甚至可能協助你找到機會重新分配工作，和同事互補。畢竟你最害怕的任務也許是同事夢寐以求的好機會，反之亦然。

如果你從完全不適合的職位起步，無論你如何塑造工作，都無法創造出完美的工作（彷彿真有完美工作似的）。舉例來說，無論我如何調整我的工作狀況，我做技術文件撰寫員的工作都不可能做得很開心。這是為什麼面對自己的感覺，從正面和負面情緒中學習很重要。當你情緒靈敏力很高時，你可以利用錯誤的工作來培養觀點、技能和人脈，幫助你找到適當的工作。同時，我們每天都可以運用情緒靈敏力，充分發揮目前工作的效用。如此一來，我們才不只是在討生活，而是真正活著。

第十章

教出情緒靈敏的孩子

孩子生氣、難過想哭，
就讓他體會和沉澱所有情緒。
不帶評斷的告訴孩子，這些感覺都很正常。
有情緒，不可怕，情緒正是我們的老師；
不控制，不壓抑，
讓孩子有機會選擇做真實的自己。

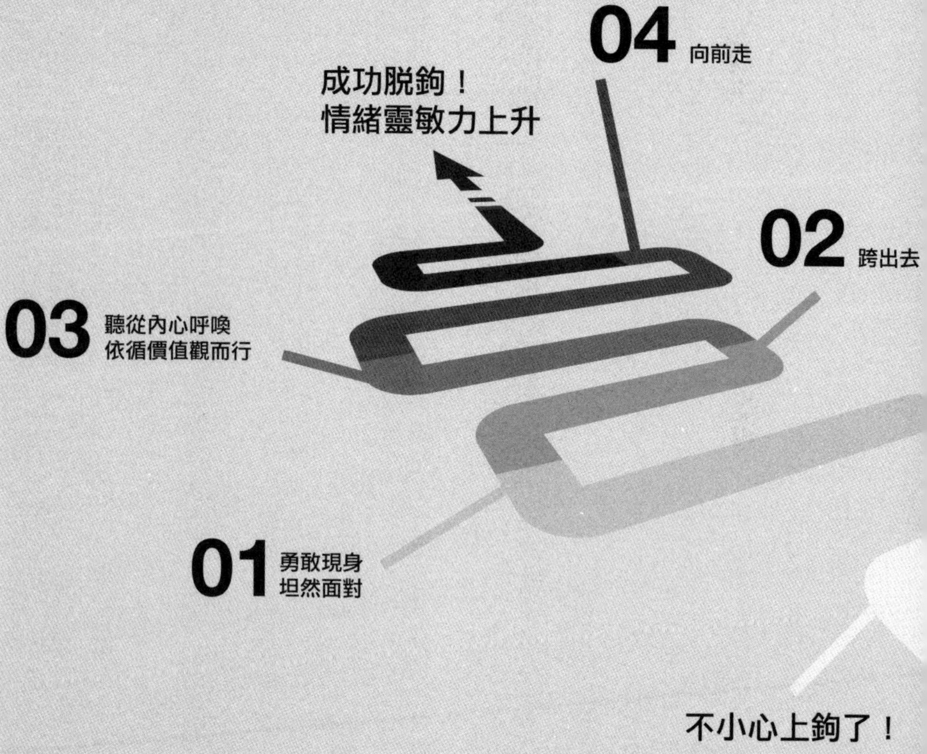

04 向前走
成功脫鉤！
情緒靈敏力上升
02 跨出去
03 聽從內心呼喚
依循價值觀而行
01 勇敢現身
坦然面對
不小心上鉤了！

今天的父母可能是有史以來知識最豐富、責任感最強的父母，或許因為我們不像過去的父母生那麼多小孩，手工釀製啤酒和本地種植蔬菜的達人風潮，也起了推波助瀾之效。

無論原因為何，當資本主義走向全球，我們面對的是愈來愈競爭的世界，大家不再相信孩子能僥倖成功。在今天的世界，位於金字塔尖端百分之一的富豪買得起超乎你我想像的奢侈品，而底層百分之二十的人卻連餬口都有困難；中層階級則辛苦掙扎，如簍子裡的螃蟹般爭得你死我活。現代父母以策展人的眼光看待孩子的童年，處心積慮鋪排每一步，希望將孩子送進頂尖大學，最終能發展成功的事業，過著體面的生活。

同時，大家愈來愈關注孩子的自尊心。這樣的反應原本立意良善，因為過去較冷酷的權威式教養會產生副作用，對孩子的心理造成不少傷害。然而當我們努力培養孩子的能力與自信時，卻因為擔心他們的心理受傷，而過度保護他們不會遭遇逆境。他們誤解了杜維克的理論：「應該肯定投入的努力，而非成果。」孩子們往往只因努力就受到獎勵，例如，因為他很用功而給他A的成績，或只因到場參賽，就拿到獎牌。

不幸的是，這些做法都低估了孩子從經驗中學習和成長的能力，結果可能引發一堆不樂見的後果，和原本期望的效果恰好背道而馳。首先，過於強調成就會導致成功的定義變得非常狹隘——不外乎從事某些類型的行業，以達到某種收入水平。不過，狹隘專注於某些預先規劃好、能獲得高成就的特定道路，其實更沒有成功的把握，因為這種做法假定世界是靜止不變的，然而根據預測，今天百分之六十五的小學生未來將從事目前還不存在的職業，而且今天已有大量證據證實這股趨勢。二〇一〇年美國前十大熱門工作在二〇〇四年根本還不存在，而從二〇一〇年到現在，創新的速度更是有增無減。

更糟的是，在今天的大學校園中，愈來愈多孩子在高中時代無往不利，學測考高分，進入夢想大學，課業也應付得輕鬆自如，在生活上卻一籌莫展。他們碰到邋遢的室友，或對追求者不感興趣時，完全不知道該怎麼辦，而事必躬親的直升機父母則經常出奇不意造訪子女，關心是否一切順利。

史丹佛大學前助理副教務長李考特－海姆斯（Julie Lythcott-Haims）在著作《如何教養成年人》（*How to Raise an Adult*），稱這類年輕人為「存在的無能」。她引用許多研究來說明這些年輕人的憂鬱和焦慮程度，往往和遭監禁的青少年罪犯差不多。他們比較無法開放心胸、接受新觀念，對自己的人生也不滿意。

父母過度教養的另外一個意外後果是，孩子長大過程中認為父母對他們的愛是有條件的，要視他們的表現而定，因此造成「條件式自尊」（contigent self-esteem），認為自己的價值必須靠努力贏得。因為長得美而一直備受稱讚的年輕女子後來罹患飲食障礙症，就是條件式自尊的例子。但用功讀書、成績優異、當選學生會主席、順利進入第一志願學校的孩子，一旦因為考差了而崩潰，也會出現這種現象；或每天認真訓練、成為明星四分衛的運動員，因為在奪冠決賽中發生致命失誤而一蹶不振，也是如此。

即使你從來不是那麼愛事事插手、管東管西的直升機父母，你仍會希望孩子的人生健康、充實而成功；尤其孩子前方的道路有些顛簸時，做父母的很難不伸手推一把，督促孩子走上父母心目中最好的一條路。

然而無論你費盡多少心力，想要確保孩子一生成功、幸福和安全，可以確定的是，孩子的前方仍會不斷出現誘惑，也不免要面對各種變動。父母無法預測孩子什麼時候會發生小擦撞，或數學考砸了，或參加啤酒派對狂歡，或原本是優等生的死黨突然開始去商店行竊。送孩子去上中文課或學習寫電腦程式，也不能保證他們一定能升上理想大學，職涯一帆風順、愉快充實。

在競爭日益激烈、難以預測的時代，父母能提供孩子的最大幫助，就是教導他們本書描述的能力。情緒靈敏力就像疫苗一樣，幫助孩子在面對生命中必然發生的種種不愉快時，不致於被擊垮。情緒靈敏力無法讓孩子完全免疫，卻能幫助他們培養必需的彈性和韌性，以成長茁壯，或度過逆境。

勇氣並非絲毫不害怕，而是伴隨恐懼而行

小兒諾亞五歲的那年夏天，我們是鎮上游泳池的常客。諾亞總是在那兒碰到一些朋友，他們整個下午一起拍水打鬧，玩孩子在酷熱天氣中會玩的種種把戲，不覺時光飛逝。但至少對諾亞而言，有一項活動卻會讓時光停滯。每當他想到要從高高的跳水板往下跳時，整個人就僵住了。他的玩伴都在跳水，他也渴望加入他們的行列，但卻嚇得完全不敢嘗試。他眼睜睜看著同伴往下跳，自己的雙腳卻釘在原地動也不動，儘管跳水真的很好玩，他也很渴望加入，但強烈的恐懼卻超越了他的欲望。

我們都曾經歷這樣的時刻，雖然很想嘗試新事物，卻無法克服心中恐懼。對小孩子來說，如何面對惱人的情境更是一大挑戰，因為他們跨越難關的經驗十分有限，還沒來得及累積那麼多能帶來良性循環的正面經驗，例如「我以前也做過這樣的事，結果安然無恙」。很容易因此陷入退縮的自動反應，變得動彈不得。

人生中充斥著跳水板和各種懸崖峭壁、險境難關，但正如我們在討論情緒靈敏力的過程中所見，縱身一躍並不表示你忽略恐懼、對抗恐懼、控制恐懼或任何可能體驗到的情緒，而是坦然接納並關注自己的所有情緒及想法。即使是最強烈的情緒，你都能秉持慈悲之心，帶著好奇看著它，然後選擇勇敢做出對你而言最重要的事情，而非貪圖舒適安逸。我要再度重申，勇氣並非絲毫不害怕，而是伴隨恐懼而行——或就諾亞的例子而言，是懷著恐懼一躍而下。

當然，孩子的恐懼往往會引發父母對恐懼的恐懼。我們擔心孩子不願嘗試某些經驗，以致於影響他們的發展（或反映出我們不是稱職的父母），我們也擔心孩子會因此付出代價。我們希望孩子成功，由於我們通常都看得出來哪條路對孩子最好，往往把他們往那個方向推，我們假定如此一來，孩子會明白他們不樂意作的選擇其實沒那麼糟。但如今我們知道，情緒靈敏力強調的是所作所為都能出於自己刻意的選擇，而不是因為覺得應該這麼做才去做。對小孩子而言，也是如此。

透過小小步驟，培養孩子情緒靈敏力

當諾亞卡在跳水板邊動彈不得時，我可以把自己的意志強加在他身上，告訴他我早已知道的事情：如果他向前走，跳下去，他會沒事，也會覺得比較開心。或我也可以試圖舒緩他心中的恐懼，告訴他：「別傻了，看看你朋友玩得多開心，你想錯失這樣的樂趣嗎？」

但我沒有這樣做，而是和諾亞展開對話，從游泳池畔開始，一直持續到回家以後。他承認自己很害怕，然後我們討論假如他當時跳了，可能會有什麼感覺（興奮且驕傲）；假如沒有跳，又會感覺如何（某種程度的解脫，但同時又對自己感到失望）；最重要的是，無論他有多害怕或有沒有往下跳，下一次又要跳水時，他要怎麼辦，因為這件事很重要。

換句話說，我先鼓勵他坦然面對自己的恐懼：人類經過演化後，總是小心提防高處，自然有它的道理，因此需要花一點時間來適應這種反直覺的想法（要從一米高的地方跳進四米深、加了氯氣消毒的水中），這是很合理的事，沒什麼好丟臉的。

單單承認自己的感覺，就改變了諾亞和恐懼的關係，讓他有辦法跨出去，在他的情緒和他想做到的事情之間冷靜拉開距離，也就是脫離因恐懼而引發的生理反應，如腎上腺皮質醇激增、心跳加速、過度換氣等，以及從幼年就深植內心的自我懷疑。

然後我們檢視他的動機或他想從高台跳水的真正原因：因為好玩、刺激，還是友情。討論過程中，我試圖向他擔保，他完全可以自己決定跳或不跳。無論受到多大的同儕壓力，跳水當然不是他必須做的事情，但可能是他想做的事。

於是，我們討論的焦點從成果（跳水成功，或兩腿顫抖，沿著梯子爬下來）轉移到過程（他想學到的技巧，而且可以把它分解成一個個小步驟）。第一天：沿著梯子爬到跳水板上面。第二天：走到跳水板邊緣。第三天：一躍而下。

結果第二天，我們抵達游泳池後沒多久，諾亞就飛躍而下，既不驚惶，也沒發抖，更無須一次一小步慢慢嘗試。而且後來他跳了一次又一次，不停嘗試各種能濺起水花的跳水花招——屈起單膝的開罐器姿勢、雙手環抱膝蓋的砲彈飛人姿勢——把翹翹板原則變成跳水原則，整個下午都不斷超越舒適圈的限制，充分享受跳水的樂趣。

結果，每次他在水中對我揮手，開懷大笑時，我都看得出他為自己感到非常驕傲，一如原先的預測。說出自己的恐懼並沒有令他比較不害怕，檢視自己為什麼要做這件事，也沒有改變他的動機。他一直都很想跳水，但是，在他和「我辦不到」的想法脫鉤前，他都無法充分呼應一直存在心中的強烈渴望。

當然，諾亞學到的最大教訓和跳不跳水無關。當他承認自己的情緒但又保持距離，同時和內在動機產生連結後，儘管仍心懷恐懼，他已學會如何脫鉤及邁步向前。

當我們引導孩子透過這些小小的步驟，培養情緒靈敏力時，我們就給了他們受惠一生的工具。他們每次要縱身一躍時，不是出於魯莽行事或盲目相信，而是儘管害怕，仍睜大眼睛刻意選擇行動，並伴隨恐懼而行。這種技巧將在未來的人生中，幫助他們面對其他更重大的情緒挑戰。

現在還不是沒事，但等一會兒就沒事了

每當我問父母，他們對子女最大的願望是什麼，大多數人會說：「我只希望他們快樂就好。」雖然要真正快樂，必須能在變動的世界裡懂得好好自處——核心穩固、仁慈、好奇、不脆弱。我們都知道關愛與穩定的結構，能幫助孩子做好準備發展出充滿愛的情感關係和成功的職業生涯，並透過情緒靈敏力的技巧，將之轉換為一生的幸福。對父母而言，情緒靈敏力提供的一套技巧能幫助孩子學習成長茁壯。

許多研究在長時間追蹤孩子在長大成人過程中韌性、道德、意志力、健康、心理穩定度，以及良好人際關係的發展後，說明協助孩子學會現身面對、跨出去、依循價值觀而行、向前走的技巧非常重要。令人開心的是，流行文化也開始受到這些結論的影響。動畫電影「腦筋急轉彎」（*Inside Out*）就是個值得注意的例子。這部電影探討女孩子的各種情緒變化，讓觀眾看到即使最困難的情緒（如悲傷），都在我們之所以成為我們的過程中，扮演重要角色。

對父母而言，教導孩子情緒靈敏，最有效的方法是以身作則。當女兒用盡力

氣大聲尖叫：「我恨你！」或兒子因為在學校受了委屈，啜泣著回家時，或許很難做到。但這些情況正好提供你示範情緒靈敏力的寶貴機會。當你抽離自己的情緒，以冷靜而同情的態度回應，並試圖理解孩子為什麼會有這樣的感覺，而不是急於回應自己當下的感覺，那麼你就是在示範提升情緒靈敏力的重要技巧。

我因為研究這些東西而拿到博士學位，但是請相信我，我不但曾經受到情緒主宰，而且還讓自己陷進去。諾亞還是小嬰兒的時候，我帶他去診所進行生平頭一輪預防注射。當時諾亞備受呵護，對寧靜祥和的世界習以為常，護士把針刺進他身體的那一刻，他開始嚎啕大哭。看在像我這樣的新手媽媽眼裡，他憤慨的表情彷彿在說：「我這麼信任你！你怎麼能這樣對待我？」我想安撫他，於是立刻脫口說出大多數父母在這種情況下會說的話：「沒事！沒事！」

諾亞繼續大哭，護士繼續完成疫苗注射，但同時轉頭說了一句我永遠忘不了的話：「不對，現在還不是沒事，但等一會兒就沒事了。」

她說的對極了。這個小嬰兒才剛被帶進冷冰冰的房間裡，交給一個陌生女子，而這名女子現在正拿針刺他，把他嚇壞了，而我怎麼這麼笨，竟然告訴他，沒事、沒事，一切都不打緊！我忽略了諾亞在當下無法用言語表達的感覺，否定了他痛苦而真切的經驗。基本上，我在叫他封裝自己的情緒！

等到外子安東尼下班回家時，諾亞對疫苗注射的抗議行動早已平息。但另一方面，我卻連續幾小時都陷入自責：我花了這麼多年的時間研究情緒，我應該更清楚才是！然而拋開我的研究工作不談，我畢竟只是個新手媽媽，這也是我頭一遭看到孩子這麼煩躁憂傷，不管我是多麼不稱職，我只不過想安撫我的孩子。

安東尼一踏進家門，我就告訴他事情經過。

安東尼是個非常實事求是的醫生，但也很風趣。他看著我激動抱怨個不停。有一會兒，他保持沉默，什麼也沒說，然後臉上露出微笑，一副被逗樂的樣子，回答我：「沒事！蘇珊，沒事！」

看到你，看到我

如果你本身具備充分的情緒靈敏力，就可以協助孩子學會相同的技巧。不過，你還可以採取其他更積極主動的步驟。

還記得第三章提過的「表達規則」嗎？也就是我們教導孩子在面對不同處

境時，哪些情緒反應比較恰當，哪些不恰當。在最極端的情況下，父母會直接透過下達指令來說明「表達規則」，例如：「打起精神來！大男孩都不哭。」結果對孩子傳達的訊息是，不安的情緒是軟弱的表現，應該設法避免。

在比較不明顯的例子中，我們可能試圖不理會孩子的挫折或悲傷——「喔，他只是累了」或「她肚子餓了」或「這只是過渡期」。其他時候，我們會將他們的憂傷裹上糖衣——「喔，寶貝，你也明白你不是真的感覺這樣」或「沒事！沒事！」（沒錯——一如指控，的確有罪）。即使這些訊息都源於關愛，仍然會適得其反。

我們也可能落入試圖修補錯誤的陷阱。孩子放學回家時說：「大家都不跟我玩。」我們可能很快回答：「別擔心，我會跟你玩。」或我們會立刻打電話給那些「壞女孩」的爸媽，規劃什麼時候讓孩子們一起玩玩或打打圓場。當我們看到心愛的孩子不開心而試圖彌補時，這些都是自然的反應，也是可以理解的做法。然而這樣的反應方式也許解決了眼前的問題，卻剝奪了孩子寶貴的機會，讓他們無法好好體會和沉澱一下自己難過的情緒——面對它、跨出去，並從這些令人難過的現實處境中學習。而且如此一來，你不啻在告訴孩子：「我不相信你自己有辦法解決問題。」另一方面，當你花時間讓孩子承認自己的感覺，向她保證，這些感覺都很正常，也很健康，你就跨出了一大步，能協助孩子培養必需的技巧，成長為情緒靈敏的成人。

南非人數最多的族群是祖魯人，他們彼此打招呼時會說「薩烏波那（Sawubona）」，意思是：「我看到你。」隱含的意思是當我看到你，你才真正存在。我很喜歡這個觀點，因為它完美表述了教導情緒靈敏力時最重要的起步。單純讓孩子曉得我們完全看見他們，清清楚楚而且不帶任何評斷，我們不但接受、而且認同他們的情緒體驗。當我們這麼做時，其實也在幫助孩子平靜下來，當父母能感同身受時，孩子也會降低情緒表達的強度。所以儘管我們通常都有一股衝動，想盡快把問題解決，改善每一件事，但最好還是靜下來聆聽，以身作則，讓孩子看到你如何在刺激和反應之間開闢出適當的空間。

讓孩子自由體驗各種情緒

當孩子覺得周遭的人完全明白他、認同他時，他很難不感受到關愛，也會得到安全感。我們都看過還在學步的幼兒在遊樂場玩耍時，如果跑開探索什麼新鮮事物，他會回頭確定照顧者還在那兒，同時也信任他們會在那兒。這種安全感——心理學家稱之為「安全的依附關係」——正是孩子能不能勇敢踏入廣大世界自由探索的關鍵。安全的依附關係是孩子升上中學、進入青春期時的情緒安定劑。

孩子如果感覺自己擁有安全的依附關係——「我，不管是多麼美好迷人，或多麼惹人厭和不完美，他們仍然會愛我，並接納我」——他不但和外界互動時願意承擔風險，而且也願意承擔自己情感上的風險。無論他感覺如何，當他很清楚不會因為自己的感覺而遭到反駁、排斥、懲罰或羞辱時，他就能大膽檢驗自己悲傷、快樂或憤怒，並且弄清楚應該如何處理或因應這些不同的情緒。

如果孩子能自由自在體驗各種情緒，無須害怕受到處罰或擔心需自我審查，那麼他就學到幾個重要教訓：

情緒是一時的，很快會過去，沒有任何心理經驗非以行動來回應不可。

情緒並不可怕。無論當下感覺多麼強大或糟糕，我都比我的感覺還要強大。

情緒是我們的老師，提供的資訊能幫助釐清哪些事情對我們（及對其他人）最重要。

必須說清楚的是，雖然為了教出情緒靈敏的孩子，你必須承認和接納他們的感覺，而不要任意斥責，但這並不表示你需要容忍孩子要脾氣或不理性的行為。可以讓孩子曉得，你知道這是他們真正的感覺，而且他們的感覺和其他任何人的感覺都同樣重要——「我知道你真的很氣你的保姆，而且我也明白，你現在只想叫她走」——而不必針對他的每個感覺採取行動。這時候可以進行「跨出去」的步驟。經由協助孩子為情緒貼上適當的標籤，找到不同的視角，並拉開衝動和行動之間的距離，你強化的觀念是：雖然他們無須壓抑自己的感覺，有時卻需要克制自己的行為。

當幼兒躺在超級市場走道上大哭大叫，雙腳亂踢時，或正值青春期的女兒剛剛從臥室窗口爬出去，坐上彼得森家男孩的摩托車後座呼嘯而去時，要採取這種雖寄予同情、卻有些疏離的反應並不容易。但無論對父母或孩子而言，坦然面對情緒的步驟，能為接下來的跨出去奠定良好基礎，利用脫鉤的方式，避免強烈的情緒左右我們的行為。

重要的是如何思考，而不是思考什麼

我最近問家母記不記得我前陣子跟她提過，我曾經試圖逃家，結果在家附近連續繞了幾個鐘頭。她大笑，當然記得啊，然後她跟我說了一些我一直不曉得的事：我在家附近繞來繞去的時候，其實她一直跟在我後面，只和我隔了半條街。畢竟我當時才五歲，她不可能讓我獨自在危險的大街上晃來晃去。

母親沒有試圖消除我的煩惱（否則可能教我學會壓抑、封裝情緒），也沒有試圖安撫我，矯正每件事情。她反而讓我接受自己的感覺，甚至讓我行使自由意志，無論我的自由意志可能會如何誤導我。在此同時，她仍然確保我的安全，暗中保護我，維持安全的依附關係，預備真正面臨威脅時，隨時出手干預。換句話說，她一方面保護我的身體安全，另一方面卻送給我情緒自主的大禮。

自主性是我們一生成長茁壯的基石，對於兒童的道德發展也至關重要。自主意味著自我管理或自治，從心理學的角度，如果一個人能依據自己的選擇而生活，就具有自主性。但自主和獨立不同。青少年大聲嚷嚷著：「你又不是我老闆！如果我想的話，我就會整夜都待在外面！」聽起來非常獨立，但如果他是受到同儕壓力或壞習慣的驅使，或出於混亂的情緒或受到逼迫才這麼做，那麼就不算自主的行為。

真正的自主行動，是你內心深處真正擁有且認同的行動，完全不受外力逼迫，也不是出自未經檢視的衝動。如果青少年因擔心不聽話會受到處罰，或違反爸媽規定時會心懷愧疚，所以才準時回家，那麼他們和為了表示叛逆而故意違反宵禁的年輕人一樣，都不是真正的自主行動。就這個例子而言，真正自主行動的青少年之所以準時回家，一方面可能因為那是家規，另一方面也因為他們認為這個規定完全正當合理。

以下是可以提升孩子自主性的方法：

- 因為孩子的真正特質讚揚他（例如喜歡畫畫），而不是因為你希望他變成的樣子（例如喜歡摔角）。
- 盡可能讓他擁有真正的選擇——但這不同於毫不設限，不抱任何期望，或縱容他總是反覆無常、太過隨興。

- 別無選擇時，要為你的決定提供合理的解釋。當你叫學齡前的孩子過馬路一定要牽緊你的手時，「我說了算！」不是鼓勵孩子培養自主性的好說詞，應該說：「因為你個子太小了，開車的人可能看不到你，但是他們會看到我。」
- 盡量減少外在的獎賞，例如貼紙、玩具、或現金等，不要因為他沒有包尿片而尿在馬桶裡，或乖乖寫功課，或成績好，就用這些東西獎勵他。

要幫助孩子找到第七章討論過的「想要」動機，最後兩項尤其重要。在「交易或賄賂」的經濟環境中被撫養長大的孩子，就和在指揮控制系統中長大的孩子一樣，都無法發展出強烈自主性，拉開實際的慾望和預設的反應之間的距離（無論反應是服從或叛逆，都沒什麼差別）。從小就學會根據對外在獎賞的預期而行動的人，結果比內在動機強烈的人不快樂，也比較不成功，而且他們對自己的人際關係也比較不滿意。

鼓勵孩子培養自主性，也能幫助他們找出內在動機——發展出無關乎外在獎勵和要求的一套自己的價值觀。當孩子面對沒有明確回報、混沌不明的選擇時（例如究竟要不要承擔創造性的風險），這點尤其重要。同樣的，在規則不明確的情況下（「你從來沒有說過我不能開你的車去提華那」）也是如此。唯有當你妥善引導孩子了解並信任自己的價值時，他們才能找到行事可以依循的內在動機，也才能帶來真正的成長茁壯。

儘管如此，有時候孩子會碰到立即的危險。在這種時候，你勢必要根據常識積極介入，鼓勵孩子自主的想望顯然都要靠邊站。當我才五歲就離家出走時，家母看到我沒有試圖穿越馬路，也沒有走太遠，所以她願意給我一點自主的空間。假如我在十三歲時打算永遠離家而去，我相信她一定會採取更強烈的立場，反對我追求自由的渴望。

懂得換位思考、關懷他人

情緒靈敏的父母不只能在當下對孩子抱持同理心，而且還必須經常在孩子面前以身作則，示範有同理心的行為，孩子才會有樣學樣。你也許不明白孩子為什麼覺得第一天到新學校上學那麼可怕，但是你可以承認在孩子看來確是如此。如此一來，你既給了她安全感，也鼓勵她基於本能，多關心別人的感受。為什麼強悍的孩子總是拚命表現得很強悍？還有誰比他們更覺孤單，感到格格不入呢？

在這樣的教養過程中，隨著孩子逐步成熟，他們會注意到班上落單的同學、努力克服語言障礙的交換學生、今天特別倒楣的出納、剛走出雜貨店需有人幫忙拿袋子的老人家。再長大一點，他可能會關心公平正義或社會包容等更大的議題。但我們無法靠下令來灌輸孩子同理心和換位思考（perspective taking，譯注：亦譯「觀點取替」）的觀念。

在康乃爾大學的一項研究中，研究人員介紹三、四歲的小孩認識一個名叫「多奇」的悲傷木偶，然後他們發了一張星星貼紙給小孩當獎品。其中一組小孩必須面對艱難的選擇：他們要把貼紙送給多奇，還是自己保留。另外一組小孩面對的選擇簡單多了：他們要不就把貼紙送給多奇，要不就交還給研究人員。而研究人員只告訴第三組小孩：他們必須和多奇分享貼紙。後來，當他們又介紹這群孩子認識另外一個「悲傷」的木偶艾利時，每個小孩都拿到三張貼紙，而且這回的選擇是：他們想和艾利分享幾張貼紙都可以。結果，原先被分到第一組，可以選擇究竟要和多奇分享貼紙、還是自己保留貼紙的孩子，送給艾利的貼紙張數超過另外兩組孩子。換句話說，從頭到尾都可以自由選擇的孩子，會比被強迫分享的孩子更大方。

強迫孩子邀請落單的同學參加生日派對，或威脅對玩伴出言不遜的女兒，假如不道歉的話，就要懲罰她，這樣做也許很快得到你要的結果，你也暫時得到解脫，但唯有讓孩子們自動自發的行動，鼓勵他們深入挖掘自己想要什麼，找出真正的內在動機，你才能幫助他們釋放出自己潛在的同理心。

這樣的做法也適用於說實話這類基本道德規範。有一項研究乃是以十三歲孩子加上他們的父親或母親為研究對象。他們問這些十三歲的孩子，過去幾個月來父母如何對待他們。結果發現，父母對孩子的行為和思想控制的鬆緊度和孩子認不認同說實話的價值，有直接的關聯。孩子如果同意下列敘述：「父親（或母親）要求我做某件事時，會說明他為什麼希望我這樣做。」「父親（或母親）會給我很多機會自己決定要做什麼。」以及「父親（或母親）即使和我的想法或感覺不同，仍會抱著開放的態度。」孩子就比較可能了解說實話的好處及撒謊要付出的代價。另一方面，相信說實話要付出極大代價的孩子都同意下列敘述：「父親（或母親）讓我對每件事情都心懷愧疚。」「父親（或母親）無法接受我可能純粹只是覺得好玩，而不是想要出類拔萃。」以及「我拒絕做某件事的時候，父親（或母親）為了讓我就範，會威脅著要拿掉我某些權利。」

我們無法永遠陪在孩子身邊

我們也可從純粹實務的觀點來看提倡自主性的好處：你無法永遠陪在成年子女身邊，也不可能在他往前踏出每一步時都牽著他的手，面對每個道德困境和抉擇時都為他導航——至少我不會希望如此！當他們面對強烈的情緒或衝動的想法時，你也沒辦法每次都在孩子身邊，幫助他們跨出去及和情緒脫鉤。當你還是個孩子或青少年時，即使思慮不周，玩什麼愚蠢的把戲，通常都會得到原諒。我們可能會原諒十六歲的孩子因為惡作劇，把校長汽車輪胎的氣給放掉（僅此一次），但二十六歲的年輕人對老闆的休旅車做了相同的事，就不太可能得到同樣的寬待了。

我大約八歲時，從父母那兒偷了一點零錢，我還記得數目：南非幣兩塊錢，相當於今天的三美元。爸媽看到我拿著糖果回家，還編了明顯的假故事，說有個慷慨的朋友買糖果請我吃，立刻明白是怎麼回事。

他們帶我出去開車兜風，只有我們三個人：爸媽坐在前面，我獨自坐在後座，他們和我有一番嚴肅的談話。他們談到我這樣做，令他們非常失望，還告訴我，偷竊和撒謊都不是我們家的人會做的事情。然後他們協助我釐清應該怎麼樣把事情做對，包括把錢還給他們，還向被我拖下水的朋友道歉。

顯然他們認為這件事非同小可，但同時他們也小心翼翼不讓我在手足面前丟臉。他們沒有怒吼或恐嚇我，反而十分冷靜，很清楚他們想達到什麼目標。他們讓我了解，我的舉動為他們、也為我的朋友帶來什麼情緒衝擊；他們不只對我說教，讓我明白為什麼這樣做不對，而且也讓我從不同視角來看自己的行為，而不是採取防衛的立場（通常會導致更多謊言）。他們只陳述期望，而沒有施加懲罰。

結果，我感到愧疚，但不會覺得羞恥——我們在第四章談過，兩者有重要的差別——而且激勵我好好解決問題。如果我被逼迫作了沒有悔意的道歉，他們也許聽到他們想聽的話，但我就沒有機會好好檢視自己，了解最初究竟是什麼感覺激發了我的偷竊行為。

實情是，我在學校感覺很孤單，而每當我最喜歡的那群女孩利用下課時間，結伴去買糖果時，我就益發感到孤單，因為我通常都沒錢買糖果。由於爸媽協助我面對我的不安，我得以和他們懇談一番，不但談到如何為自己的行為負責，同時也討論我可以用什麼策略，和班上同學變得更熟，無須透過偷竊，也可以和大家同樂。我也學習如何透過困難的討論，得到建設性的成果，這可不是小事。

倘若爸媽當年只是懲罰我了事，我就無法得到這樣的成長經驗。更糟的是，我可能開始把自己想成會偷竊的小孩，我的父母說不定也是如此。由於他們帶著我脫離了這樣的可能性，這個事件被正確定位為只是偶發一次的插曲，提供了學習的機會。他們看到的是真實的我，而不是他們想要我變成的樣子，因此讓一切大大的不同。

做孩子的情緒教練

前面已經證明，要教出情緒靈敏的孩子，首先要幫助他們現身面對自己所有的感覺，包括困難的情緒。而現身面對主要談的是「面向」情緒（「你目前感覺如何？」），但情緒靈敏力還有一個重要層面是「向前走」或「仔細檢視」（「要因應目前的狀況，有哪些可能的選擇？」）這時候，情緒靈敏的人會開始搜尋實際可行的步驟，來因應當前的情勢。

要向前推進，最好的辦法是鼓勵孩子腦力激盪。當你支持他們自行找出對他們有意義的解決方案時，他們逐漸培養的自主性將協助他們航行於世界，同時也會變得更有責任感。

此時我們要回頭來談談小小的微調：能幫助孩子接受挑戰、朝重要價值邁進的小改變。重要的是必須聚焦於過程——開放接受各種新嘗試，找出可以從中學習之處——而不是只注重成敗，只看有沒有達到理想成果。如果孩子擔心在新學校交不到朋友，但他又不太可能一下子就和每個人都很投緣，你也許可以問他：「如果你想交朋友，怎麼樣開始會比較好啊？」青少年的社群網站是個嚴苛的世界，充斥著各種爭辯謾罵，如果你的青春期孩子喜歡上社群網站，你也許可以問他：「和別人意見不合時，可以採取哪些辦法來處理這樣的情況？」

不久前，有個同事（姑且稱他強恩好了）和六歲大的兒子一起參加親子高爾夫球賽。球賽中，成年人和成年人比賽，小孩則和小孩比賽。但是球賽進行到一半時，強恩碰到兒子基斯，而基斯正在哭泣。強恩擁抱兒子，語氣溫柔，問他為何哭泣，但顯然如果強恩要擁抱安撫兒子，深入了解問題核心，勢必來不及完成比賽。

於是強恩提議，基斯如果覺得還沒哭完，那麼他繼續哭沒關係，不過他也問基斯：有沒有可能一邊哭，一邊打球呢？他答應兒子，只要他能打完九個洞，等比賽一結束，他們就可以好好談一談究竟為什麼不開心。基斯同意了，於是父子倆再度分開，各自回到自己的隊上打球，直到比賽結束。基斯甚至還表現出色，贏得一座獎盃。

假如換成其他老爸，很可能就變成另外一個封裝情緒的故事——把困擾的情緒埋藏起來，一直到球賽打完都繃緊神經，拚命克制（還記得湯姆·漢克斯在電影「紅粉聯盟」（*A League of Their Own*）中大吼「棒球中沒有哭泣這回事」嗎？）。當我們要求正在哭泣或發脾氣的孩子表現得比較合乎社會規範時，我們不經意發出的訊息是：我們不重視他們的感覺。

但強恩決定滿懷同情，小小暫停一下，承認並接受（現身面對）孩子悲傷的情緒，而他這樣做已足以讓基斯跨出去，以用心而同情的心態與自己的情緒共處，同時繼續做他當時需做的事情：完成高爾夫球賽。

等到他們終於有時間談一談時，強恩發現兒子之所以那麼傷心，是因為他弄丟了一個高爾夫球。在基斯六歲大的小腦袋裡，高爾夫球很貴，所以小小一件事膨脹後造成巨大恐慌。

強恩告訴我，過了這麼多年，他依然告訴兒子，可以一邊哭又一邊玩，沒有關係。事實上，這種懷著自我寬容心態的「邊玩邊度過難關」，也許正是情緒靈敏力的真諦。

我沒有修剪她的翅膀，如此而已

在二〇〇九年之前，大多數人從來沒聽過馬拉拉的名字。但自那時起，這位得到諾貝爾獎的巴基斯坦少女，已在全球成為勇氣和堅強性格的象徵。

馬拉拉十一歲時開始用筆名為BBC撰寫部落格文章，描繪她在巴基斯坦西北部的生活。控制該地區的伊斯蘭好戰份子塔利班，禁止大多數女孩上學。馬拉拉在部落格中談論女生受教育的重要性。《紐約時報》記者在二〇一〇年拍攝了一部紀錄片，報導馬拉拉的生活後，馬拉拉得到全世界肯定，卻在自己的國家中遭受死亡威脅。二〇一二年，馬拉拉搭巴士回家途中，塔利班派槍手刺殺她。當槍手登上巴士，威脅著要殺掉巴士上每個女孩時，十五歲的馬拉拉毫不猶豫，立刻出面說明自己就是他要找的人。槍手總共開了三槍，其中一槍擊中她的頭。

馬拉拉的父親齊亞烏丁（Ziauddin Yousafzai）本身就是一位教育行動家，馬拉拉的雙親以身作則，教導女兒為自己相信的事情挺身而出。當女兒陷入昏迷，情況危急時，馬拉拉飽受折磨的父親不禁懷疑，他當初鼓勵女兒的行動主義，究竟是否正確？他們唯一的安慰是知道女兒的內在動機對她而言實在太重要了，她不惜直接面對死亡。

當馬拉拉的傷勢逐漸好轉，她的雙親發現他們勇敢的教出這樣的女兒，自己也從中獲益。馬拉拉在二〇一四年得到諾貝爾獎，當時才十七歲的馬拉拉是有史以來最年輕的諾貝爾獎得主。就在她得獎前不久，她的父親在一次演講中表示：「她是我們的安慰。我們從她那裡學到，如何在最艱難的時候展現韌性。」唯恐聽眾認為馬拉拉的故事不適用在其他孩子身上，他又補充：「她和其他女孩沒什麼兩樣，會和弟弟吵架，功課沒寫完也會哭。」

齊亞烏丁真正想說的話是：「馬拉拉為什麼會這麼特別，這麼勇敢，這麼沉著？不要問我做了什麼，要問我不曾做什麼。我沒有修剪她的翅膀，如此而已。」所有的父母都應把這段話放在心上。

結語　展現真實的自我

《天鵝絨兔子》（*The Velveteen Rabbit*）是一部經典童書，故事描述有個填充動物玩偶希望知道變成「真的」究竟是什麼意思。

故事一開始，天鵝絨兔子和主人的其他玩具格格不入。絨布兔的主人是個小男孩，他收到絨布兔不久，就對它失去興趣。其他玩具身上多半有機械零件，因此不管樣子或舉動都更像是真的，對絨布兔構成威脅。畢竟絨布兔只用布料和木屑製成的，看起來完全不像真的兔子。

後來絨布兔終於和有智慧的老馬成為朋友。老馬在育兒室待的時間比其他玩具都久。有一天，絨布兔問老馬：「什麼是**真的**？是不是裡面有東西會響，還有個把手凸出來，就是真的？」

「是不是真的，和你是用什麼做的無關。」老馬說。「而是發生在你身上的事情。如果有個孩子很愛你，而且愛你很長、很長一段時間，不僅是跟你玩而已，而是**真的**愛你，那麼你就變成**真的**。」

「那會痛嗎？」絨布兔問。

會，老馬承認，但當你變成真的，你不會真那麼在意會不會受傷。他說，變成真的這件事，「不會常常發生在很容易打碎、邊緣很銳利、或必須小心保存的人身上。」你必須有一點點磨損，甚至稍微破爛一點，才能變成真的。

有一天晚上，小男孩找不到心愛的狗玩偶陪他一起睡覺，所以保姆從玩具櫃拿出絨布兔，塞給小男孩。從此以後，小男孩再也離不開絨布兔，他晚上睡覺時會緊緊抱著它，每天不停親吻絨布兔的粉紅鼻子，到哪兒都帶著它。小男孩甚至帶它去花園玩，有一次不小心整夜都把它留在外面。絨布兔漸漸變得髒兮兮的，身上有磨破的痕跡。最後，連鼻子上的粉紅色也磨掉不見了。

有一陣子，褓姆想要把髒兮兮的絨布兔拿走，小男孩卻堅持留下絨布兔，說絨布兔是**真的**。當然，聽在絨布兔柔軟但破舊的耳朵裡，小男孩的話有如美妙樂音。

最後，多虧仙女幫忙，絨布兔真的變成活生生的真實動物，跳進森林裡。

仙女說，之前，絨布兔在小男孩心目中是真的，現在，「對每個人而言，他都是真的。」

活在真實世界的我們大概很難魔杖一揮，立刻把自己變成我們渴望成為的那個人。但如果我們練習提升情緒靈敏力的技巧，就不需要靠魔法也能做到。因為有了情緒靈敏力，我們每天在每個人面前都會展現真實的自我。

情緒靈敏是不假裝、不表演，你的所作所為乃展現你穩固、真誠且真實的核心價值觀和核心實力，所以擁有更大的力量。

要達到這種層次的真實和情緒靈敏力，不是靠魔法，而是在人生路途上時時刻刻實踐一些小小的步驟。我們今天就可以開始做：

讓自己成為生命的主體，無論個人發展、職業生涯、創造精神、工作及和他人的連結，都把握在自己手中。

接納完整的自我，懷著慈悲之心、勇氣和好奇心——無論是磨損的鼻子、破舊的耳朵、「好」或「不好」的情緒，都一概接受。

欣然擁抱自己的內心體驗，融入其中，嘗試學習了解，但不急於尋找出口。

接受不斷演化的自我認同，拋開不再適合你的自我詮釋。

接受我們既然活著，就不時會受傷、失敗、承受壓力、犯錯，拋棄不切實際的死人目標。

不要再追求完美，好好享受愛與生活的旅程。

開放自己，接受將伴隨著傷害而來的愛，和伴隨著愛而來的傷害；以及將伴隨著失敗而來的成功，和伴隨著成功而來的失敗。

不要再試圖勇敢無畏，而要直視你的恐懼，以價值觀為指引，邁向你最重視的目標。勇氣不代表無懼，而是能伴隨恐懼而行。

選擇勇氣，而非舒適安逸，積極把握學習和成長的新機會，而不是消極順應周遭情勢。

體會到生命的美好和脆弱乃密不可分。我們很年輕，直到青春不再；我們很健康，直到健康不再；我們一直和所愛的人在一起，直到無法繼續相守。

學習如何聆聽內心的呼喚，了解自己的價值觀。

最後，要記得，「可以的話，跳跳舞吧！」

謝辭

養大一個孩子，需要傾全村之力，因此出版一本書，要仰賴地球村的力量。

本書之所以能夠成形，有賴於許多人的支持，及他們的視野、觀點、胸襟與關愛，要感謝的人太多，無法一一點名。

本書成形之前，乃是先有一篇文章，而在文章發表之前，則先有一些概念和研究。我有幸認識全世界最鼓舞人心的心理學家和行為科學家，並獲益良多。Henry Jackson，你對我的信心，激勵我開始研究情緒問題以及情緒如何影響日常生活。Peter Salovey，我想不出還有誰比你更創新、仁慈和寬宏大量了。Jack Mayer和David Caruso，你們的思維影響了整個世代的研究人員和從業人員。Martin Seligman、Ed Diener、Mihaly Csikszentmihalyi，你們策畫的論壇讓不同世代的研究人員聚集一堂，相互學習，影響了許多人的職涯發展，其中也包括我在內。Marc Brackett、Alia Crum, Robert Biswas-Diener、Michael Steger、Sonja Lyubomirsky、Todd

Kashdan、Ilona Boniwell、Adam Grant、Dorie Clark、Richard Boyatzis、Nick Craig、Andreas Bernhardt、Konstantin Korotov、Gordon Spence、Anthony Grant、Ellen Langer、Amy Edmondson、Whitney Johnson、Gretchen Rubin和其他許多同僚：你們的洞見充實了本書的內容，我深深感激你們的研究及氣度。

語境行為科學協會（Association for Contextual Behavioral Science）的研究及有關接納與承諾療法（the Acceptance and Commitment for Professionals list）的豐富討論深深影響了我的思維，尤其是Steven Hayes、Russ Harris、Joseph Ciarrochi、John Forsyth、Donna Read、Rachel Collis、Kelly Wilson、Hank Robb、Maarten Aalberse、Kevin Polk、Lisa Coyne、Daniel Moran、Amy Murrell和Louise Hayes的貢獻。這個論壇鼓勵虛心開放的學習與分享，並樹立了標竿。

Ruth Ann Harnisch，謝謝你的支持和鼓勵，文字不足以傳達我對你的感激。你和Bill Harnisch是一股非凡的善的力量。如果不是兩位及哈尼許基金會（the Harnisch Foundation）開創性的研究，Linda Ballew、Jennifer Raymond、Lindsey Taylor Wood及其他高瞻遠矚的同仁的努力，就不會有教導力研究院（Institute of Coaching）及這個領域的諸多發展。也要謝謝Scott Rauch、Philip Levendusky、

Shelly Greenfield、Lori Etringer，以及麥克連恩醫院（McLean Hospital）和哈佛大學許多同仁的努力，謝謝你們支持這個機構誕生。還要對教導力研究院的共同創辦人Carol Kauffman和Margaret Moore說，這是一趟美好的旅程，能夠和兩位好友攜手走過這趟旅程，真是再好不過了。Jeff Hull、Irina Todorova、Chip Carter、Laurel Doggett、Sue Brennick、Ellen Shub及Stephenie Girard等傑出同仁，我的人生因為認識你們而變得精采許多。

Alison Beard及Katherine Bell——你們相信本書背後的觀念，在《哈佛商業評論》那篇文章成形過程扮演重要角色。很高興能認識你們和其他《哈佛商業評論》團隊成員，包括Courtney Cashman、Ania Wieckowski、Amy Gallo、Melinda Merino、Sarah Green Carmichael。你們如此努力，將許多重要新觀念成功引進企業界。謝謝你們。

如果沒有Penguin Avery出版公司的Brooke Carey，本書不可能問世。本書從提案到出版，Brooke都大力支持，並在出書的每個階段，提供無懈可擊的指引與判斷。我要對Brooke致上深深的謝意。尤其感謝Megan Newman和Caroline Sutton相信我，並支持這部著作；還有包括Lindsay Gordon、Anne Kosmoski、Farin Schlussel

和Casey Maloney在內的公關行銷團隊；以及卓越的文稿編輯Maureen Klier，謝謝你精心打理這本書。能和如此專業、有趣且激勵人心的團隊合作，是我的榮幸。也要感謝Penguin Life的Joel Rickett、Julia Murday、Emma Brown、Emily Robertson、Richard Lennon和Davina Russell。

Bill Patrick——如果不是你的出色才華、幽默感、和說明問題的能力，本書不可能呈現今天的面貌。我跟你學到很多。Melanie Rehak and Lauren Lipton，我非常感激你們的貢獻和編輯上的洞見。

非凡的經紀人Christy Fletcher，我該怎麼謝你才好？謝謝你的幽默、鼓勵、注重細節、聰明才智、心思敏銳和友誼。才華洋溢的Sylvie Greenberg、Hillary Black、和Fletcher & Company的其他同仁，你們是百萬中選一的傑出團隊。任何作者如果有幸和你們合作，真的應該感到非常幸運。

在實證心理學領域，我很榮幸能和一群傑出的專業人士共事。如果沒有Kimbette Fenol的組織能力、協助、彈性和才能，本書絕對無法完成。Jennifer Lee、Amanda Conley、Christina Congleton、Karen Monteiro和Jenni Whalen，能和你們共事，我心懷感激。對我的研究成果和著作有興趣的企業界朋友和客戶，能結識你們是很棒的事情。撰寫謝辭讓我領悟到，需要感謝的朋友實在太多了，我不可能一一列出所有的名字。Hochrein、Michael Liley、Jim Grant、Fabian Dattner、David Ryan、Mike Cullen、Sara Fielden、Tracey Gavegan、Helen Lea、Libby Bell、Sam Fouad、Nicole Blunck、Tim Youle、Jennifer Hamilton、Matt Zema、Graham Barkus、Mike Mister、Leona Murphy、Andy Cornish、Alison Ledger、Stephen Johnston、Juraj Ondrejkovic，以及其他許多客戶和同仁，謝謝你們的友誼豐富了我的生活，你們的洞見充實了我的思考。

每個孩子和青少年除了父母之外，還需要其他大人的關愛和引導。Meg Fargher是本書提到的教師。Meg，你讓我明白，即使從死亡中都可以有所學習和領悟。Shalom Farber，你總是在各方面幫助我並提出忠告。我愛你，也想念你。Glynis Ross-Munro，你在我身上看到我不知道的潛能。你們三位對我產生的正向影響實在是筆墨難以形容。謝謝你們。

有了許多家人朋友的關愛與陪伴，我才成為今天的我。我才三歲大，就和Yael Farber開始建立美好的友誼。Aly，謝謝你和我緊緊攜手，一起踏上共同旅程。仁慈而寬厚的Laura Bortz，我們的友誼已橫跨四十年，你在我心中永遠有個特別的位置。Charlotte和Moshe Samir、Sam Sussman、Liezel David、Alex Whyte、Richard & Robyn Samir，真慶幸你們是我的家人。Lisa Farber及Jose Segal、Heather Farber、Tanya Farber、Sharon & Gary Aaron、Joelle Tomb，以及Chris Zakak、Jillian Frank、Bronwyn Fryer、Charbel El Hage、Janet Campbell、Bill & Maureen Thompson、Trula and Koos Human：謝謝你們帶來的回憶、支持與歡笑。

我的母親Veronica、已故的父親Sidney、姊姊Madeleine和哥哥Christopher，本書提供的教訓都是你們過去給我的教誨：心懷慈悲、堅持不懈，所有情緒都有其價值，以及聽從自己內心的呼喚，實踐價值觀。我真是無比感激你們。

我親愛的丈夫安東尼，你是我的人生伴侶、至交、教練和知己。諾亞和蘇菲——我浸淫在你們的愛、鼓勵和接納中，我何其有幸，能夠成為你們的母親。我在世上所感受到的喜樂和美好，都是因為你們三人。謝謝你們。我會永遠把你們的心放在我的心上。

注解

第一章　什麼是情緒靈敏力？

1. *"Between stimulus and response"* . . . Frankl, V. E. (1984). *Man's search for meaning: An introduction to logotherapy*. New York: Simon & Schuster.
2. *It also draws on diverse disciplines in psychology* . . . Emotional agility is influenced by research across social, organizational, and clinical psychology. It is especially indebted to the field of ACT (known either as Acceptance and Commitment Therapy or Acceptance and Commitment Training), which was developed by Steven Hayes, a professor and the chair of psychology at the University of Nevada, and his colleagues, and is supported by a generous community of researchers and practitioners in the Association for Contextual Behavioral Science.

    Flexibility is a hallmark of health and well-being. A large and growing body of research demonstrates that *lower* levels of the skills underpinning emotional agility predict a *poorer* rate of success and well-being, that *higher* levels are critical to psychological health and thriving, and also that emotional agility can be learned. For excellent overviews, see Kashdan, T., & Rottenberg, J. (2010).

    Psychological flexibility as a fundamental aspect of health. *Clinical Psychology Review*, 30(7), 865–878; Biglan, A., Flay, B., Embry, D., & Sandler, I. (2012). The critical role of nurturing environments for promoting human well-being. *American Psychologist*, 67(4), 257–271; Bond, F. W., Hayes, S. C., & Barnes-Holmes, D. (2006). Psychological flexibility, ACT, and organizational behavior. *Journal of Organizational Behavior Management*, 26(1–2), 25–54; Lloyd, J., Bond, F. W., & Flaxman, P. E. (2013). The value of psychological flexibility: Examining psychological mechanisms underpinning a cognitive behavioral therapy intervention for burnout. *Work and Stress*, 27(2), 181–199; A-Tjak, J., Davis, M., Morina, N., Powers, M., Smits, J., & Emmelkamp, P. (2015). A meta-analysis of the efficacy of acceptance and commitment therapy for clinically relevant mental and physical health problems. *Psychotherapy and Psychosomatics*, 84(1), 30–36; Aldao, A., Sheppes, G., & Gross, J. (2015). Emotion regulation flexibility. *Cognitive Therapy and Research*, 39(3), 263–278.
3. *One recent study found* . . . Strayer, D., Crouch, D., & Drews, F. (2006). A comparison of the cell phone driver and the drunk driver. *Human Factors*, 48(2), 381–391.
4. *Other studies show that low-grade daily stress* . . . Epel, E., Blackburn, E., Lin, J., Dhabhar, F., Adler, N., Morrow, J., & Cawthon, R. (2004). Accelerated telomere shortening in response to life stress. *Proceedings of the National Academy of Sciences*, 101(49), 17312–17315.

5. *Not long ago I published* . . . David, S., & Congleton, C. (2013, November). Emotional agility. How effective leaders manage their negative thoughts and feelings. *Harvard Business Review*, 125–128.
6. *learning to see yourself as the chessboard* . . . This metaphor is credited to Hayes, S. C., Strosahl, K. D., & Wilson, K. G. (1999). *Acceptance and commitment therapy: An experiential approach to behavior change*. New York: Guilford Press.
7. *I call these small decision moments choice points* . . . This concept is used in David, S. (2009, September). *Strengthening the inner dialogue* workshop facilitated for Ernst & Young.
8. *Sarah Blakely, the founder of Spanx shapewear* . . . Caprino, K. (2012, May 23).
9. lessons I learned from Sarah Blakely that you won't hear in business school. *Forbes*.

第二章　你上鉤了嗎？

1. *most of us speak around sixteen thousand words* . . . Mehl, M., Vazire, S., Ramirez-Esparza, N., Slatcher, R., & Pennebaker, J. (2007). Are women really more talkative than men? *Science*, 317(5834), 82. This sweet study recorded participants' natural language use over a number of days to assess gender differences in talkativeness. Their conclusion: "The widespread and highly publicized stereotype about female talkativeness is unfounded."
2. *And here's a clue to why this progression* . . . This "Mary had a little lamb" example is credited to Steven Hayes.
3. *Suppose for a moment you're taking a class* . . . The German psychologist Wolfgang Köhler originally demonstrated consistent shape-sound mapping. He found that the nonsense word "maluma" was the label given to a round shape and "takete" to an angular one. Ramachandran, V. S., & Hubbard, E. M. (2001). Synaesthesia—a window into perception, thought and language. *Journal of Consciousness Studies*, 8(12), 3–34.
4. *Even two-year-olds* . . . Maurer, D., Pathman, T., & Mondloch, C. J. (2006). The shape of boubas: Sound-shape correspondence in toddlers and adults. *Developmental Science*, 9(3), 316–322.
5. *This association of a certain shape with a certain sound* . . . After damage to his angular gyrus, patient SJ, a former physician, continued to speak English fluently and even to correctly diagnose illness on the basis of symptom lists. But when Ramachandran's team tested him on the meanings of twenty proverbs, the physician got every one wrong. He was locked in a world of literal meanings and couldn't fathom deeper metaphorical connections. Pressed, for instance, to explain "All that glitters is not gold," he said that one should be very cautious when buying jewelry.

    Synesthesia, a curious phenomenon that affects 1 to 2 percent of the population, may be an example of hyperconnective cross wiring. It's a demonstration of bouba kiki at its extreme. People with synesthesia are otherwise normal but perceive certain stimuli in both normative and unexpected ways. For example, a number might be perceived as both a number and a

color ("5" may be red and "6" purple); a sound may evoke a color (C-sharp is blue) or flavor (the letter "A" might evoke the taste of semi-ripe bananas). Francis Galton first documented the condition in 1880. It tends to run in families and is more common in creative people. See Ramachandran, V. S., & Hubbard, E. M. (2001).
Synaesthesia—a window into perception, thought and language. *Journal of Consciousness Studies*, 8(12), 3–34. Ramachandran, V. S., & Hubbard, E. M. (2003). Hearing colors, tasting shapes. *Scientific American*, 288(5), 52–59.

The proposed role of the angular gyrus in understanding metaphor has been contested by Krish Sathian and his team at the Emory University. Research is ongoing. Simon, K., Stilla, R., & Sathian, K. (2011). Metaphorically feeling: Comprehending textural metaphors activates somatosensory cortex. *Brain and Language*, 120(3), 416–421.

6. *The poet John Milton summed it up in the seventeenth century* . . . Milton, J. (2009). *Paradise lost*. New York: Penguin Classics (original work published in 1667).
7. *as the philosopher Alfred Korzybski* . . . Korzybski, A. (1933). A non-Aristotelian system and its necessity for rigor in mathematics and physics. *Science and Sanity*, 747–761. This paper was first presented at a meeting of the American Association for the Advancement of Science on December 28, 1931.
8. *Heuristics range from reasonable prohibitions* . . . The upside and downside of heuristics as they relate to flexibility are nicely described in Kashdan, T., & Rottenberg, J. (2010). Psychological flexibility as a fundamental aspect of health. *Clinical Psychology Review*, 30, 865–878. Also see Ambady, N., & Rosenthal, R. (1992). Thin slices of expressive behavior as predictors of interpersonal consequences: A meta-analysis. *Psychological Bulletin*, 111(2), 256–274.
9. *In* Thinking Fast and Slow, *the psychologist Daniel Kahneman* . . . Kahneman, D.(2003). A perspective on judgment and choice: Mapping bounded rationality. *American Psychologist*, 58(9), 697–720.
10. *He describes these kinds of gut responses* . . . Gigerenzer, G. (2011). Heuristic decision making. *Annual Review of Psychology*, 62, 107–139.
11. *But System 1 gut responses have a dark side* . . . Kashdan, T., & Rottenberg, J. (2010). Psychological flexibility as a fundamental aspect of health. *Clinical Psychology Review*, 30(7), 865–878.
12. *In the lab, researchers have had participants watch short videos* . . . These studies describe "change blindness," which denotes difficulties in noticing large changes to visual scenes, or "inattentional blindness," a failure to notice unexpected inclusions in visual scenes. Both effects capture a profound mismatch between what we think we see and what is actually in front of us. These findings are not limited to our visual field. Similar mismatches have been documented, for example, in what we hear or, more accurately, do not hear. Simons, D., & Rensink, R. (2005). Change blindness: Past, present, and future. *Trends in Cognitive Sciences*, 9(1), 16–20; Jensen, M., Yao, R., Street, W., & Simons, D. (2011). Change blindness and

inattentional blindness. *Wiley Interdisciplinary Reviews: Cognitive Science*, 2(5), 529–546; Levin, D. T., & Simons, D. J. (1997). Failure to detect changes to attended objects in motion pictures. *Psychonomic Bulletin and Review*, 4, 501–506.

13. *The same researchers behind those experiments did another study* . . . Simons, D. J., & Levin, D. T. (1998). Failure to detect changes to people in real-world interaction. *Psychonomic Bulletin and Review*, 5(4), 644–649.
14. *A tragic, real-life example of this phenomenon took place in Boston* . . . Chabris, C., Weinberger, A., Fontaine, M., & Simons, D. (2011). You do not talk about Fight Club if you do not notice Fight Club: Inattentional blindness for a simulated real-world assault. *i-Perception*, 2(2), 150–153.
15. *psychology professionals were asked to watch an interview* . . . Langer, E., & Abelson, R. (1974). A patient by any other name . . . : Clinician group difference in labeling bias. *Journal of Consulting and Clinical Psychology*, 42(1), 4–9.
16. *People frequently die in fires* . . . Grice, A. (2009). *Fire risk: Fire safety law and its practical application*. London: Thorogood Publishing.

第三章　與情緒脫鉤

1. *there are seven basic emotions* . . . Emotions researchers actively debate the number of core emotions, with from six to fifteen commonly cited. By any of these accounts, the so-called "negative" emotions outnumber those labeled as "positive." This "basic" emotions perspective is grounded in the theory that an irreducible number of key emotions are shared across cultures and species and have universal triggers (Ekman, 1999). This perspective can be contrasted with a "constructivist" one (Barrett, 2015), which suggests that emotions do not have definable boundaries between them but, rather, that we actively construct our emotional experience based on the context. Ekman, P. (1999). Basic emotions. In T. Dalgleish & T. Power (Eds.), *The handbook of cognition and emotion* (pp. 45–60). New York: John Wiley & Sons; Clark-Polner, E., Wager, T. D., Satpute, A. B., & Barrett, L. F. (2016). Neural fingerprinting: Meta-analysis, variation, and the search for brainbased essences in the science of emotion. In L. F. Barrett, M. Lewis, & J. M. Haviland-Jones (Eds.). *The handbook of emotion* (4th ed.). New York: Guilford Press; Barrett, L. F. (2014). Ten common misconceptions about the psychological construction of emotion. In L. F. Barrett & J. A. Russell (Eds.), *The psychological construction of emotion* (pp. 45–79). New York: Guilford Press.
2. *men are more likely to bottle than women are* . . . John, O. P., & Eng, J. (2013). Three approaches to individual differences in measuring affect regulation: Conceptualizations, measures, and findings. In J. Gross (Ed.), *Handbook of emotion regulation* (pp. 321–344). New York: Guilford Press. Also see Gross, J., & John, O. P. (2003). Individual difference in two emotion regulation processes: Implications for affect, relationships, and well-being. *Journal of Personality and Social Psychology*, 23(2), 348–362. Two quick caveats are in order:

First, although gender differences research demonstrates that men have a greater tendency than women to bottle their emotions, this should not be equated with "all men are bottlers" or "no women are bottlers." The same caveat applies to women and brooding. Second, some people flip between bottling and brooding and vice versa. They might, for example, brood for a while, become concerned with how much they are thinking about the issue, and then try to bury their feelings.

3. *Today, you can see a parody of these stereotypical communication styles* . . . https://www.youtube.com/watch?v=-4EDhdAHrOg.
4. *trying* not *to do something takes a surprising amount of mental bandwidth* . . . Waxer, P. H. (1977). Nonverbal cues for anxiety: An examination of emotional leakage. *Journal of Abnormal Psychology*, 86(3), 306–314.
5. *In a ridiculously simple but very famous study* . . . Wegner, D. M., Schneider, D. J., Carter, S., & White, T. (1987). Paradoxical effects of thought suppression. *Journal of Personality and Social Psychology*, 53(1), 5–13. Also see Wegner, D. M. (2011). Setting free the bears: Escape from thought suppression. *American Psychologist*, 66(8), 671-680.
6. *Bottling is usually done with the best intentions* . . . Litvin, E. B., Kovacs, M. A., et al. (2012). Responding to tobacco craving: Experimental test of acceptance versus suppression. *Psychology of Addictive Behaviors*, 26(4), 830–837.
7. *researchers found that bottling increases* . . . Butler, E. A., Egloff, B., Wilhelm, F. W., Smith, N. C., Erickson, E. A., & Gross, J. J. (2003). The social consequences of expressive suppression. *Emotion*, 3(1), 48–67.
8. *brooders are more likely to be women* . . . Johnson, D., & Whisman, M. (2013). Gender differences in rumination: A meta-analysis. *Personality and Individual Differences*, 55(4), 367–374.
9. *psychologist Brad Bushman did a study* . . . Bushman, B. (2002). Does venting anger feed or extinguish the flame? Catharsis, rumination, distraction, anger, and aggressive responding. *Personality and Social Psychology Bulletin*, 28(6), 724–731. In this study, the brooders fared the worst when compared with bottlers and a control group. The brooders were angriest and most aggressive. Next came the bottlers, who were still angry but not aggressive. Those in the control group, who were trying neither to bottle nor trying to brood, fared the best.
10. *We might think that these venting sessions* . . . Rose, A., Schwartz-Mette, R., Glick, G. C., Smith, R. L., & Luebbe, A. M. (2014). An observational study of corumination in adolescent friendships. *Developmental Psychology*, 50(9), 2199–2209.
11. *brooder's self-focus leaves no room for anyone else's needs* . . . Nolen-Hoeksema, S., & Davis, C. G. (1999). "Thanks for sharing that": Ruminators and their social support networks. *Journal of Personality and Social Psychology*, 77(4), 801–814.
12. Type 1 *and* Type 2 *thoughts* . . . Wells, A. (2009). *Metacognitive therapy for anxiety and depression*. New York: Guilford Press.

13. *It's like quicksand* . . . This metaphor is credited to Steven Hayes. Hayes, S., & Smith, S. (2005). *Get out of your mind and into your life: The new acceptance and commitment therapy*. Oakland, CA: New Harbinger Publications.
14. *Whatever we may think we're accomplishing by bottling or brooding* . . . Aldao, A., & Nolen-Hoeksema, S. (2012). When are adaptive strategies most predictive of psychopathology? *Journal of Abnormal Psychology*, 121(1), 276–281. Also see Mauss, I., Evers, C., Wilhelm, F., & Gross, J. (2006). How to bite your tongue without blowing your top: Implicit evaluation of emotion regulation predicts affective responding to anger provocation. *Personality and Social Psychology Bulletin*, 32(5), 589–602.
15. *But when I hold the books tight to my body* . . . This metaphor has been adapted from Zettle, R. (2007). *ACT for depression: A clinician's guide to using acceptance and commitment therapy in treating depression*. Oakland, CA: New Harbinger Publications.
16. *Openness and enthusiasm are replaced by rules* . . . Nolen-Hoeksema, S., Wisco, B., & Lyubomirsky, S. (2008). Rethinking rumination. *Perspectives on Psychological Science*, 3(5), 400–424.
17. *The unwritten rule book about emotions* . . . For more on the development of emotional display rules, see Zeman, J., & Garber, J. (1996). Display rules for anger, sadness, and pain: It depends on who is watching. *Child Development*, 67(3), 957–973. For a more general discussion on display rules, see Paul Ekman's work.
18. *We learn these rules from our caregivers* . . . Reese, E., Haden, C., & Fivush, R. (1996). Mothers, fathers, daughters, sons: Gender differences in reminiscing. *Research on Language and Social Interaction*, 29(1), 27–56; Root, A., & Rubin, K. (2010). Gender and parents' reactions to children's emotion during the preschool years. *New Directions for Child and Adolescent Development*, 128, 51–64.
19. *two researchers at the University of California, Berkeley* . . . Harker, L., & Keltner, D. (2001). Expressions of positive emotion in women's college yearbook pictures and their relationship to personality and life outcomes across adulthood. *Journal of Personality and Social Psychology*, 80(1), 112–124; Ekman, P., Davidson, R., & Friesen, W. (1990). The Duchenne smile: Emotional expression and brain physiology, II. *Journal of Personality and Social Psychology*, 58(2), 342–353.
20. *They help build vital social* . . . Lyubomirsky, S., Sheldon, K. M., & Schkade, D. (2005). Pursuing happiness: The architecture of sustainable change. *Review of General Psychology*, 9, 111–131; Seligman, M.E.P., & Csikszentmihalyi, M. (Eds.) (2000). Positive psychology (special issue). *American Psychologist*, 55(1), 5–14; Fredrickson, B. L. (1998). What good are positive emotions? *Review of General Psychology*, 2(3), 300–319; Tugade, M., Fredrickson, B. L., & Barrett, L. F. (2004). Psychological resilience and positive emotional granularity: Examining the benefits of positive emotions on coping and health. *Journal of Personality*, 72(6), 1161–1190.

21. *research shows it's possible not only to be too happy* . . . Gruber, J., Mauss, I., & Tamir, M. (2011). A dark side of happiness? How, when, and why happiness is not always good. *Perspectives on Psychological Science*, 6(3), 222–233.
22. *An excess of freewheeling giddiness* . . . Gruber, J., Mauss, I., & Tamir, M. (2011). A dark side of happiness? How, when, and why happiness is not always good. *Perspectives on Psychological Science*, 6(3), 222–233.
23. *highly positive people can be less creative* . . . Davis, M. A. (2008). Understanding the relationship between mood and creativity: A meta-analysis. *Organizational Behavior and Human Decision Processes*, 108(1), 25–38.
24. *The happy more often place disproportionate emphasis* . . . Gruber, J., Mauss, I., & Tamir, M. (2011). A dark side of happiness? How, when, and why happiness is not always good. *Perspectives on Psychological Science*, 6(3), 222–233. For an excellent discussion on the dark side of positive emotion, also see Gruber, J., & Moskowitz, J. (2014). *Positive emotion: Integrating the light sides and dark sides*. New York: Oxford University Press.
25. *negative emotions encourage slower, more systematic cognitive processing* . . . Forgas, J. (2013). Don't worry, be sad! On the cognitive, motivational, and interpersonal benefits of negative mood. *Current Directions in Psychological Science*, 22(3), 225–232; Young, M., Tiedens, L., Jung, H., & Tsai, M. (2011). Mad enough to see the other side: Anger and the search for disconfirming information. *Cognition and Emotion*, 25(1), 10–21.
26. *In one study, participants were given a fake newspaper article* . . . Mauss, I. B., Tamir, M., Anderson, C. L., & Savino, N. S. (2011). Can seeking happiness make people unhappy? Paradoxical effects of valuing happiness. *Emotion*, 11(4), 807-815.
27. *participants were asked to listen to Stravinsky's* Rite of Spring . . . Schooler, J. W., Ariely, D., & Loewenstein, G. (2003). The pursuit and assessment of happiness may be self-defeating. In I. Brocas & J. D. Carrillo (Eds.), *The psychology of economic decisions, 1: Rationality and well-being* (pp. 41–70). New York: Oxford University Press.
28. *The aggressive pursuit of happiness is also isolating* . . .Mauss, I., Savino, N., Anderson, C., Weisbuch, M., Tamir, M., & Laudenslager, M. (2012). The pursuit of happiness can be lonely. *Emotion*, 12(5), 908–912.
29. *To be happy within a given culture depends* . . . Gruber, J., Mauss, I., & Tamir, M. (2011). A dark side of happiness? How, when, and why happiness is not always good. *Perspectives on Psychological Science*, 6(3), 222–233.
30. *Good News About Bad Moods* . . . Moods are generally defined as emotions that last for an extended period; they are not fleeting.
31. *Help us form arguments* . . . Forgas, J. (2007). When sad is better than happy: Negative affect can improve the quality and effectiveness of persuasive messages and social influence strategies. *Journal of Experimental Social Psychology*, 43(4), 513–528.
32. *One study found that shoppers remembered* . . . Forgas, J. P., Goldenberg, L., & Unkelbach, C.

(2009). Can bad weather improve your memory? A field study of mood effects on memory in a real-life setting. *Journal of Experimental Social Psychology*, 45(1), 254–257.

33. *On academic tests, an individual in a more somber mood* . . . Forgas, J. (2013). Don't worry, be sad! On the cognitive, motivational, and interpersonal benefits of negative mood. *Current Directions in Psychological Science*, 22(3), 225–232.
34. *People in less exuberant moments* . . . Forgas, J. (2013). Don't worry, be sad! On the cognitive, motivational, and interpersonal benefits of negative mood. *Current Directions in Psychological Science*, 22(3), 225–232.
35. *Those in negative moods pay more attention to fairness* . . . Forgas, J. (2013). Don't worry, be sad! On the cognitive, motivational, and interpersonal benefits of negative mood. *Current Directions in Psychological Science*, 22(3), 225–232.
36. *In a study of people with strong political opinions* . . . Young, M., Tiedens, L., Jung, H., & Tsai, M. (2011). Mad enough to see the other side: Anger and the search for disconfirming information. *Cognition and Emotion*, 25(1), 10–21.
37. *One study showed that students who expressed benign envy* . . . Ven, N., Zeelenberg, M., & Pieters, R. (2011). Why envy outperforms admiration. *Personality and Social Psychology Bulletin*, 37(6), 784–795.
38. *Embarrassment and guilt can serve important social functions* . . . Stearns, D., & Parrott, W. (2012). When feeling bad makes you look good: Guilt, shame, and person perception. *Cognition and Emotion*, 26, 407–430.
39. *Suppress the sadness under a veil* . . . Hackenbracht, J., & Tamir, M. (2010). Preferences for sadness when eliciting help: Instrumental motives in sadness regulation. *Motivation and Emotion*, 34(3), 306–315.

第四章　步驟一：勇敢現身，坦然面對

1. *In that 1949 classic, Campbell explored the idea* . . . Campbell, J. (2008). *The hero with a thousand faces* (3rd ed.). Novato, CA: New World Library, 2008.
2. *The Italian Jewish writer Primo Levi* . . . Levi described his experiences in *If This Is a Man and The Truce*. When Levi died at sixty-seven after falling from the interior landing of his third-story apartment, authorities quickly described the cause of his death as suicide. However, a rich analysis of Levi's final weeks suggests that an accidental fall, rather than suicide, is more likely. Gambetta, G. (1999, June 1). Primo Levi's last moments, *Boston Review*.
3. *"happy habits" science has currently identified* . . . Self-acceptance could be the key to a happier life, yet it's the happy habit many people practice the least. Research by K. Pine, University of Hertfordshire, March 7, 2014.
4. *According to folklore . . . when a member of a certain tribe* . . . This story may well be apocryphal. It does appear in a collection of essays by the American writer Alice Walker. Walker, A. (2006). *We are the ones we have been waiting for: Inner light in a time of darkness* (pp.

202–204). New York: New Press.

5. *In a study of people going through divorce* . . . Sbarra, D. A., Smith, H. L., & Mehl, M. R. (2012). When leaving your ex, love yourself: Observational ratings of selfcompassion predict the course of emotional recovery following marital separation. *Psychological Science*, 23(3), 261–269.
6. *In studies, prison inmates* . . . Tangney, J., Stuewig, J., & Martinez, A. (2014). Two faces of shame: The roles of shame and guilt in predicting recidivism. *Psychological Science*, 25(3), 799–805.
7. *Self-compassion is the antidote to shame* . . . Earlier I described all emotions as having a purpose. What, then, is the purpose of shame? Shame, like guilt, is considered a "moral" emotion—one that helps to shape our behavior and that of others in society. From an evolutionary perspective, though, shame is thought to have been most adaptive at earlier stages of evolution, as a mechanism for communicating rank and dominance or submission. While it still shapes behavior, it is considered less adaptive than guilt in our current evolutionary period, at a time when humankind is more cognitively, emotionally, and interpersonally complex. Tangney, J. P., & Tracy, J. (2012). Self-conscious emotions. In M. Leary & J. P. Tangney (Eds.), *Handbook of self and identity* (2nd ed.), (pp. 446–478). New York: Guilford Press.
8. *people took part in mock job interviews* . . . Neff, K. D., Kirkpatrick, K., & Rude, S. S. (2007). Self-compassion and its link to adaptive psychological functioning. *Journal of Research in Personality*, 41, 139–154.
9. *people who are more accepting of their own failures* . . . Breines, J., & Chen, S. (2012). Self-compassion increases self-improvement motivation. *Personality and Social Psychology Bulletin*, 38(9), 1133–1143.
10. *It even strengthens your immune system* . . . Pace, T., Negi, L., Adame, D., Cole, S., Sivilli, T., Brown, T., Issa, M., Raison, C. (2009). Effect of compassion meditation on neuroendocrine, innate immune and behavioral responses to psychosocial stress. *Psychoneuroendocrinology*, 34(1), 87–98.
11. *young men and women who had spent the least* . . . The discussion on self-acceptance and social comparisons in this chapter owes a debt to Carson, S., & Langer, E. (2006). Mindfulness and self-acceptance. *Journal of Rational-Emotive and Cognitive-Behavior Therapy*, 24(1), 29–43; White, J., Langer, E., Yariv, L., & Welch, J. (2006). Frequent social comparisons and destructive emotions and behaviors: The dark side of social comparisons. *Journal of Adult Development*, 13(1), 36–44.
12. *someone else's negative evaluation of you is rarely objective* . . . Carson, S., & Langer, E. (2006). Mindfulness and self-acceptance. *Journal of Rational-Emotive and Cognitive-Behavior Therapy*, 24(1), 29–43.
13. *participants who were trying to quit smoking* . . . Bricker, J., Wyszynski, C., Comstock,

B., & Heffner, J. (2013). Pilot randomized controlled trial of web-based acceptance and commitment therapy for smoking cessation. *Nicotine and Tobacco Research*, 15(10), 1756–1764.
14. *condition called alexithymia* . . . Lesser, I. M. (1985). Current concepts in psychiatry: Alexithymia. *New England Journal of Medicine*, 312(11), 690–692.
15. *Trouble labeling emotions* . . . Hesse, C., & Floyd, K. (2008). Affectionate experience mediates the affects of alexithymia on mental health and interpersonal relationships. *Journal of Social and Personal Relationships*, 25(5), 793–810.
16. *People who can identify the full spectrum* . . . Barrett, L. F., Gross, J., Christensen, T., & Benvenuto, M. (2001). Knowing what you're feeling and knowing what to do about it: Mapping the relation between emotion differentiation and emotion regulation. *Cognition and Emotion*, 15(6), 713–724; Erbas, Y., Ceulemans, E., Pe, M., Koval, P., & Kuppens, P. (2014). Negative emotion differentiation: Its personality and well-being correlates and a comparison of different assessment methods. *Cognition and Emotion*, 28(7), 1196–1213.
17. *anger can be a sign* . . . Ford, B., & Tamir, M. (2012). When getting angry is smart: Emotional preferences and emotional intelligence. *Emotion*, 12(4), 685–689.
18. *awareness it provides can be channeled* . . . & Ford, B. Tamir, M., When getting angry is smart: Emotional preferences and emotional intelligence. *Emotion*, 12(4), 685–689.

第五章　步驟二：跨出去

1. *He began to reconnect with his deep love for his wife* . . . Studies show that when people write expressively about recent breakups, they are somewhat more likely than a control group to reunite with their partners. See Lepore, S. J., & Greenberg, M. A. (2002). Mending broken hearts: Effects of expressive writing on mood, cognitive processing, social adjustment and health following a relationship breakup. *Psychology and Health*, 17(5), 547–560. Pennebaker also studied writing through the lens of intact romantic relationships and found that people who wrote about their significant others were more likely to still be dating them three months later. See Slatcher, R. B., & Pennebaker, J. W. (2006). How do I love thee? Let me count the words: The social effects of expressive writing. *Psychological Science*, 17(8), 660–664. And in case you're curious, James and Ruth Pennebaker are still married, and writing is in their blood: He still researches writing, and she is a novelist.
2. *he started to see the purpose* . . . Pennebaker, J. (1997). Becoming healthier through writing. In *Opening up: The healing power of expressive emotions* (pp. 26–42). New York: Guilford Press.
3. *people who wrote about emotionally charged* . . . Burton, C. M., & King, L. A. (2008). Effects of (very) brief writing on health: The two-minute miracle. *British Journal of Health Psychology*, 13, 9–14.
4. *deeper dive into his work* . . . One of Pennebaker's most impressive works is the 1997 book, *Opening up: The healing power of expressing emotions.* I met with James Pennebaker at the

Positive Psychology Conference in Washington, D.C.
5. *intervention Pennebaker had conducted at a Dallas computer company* . . . Pennebaker, J. (1997). Becoming healthier through writing. In *Opening up: The healing power of expressive emotions* (pp. 26–42). New York: Guilford Press. Also see Spera, S. P., Buhrfiend, E. D., & Pennebaker, J. (1994). Expressive writing and coping with job loss. *Academy of Management Journal*, 37(3), 722–733.
6. *After many more studies* . . . Pennebaker, J. W., & Evans, J. F. (2014). *Expressive writing: Words that heal.* Enumclaw, WA: Idyll Arbor.
7. *writers in these experiments who thrived* . . . Pennebaker, J. W., & Evans, J. F. (2014). *Expressive writing: Words that heal.* Enumclaw, WA: Idyll Arbor; Pennebaker, J. W., & Chung, C. K. (2011). Expressive writing: Connections to physical and mental health. In H. S. Friedman (Ed.), *Oxford handbook of health psychology* (pp. 417–437). New York: Oxford University Press.
8. *Take a look at this line drawing* . . . Included with permission by Daniel Kahneman, Eugene Higgins Professor of Psychology Emeritus at Princeton University, and originally adapted from Bruner, J. S., & Minturn, A. L. (1955). Perceptual identification and perceptual organization. *Journal of General Psychology*, 53(2), 21–28; Kahneman, D. (2003). A perspective on judgment and choice: Mapping bounded rationality. *American Psychologist*, 58(9), 697–720.
9. *research in the behavioral and cognitive sciences* . . . Modern thinking on mindfulness and associated practices has been deeply influenced by the work of Jon Kabat-Zinn, Ellen Langer, and Richard Davidson, to name a few.
10. *Harvard researchers recently performed brain scans* . . . Hölzel, B., Carmody, J., Vangel, M., Congleton, C., Yerramsetti, S., Gard, T., & Lazar, S. (2011). Mindfulness practice leads to increases in regional brain gray matter density. *Psychiatry Research: Neuroimaging*, 191(1), 36–43.
11. *By paying attention to what's going on around us* . . . Ricard, M., Lutz, A., & Davidson, R. J. (2014, November). Mind of the meditator. *Scientific American*, 311(5), 38–45; Davis, D., & Hayes, J. (2012). What are the benefits of mindfulness? A practice review of psychotherapy-related research. *Psychotherapy*, 43(7), 198–208.
12. *One of the leaders in mindfulness research* . . . Beard, A. (2014, March). Mindfulness in the age of complexity. *Harvard Business Review.*
13. *When you're mindful of your anger* . . . This lovely article captures the essence of mindfulness in learning and growth: Salzberg, S. (2015, April 5). What does mindfulness really mean anyway? *On Being.*
14. *A series of studies at Harvard* . . . Wilson, T., Reinhard, D., Westgate, E., Gilbert, D., Ellerbeck, N., Hahn, C., et al. (2014). Just think: The challenges of the disengaged mind. *Science*, 345(6192), 75–77.

15. *"green thought in a green shade"* . . . Marvell, A. (2005). The garden. In Andrew Marvell, *The complete poems*, Elizabeth Story Donno (Ed.). New York: Penguin Classics.
16. *I often read my daughter, Sophie, to sleep* . . . Johnson, C. (1955, 2015). *Harold and the purple crayon*. New York: HarperCollins.
17. *Or say a simple word like "milk"* . . . The "milk" exercise, which was first used by the psychologist Edward B. Titchener in 1916, is a staple technique to help people become disentangled from their thoughts and emotions when they are hooked. Titchener, E. B. (1916). *A textbook of psychology*. New York: Macmillan.
18. *"One thing I didn't want to do"* . . . Greenberg, J. (2010). Exiting via the low road. ESPNChicago.com. http://espn.go.com/espn/print?id=5365985.
19. *Research shows that using the third person* . . . Kross, E., Bruehlman-Senecal, E., Park, J., Burson, A., Dougherty, A., Shablack, H., et al. (2014). Self-talk as a regulatory mechanism: How you do it matters. *Journal of Personality and Social Psychology*, 106(2), 304–324.
20. *Techniques for Stepping Out* . . . Techniques 1–4 in this list are adapted from Carson, S., & Langer, E. (2006). Mindfulness and self-acceptance. *Journal of Rational-Emotive and Cognitive-Behavior Therapy*, 24(1), 29–43.
21. *Just saying the words " let go"* . . . This sentiment is beautifully conveyed by Joen Snyder O'Neal, Reflecting on Letting Go, Spring 2001. http://www.oceandharma.org/teachers/Letting_Go.pdf.
22. *"On the return trip home"* . . . Kelley, K. W. (1988). *The home planet*. Reading, MA: Addison-Wesley.

第六章　步驟三：聽從內心呼喚，依循價值觀而行

1. *Tom Shadyac gave Jim Carrey his first big role* . . . Oprah.com. (2011, April 4). From multimillionaire to mobile home. http://www.oprah.com/oprahshow /Tom-Shadyac-From-Millionaire-to-Mobile-Home.
2. *"The lifestyle was fine"* . . . https://www.reddit.com/r/IAmA/comments/1dxuqd/im_tom_shadyac_director_of_ace_ventura_nutty.
3. *He also made sure that the choices he made were for himself alone* . . . Oprah.com (2011, April 4). From multimillionaire to mobile home. http://www.oprah.com/oprahshow/Tom-Shadyac-From-Millionaire-to-Mobile-Home.
4. *Asked in another interview whether he was happier* . . . Hassett, S. (2011, January 28). Tom Shadyac wants you to wake up. *Esquire*. http://www.esquire.com/entertainment/interviews/a9309/tom-shadyac-i-am-012811.
5. *He knew he was doing the right thing* . . . Oprah.com (2011, April 4). From multimillionaire to mobile home. http://www.oprah.com/oprahshow/Tom-Shadyac-From-Millionaire-to-Mobile-Home.
6. *certain behaviors really are like colds and flus* . . . Hill, A. L., Rand, D. G., Nowak, M. A., &

Christakis, N. A. (2010). Infectious disease modeling of social contagion in networks. *PLOS Computational Biology* 6(11).

7. *One study found that couples are more likely to divorce* . . . Hill, A. L., Rand, D. G., Nowak, M. A., & Christakis, N. A. (2010). Infectious disease modeling of social contagion in networks. *PLOS Computational Biology* 6(11); McDermott, R., Fowler, J. H., & Christakis, A. (2013, December). Breaking up is hard to do, unless everyone else is doing it too: Social network effects on divorce in a longitudinal sample. *Social Forces*, 92(2), 491–519.
8. *A Stanford University marketing professor tracked more than a quarter of a million* . . . Gardete, P. (2015). Social effects in the in-flight marketplace: Characterization and managerial implications. *Journal of Marketing Research*, 52(3), 360–374.
9. *Psychologists asked a group of people in their early twenties* . . . Gelder, J., Hershfield, H., & Nordgren, L. (2013). Vividness of the future self predicts delinquency. *Psychological Science*, 24(6), 974–980.
10. *In another experiment, college-age participants were told* . . . Hershfield, H., Goldstein, D., Sharpe, W., Fox, J., Yeykelis, L., Carstensen, L., & Bailenson, J. (2011). Increasing saving behavior through age-progressed renderings of the future self. *Journal of Marketing Research*, 48, S23–37.
11. *Jeff Kinney is the author of the bestselling kids' series* Diary of a Wimpy Kid . . .Alter, A. (2015, May 22). The bookstore built by Jeff Kinney, the "Wimpy Kid." *New York Times*.
12. *Instead, I see values not as rules that are supposed to govern us* . . . This articulation of values as being qualities of action rather than categories or rules is a hallmark of ACT. For a discussion on this and the key characteristics of values, see, for example, Harris, R. (2008). *The happiness trap: How to stop struggling and start living*. Boston: Trumpeter; Luoma, J. B., Hayes, S. C., & Walser, R. D. (2007). *Learning ACT: An acceptance and commitment therapy skills-training manual for therapists*. Oakland, CA, and Reno, NV: New Harbinger and Context Press; Wilson, K. G., & Murrell, A. R. (2004). Values work in acceptance and commitment therapy: Setting a course for behavioral treatment. In S. C. Hayes, V. M. Follette, & M. Linehan (Eds.), *Mindfulness and acceptance: Expanding the cognitive-behavioral tradition* (pp. 120–151). New York: Guilford Press.
13. *A colleague of mine describes values as "facets on a diamond"* . . . Tim Bowden used this simile in a discussion about values on the ACT professional Listserv discussion(September 12, 2012).
14. *When the author Elizabeth Gilbert was writing her memoir* . . . http://www.elizabethgilbert.com/thoughts-on-writing.
15. *At the age of twenty-four, Sergeant Joseph Darby* . . . Hylton, W. S. (2006, July 31) Prisoner of conscience. *GQ*.
16. *But the more he witnessed, the more he realized that the abuse* . . . Jaffer, J., & Siems, L. (2011, April 27). Honoring those who said no. *New York Times*.

17. *identifying their personal values helped protect a group of minority students* . . . Cohen, G. L., & Sherman, D. K. (2014). The psychology of change: Self-affirmation and social psychological intervention. *Annual Review of Psychology*, 65, 333–371.
18. *female college students enrolled in an introductory physics course* . . . Cohen, G. L., & Sherman, D. K. (2014). The psychology of change: Self-affirmation and social psychological intervention. *Annual Review of Psychology*, 65, 333–371.
19. *subjects of one such study, who affirmed just one core value* . . . Cohen, G. L., & Sherman, D. K. (2014). The psychology of change: Self-affirmation and social psychological intervention. *Annual Review of Psychology*, 65, 333–371.
20. *When Irena Sendler was a seven-year-old* . . . For more information on the remarkable Irena Sendler, see http://lowellmilkencenter.org/irena-sendler-overview.
21. *you will eventually arrive at what I call a choice point* . . . This concept is used in David, S. (2009, September). *Strengthening the inner dialogue*, workshop facilitated for Ernst & Young. For an excellent synopsis of the choice points idea, see this presentation by Russ Harris: https://www.youtube.com/watch?v=tW6vWKVrmLc.
22. *choose moves that are* toward . . . The language of toward and away moves was developed by Kevin Polk, Jerold Hambright, and Mark Webster as part of a broader framework that elegantly illustrates how humans understand and respond to their experiences. Polk, K., & Schoendorff, B. (Eds.). (2014). *The ACT matrix: A new approach to building psychological flexibility across settings and populations*. Oakland, CA: New Harbinger Publications.
23. *"Choices," the philosopher Ruth Chang said* . . . http://www.ted.com/talks/ruth_chang_how_to_make_hard_choices?language=en.
24. *I recall a profound interaction I had with Jane Goodall* . . . Jane Goodall and I had this discussion in September 2007.
25. *A colleague of mine described the dilemma this way* . . . This is paraphrased from a description used by Jonathan Kanter from the University of Washington Center for the Science of Social Connection in an ACT professional Listserv discussion on October 11, 2013.

第七章　步驟四之一：以微調方式向前走

1. *Cynthia and David were fighting about money* . . . The "Cynthia and David" and "sailing" examples are cited and adapted from the following two articles, respectively: Driver, J., & Gottman, J. (2004). Daily marital interactions and positive affect during marital conflict among newlywed couples. *Family Process*, 43(3) 301–314; Gottman, J., & Driver, J. (2005). Dysfunctional marital conflict and everyday marital interaction. *Journal of Divorce and Remarriage*, 22(3–4), 63–77.
2. *In one follow-up six years later* . . . Smith, E. E. (2014, June 12). Masters of love. *Atlantic*.
3. *But when we aim for tiny tweaks* . . . Karl Weick describes the powerful impact of aiming small in his classic paper on small wins. Weick, K. (1984). Small wins. *Redefining Social Problems*,

39(1), 29–48.

4. *tiny tweak to the mindsets of eighty-four female hotel cleaners* . . . Crum, A. J. (2006, April). Think and grow fit: Unleash the power of the mind body connection. Paper presented at Dr. Tal Ben-Shahar's class Positive Psychology, Harvard University, Cambridge, MA; Crum, A. J., & Langer, E. J. (2007). Mind-set matters: Exercise and the placebo effect. *Psychological Science*, 18(2), 165–171.
5. *People with a fixed mindset* . . . Burnette, J., O'Boyle, E., Vanepps, E., Pollack, J., & Finkel, E. (2013). Mind-sets matter: A meta-analytic review of implicit theories and self-regulation. *Psychological Bulletin*, 139(3), 655–701.
6. *these beliefs can have a profound effect on behavior* . . . Dweck, C. (2008). Can personality be changed? The role of beliefs in personality and change. *Current Directions in Psychological Science*, 17(6), 391–394; Yeager, D., Johnson, R., Spitzer, B., Trzesniewski, K., Powers, J., & Dweck, C. (2014). The far-reaching effects of believing people can change: Implicit theories of personality shape stress, health, and achievement during adolescence. *Journal of Personality and Social Psychology*, 106(6), 867–884.
7. *one's mindset can be developed and shifted* . . . Paunesku, D., Walton, G., Romero, C., Smith, E., Yeager, D., & Dweck, C. (2015). Mind-set interventions are a scalable treatment for academic underachievement. *Psychological Science*, 26(6), 784–793; Gunderson, E., Gripshover, S., Romero, C., Dweck, C., Goldin-Meadow, S., & Levine, S. (2013). Parent praise to 1- to 3-year-olds predicts children's motivational frameworks 5 years later. *Child Development*, 84(5), 1526–1541.
8. *it is important not to confuse having a growth mindset with simply working harder* . . .http://www.edweek.org/ew/articles/2015/09/23/carol-dweck-revisits-the-growth-mindset.html.
9. *researchers wondered whether they could improve the success rates* . . . Yeager, D., &Dweck, C. (2012). Mindsets that promote resilience: When students believe that personal characteristics can be developed. *Educational Psychologist*, 47(4), 302–314.
10. *Becca Levy from the Yale School of Public Health* . . . This is a fascinating line of research into the impact of age stereotypes on later life. For a good overview of this work, see Levy, B. (2009). Stereotype embodiment: A psychosocial approach to aging. *Psychological Science*, 18(6), 332–336. Also see Levy, B., Slade M. D., & Kasl, S. V. (2002). Longevity increased by positive self-perceptions of aging. *Journal of Personality and Social Psychology*, 83(2), 261–270.
11. *those with negative views on aging* . . . Levy, B. R., Zonderman, A. B., Slade, M. D., & Ferrucci, L. (2009). Age stereotypes held earlier in life predict cardiovascular events in later life. *Psychological Science*, 20(3), 296–298.
12. *people with fixed negative views on aging die* . . . Levy, B., Slade, M., Kunkel, S., & Kasl, S. (2002). Longevity increased by positive self-perceptions of aging. *Journal of Personality and Social Psychology*, 83(2), 261–270.
13. *Studies show that, on average, seniors* . . . For example, Verhaeghen P. (2003, June). Aging

and vocabulary scores: A meta-analysis. *Psychology and Aging*, 18(2), 332–339; Fleischman, D. A., Wilson, R. S., Gabrieli, J. D., Bienias, J. L., & Bennett, D. A. (2004, December). A longitudinal study of implicit and explicit memory in old persons. *Psychology & Aging*, 19(4), 617–625; Singer, J., Rexhaj, B., & Baddeley, J. (2007). Older, wiser, and happier? Comparing older adults' and college students' self-defining memories. *Memory*, 15(8), 886–898. Tergesen, A. (2015, October 19). To age well, change how you feel about aging. *Wall Street Journal.*

14. *A few milliseconds before we make a single voluntary move* . . . Rigoni, D., Kuhn, S., Sartori, G., & Brass, M. (2011). Inducing disbelief in free will alters brain correlates of preconscious motor preparation: The brain minds whether we believe in free will or not. *Psychological Science*, 22(5), 613–618.
15. *People who have a growth mindset* . . . Dweck, C. S. (2012). *Mindset: How you can fulfill your potential.* London: Constable and Robinson Limited.
16. *They are less likely to mindlessly conform* . . . Alquist, J., Ainsworth, S., & Baumeister, R. (2013). Determined to conform: Disbelief in free will increases conformity. *Journal of Experimental Social Psychology*, 49(1), 80–86.
17. *In one study, eligible voters were asked* . . . Bryan, C. J., Walton, G. M., Rogers, T., & Dweck, C. S. (2011). Motivating voter turnout by invoking the self. *Proceedings of the National Academy of Sciences*, 108(31), 12653–12656.
18. *Modern neuroimaging tells us* . . . Milyavskaya, M., Inzlicht, M., Hope, N., & Koestner, R. (2015). Saying "no" to temptation: Want-to motivation improves self-regulation by reducing temptation rather than by increasing self-control. *Journal of Personality and Social Psychology*, 109(4), 677–693.
19. *basic attributes like taste* . . . Sullivan, N., Hutcherson, C., Harris, A., & Rangel, A. (2015, February). Dietary self-control is related to the speed with which attributes of healthfulness and tastiness are processed. *Psychological Science*, 26(2), 122–134.
20. *74 percent of people said they would choose fruit* . . . Read, D., & Van Leeuwen, B. (1998). Predicting hunger: The effects of appetite and delay on choice. *Organizational Behavior and Human Decision Processes*, 76(2), 189–205.
21. *We pursue these kinds of goals because* . . . Ryan, R., & Deci, E. (2006). Selfregulation and the problem of human autonomy: Does psychology need choice, self-determination, and will? *Journal of Personality*, 74(6), 1557–1586.
22. *two people with the same goal of losing five pounds* . . . Milyavskaya, M., Inzlicht, M., Hope, N., & Koestner, R. (2015). Saying "no" to temptation: Want-to motivation improves self-regulation by reducing temptation rather than by increasing selfcontrol. *Journal of Personality and Social Psychology*, 109(4), 677–693.
23. *In their bestselling book Nudge* . . . Thaler, R. H., & Sunstein, C. R. (2009). *Nudge: Improving decisions about health, wealth, and happiness.* New York: Penguin Books.
24. *In Germany you must explicitly consent to becoming an organ donor* . . . Johnson, E. J., &

Goldstein, D. (2003). Do defaults save lives? *Science*, 302(5649), 1338–1339.

25. *Habit is defined as an externally triggered automatic response* . . . Gardner, B., Lally, P., & Wardle, J. (2012). Making health habitual: The psychology of "habitformation" and general practice. *British Journal of General Practice*, 62(605), 664–666.
26. *studies of more than nine thousand commuters* . . . Suri, G., Sheppes, G., Leslie, S., & Gross, J. (2014). Stairs or escalator? Using theories of persuasion and motivation to facilitate healthy decision making. *Journal of Experimental Psychology: Applied*, 20(4), 295–302.
27. *Connecting with want-to motivations is key* . . . Gardner, B., & Lally, P. (2012). Does intrinsic motivation strengthen physical activity habit? Modeling relationships between self-determination, past behaviour, and habit strength. *Journal of Behavioral Medicine*, 36(5), 488–497.
28. *Functional magnetic resonance imaging (fMRI) shows* . . . Suri, G., Sheppes, G., Leslie, S., & Gross, J. (2014). Stairs or escalator? Using theories of persuasion and motivation to facilitate healthy decision making. *Journal of Experimental Psychology: Applied*, 20(4), 295–302.
29. *plate that's 10 percent smaller* . . . Van Ittersum, K., & Wansink, B. (2012). Plate size and color suggestibility: The Delboeuf illusion's bias on serving and eating behavior. *Journal of Consumer Research*, 39(2), 215–222.
30. *Anticipate obstacles and prepare for them with " if-then" strategies.* . . . Gollwitzer, P. M. (1999). Implementation intentions: Strong effects of simple plans. *American Psychologist*, 54, 493–503.
31. *Offset a positive vision with thoughts of potential challenges* . . . Gabriele Oettingen has led this fascinating research on the power of mental contrasting. Oettingen, G. (2014, October 24). The problem with positive thinking. *New York Times*; Sevincer, A. T., & Oettingen, G. (2015). Future thought and the self-regulation of energization. In G.H.E. Gendolla, M. Tops, & S. Koole (Eds.), *Handbook of biobehavioral approaches to self-regulation* (pp. 315–329). New York: Springer; Oettingen, G., & Wadden, T. (1991). Expectation, fantasy, and weight loss: Is the impact of positive thinking always positive? *Cognitive Therapy and Research*, 15(2), 167–175.

第八章　步驟四之二：以翹翹板原則向前走

1. *We get to that zone of optimal development* . . . The "zone of optimization," in which you are neither overcompetent nor overchallenged but are at the edge of your ability, is to *living a life* what University of Chicago psychologist Mihaly Csikszentmihalyi's "flow" is to *performing a given task*. A person in a state of flow is so absorbed in a particular activity that distractions fade away, and there is no anxiety, just pure enjoyment. For a discussion of flow, I recommend Csikszentmihalyi's *Flow: The psychology of optimal experience* (1990). New York: Harper Perennial Modern Classics.
2. *animal behavior consists of two options* . . . Elliot, A. J. (Ed.). (2008). *Handbook of approach*

and avoidance motivation. New York: Taylor and Francis Group.

3. *we show a bias toward the familiar* . . . Litt, A., Reich, T., Maymin, S., & Shiv, B. (2011). Pressure and perverse flights to familiarity. *Psychological Science*, 22(4), 523–531.
4. *participants were given two sets of the same instructions* . . . Song, H., & Schwarz, N. (2008). If it's hard to read, it's hard to do: Processing fluency affects effort prediction and motivation. *Psychological Science*, 19(10), 986–988.
5. *We give more credence to opinions that appear to be widely held* . . . Moons, W., Mackie, D., & Garcia-Marques, T. (2009). The impact of repetition-induced familiarity on agreement with weak and strong arguments. *Journal of Personality and Social Psychology*, 96(1), 32–44.
6. *Imagine you're running late* . . . Litt, A., Reich, T., Maymin, S., & Shiv, B. (2011). Pressure and perverse flights to familiarity. *Psychological Science*, 22(4), 523–531.
7. *When we face known risks* . . . Hsu, M. (2005). Neural systems responding to degrees of uncertainty in human decision-making. *Science*, 310(5754), 1680–1683.
8. *small amount of uncertainty made participants* . . . Gneezy, U., List, J., & Wu, G. (2006). The uncertainty effect: When a risky prospect is valued less than its worst possible outcome. *Quarterly Journal of Economics*, 121(4), 1283–1309.
9. humans evolved as a social species . . . Cacioppo, J., & Patrick, W. (2008). *Loneliness: Human nature and the need for social connection*. New York: W. W. Norton and Company.
10. *brain power made us better at judging reliability* . . . Dunbar, R. (2009). The social brain hypothesis and its implications for social evolution. *Annals of Human Biology*, 36(5), 562–572.
11. *people who think poorly of themselves prefer interacting with individuals* . . . Swann, W., & Brooks, M. (2012). Why threats trigger compensatory reactions: The need for coherence and quest for self-verification. *Social Cognition*, 30(6), 758–777.
12. *people with low self-esteem tend to quit their jobs* . . . Schroeder, D. G., Josephs, R. A., & Swann, W. B., Jr. (2006). Foregoing lucrative employment to preserve low self-esteem. Unpublished doctoral dissertation.
13. *mice keep pushing that cocaine lever* . . . Wise, R. A. (2002). Brain reward circuitry: Insights from unsensed incentives. *Behavioral Neuroscience*, 36(2), 229–240.
14. *we're expressing what I call* dead people's goals . . . This idea is adapted from Ogden Lindsley's dead-man test for behavior. Lindsley introduced this rule of thumb in 1965 as a challenge to the metrics that were being used in public schools. He argued that if a dead man could do something (e.g., sit quietly), then it should not be considered a behavior, and that valuable school funds should not be used to teach children to "play dead." This idea has since found its way into ACT as a litmus test of whether someone is engaging in inflexible, avoidant behaviors. Lindsley, O. (1991). From technical jargon to plain English for application. *Journal of Applied Behavior Analysis*, 24(3), 449–458.
15. *if you do what you've always done* . . . This is attributed variously to Mark Twain, Henry Ford,

the motivational speaker Tony Robbins, and the rapper Kendrick Lamar.

16. *Pierre de Fermat was a distinguished judge . . .* Singh, S. (1997). *Fermat's last theorem*. London: Fourth Estate.
17. *Andrew Wiles stumbled on the problem . . . Nova* (2000, November 1). Andrew Wiles on solving Fermat. http://www.pbs.org/wgbh/nova/physics/andrew-wiles-fermat.html.
18. *what made an average telegrapher into a great one . . .* Bryan, W., & Harter, N. (1897). Studies in the physiology and psychology of the telegraphic language. *Psychological Review*, 4(1), 27–53.
19. *Malcolm Gladwell popularized the idea . . .* Gladwell, M. (2008). *Outliers: Why some people succeed and some don't*. New York: Little Brown and Company.
20. *The consensus among psychologists and learning specialists . . .* The notion that you'll become an expert with the investment of only ten thousand hours (also known as the "10,000-hour rule") has been widely criticized. For a discussion, see Goleman, D. (2015), *Focus: The hidden driver of excellence*. New York: HarperCollins. Also see Macnamara, B., Hambrick, D., & Oswald, F. (2014). Deliberate practice and performance in music, games, sports, education, and professions: A meta-analysis. *Psychological Science*, 25(8), 1608–1618.
21. *Quality investment requires "effortful learning" . . .* Shors, T. (2014). The adult brain makes new neurons, and effortful learning keeps them alive. *Current Directions in Psychological Science*, 23(5), 311–318.
22. *chronic stress can wreak havoc . . .* Cohen, S., Janicki-Deverts, D., Doyle, W. J., Miller, G. E., Frank, E., Rabin, B. S., & Turner, R. B. (2012, April 2). Chronic stress, glucocorticoid receptor resistance, inflammation, and disease risk. *Proceedings of the National Academy of Sciences*, 109(16), 5995–5999.
23. *Choose What Is Workable . . .* Workability is a key concept in ACT. An action that is workable is leading you closer to the life that you want. Hayes, S. C., Luoma, J. B., Bond, F. W., Masuda, A., & Lillis, J. (2006). Acceptance and commitment therapy: Model, processes, and outcomes. *Behaviour Research and Therapy*, 44(1), 1–25.
24. *Grit embodies—but is not the same as . . .* Duckworth, A., Peterson, C., Matthews, M., & Kelly, D. (2007). Grit: Perseverance and passion for long-term goals. *Journal of Personality and Social Psychology*, 92(6), 1087–1101; Duckworth, A., & Gross, J. (2014). Self-control and grit: Related but separable determinants of success. *Current Directions in Psychological Science*, 23(5), 319–325.
25. *Passion that becomes an obsession . . .* Vallerand, R. (2012). The role of passion in sustainable psychological well-being. *Psychology of Well-Being: Theory, Research and Practice*, 2, 1.
26. *"to go through with his mission" . . .* Arkin, D., & Ortiz, E. (2015, June 19). Dylann Roof "almost didn't go through" with Charleston church shooting. NBC News. http://www.nbcnews.com/storyline/charleston-church-shooting/dylann-roof-almost-didnt-go-through-charleston-church-shooting-n378341.

27. *Stephen J. Dubner compares two things* . . . Dubner, S. J. (2011, September 30). The upside of quitting. http://freakonomics.com/2011/09/30/new-freakonomics-radio-podcast-the-upside-of-quitting.

第九章　打造工作上的情緒靈敏力

1. *humans are biased about their own objectivity* . . . Pronin, E. (2009). The introspection illusion. In Mark P. Zanna (Ed.), *Advances in experimental social psychology*, 41 (pp. 1–67). Burlington, VT: Academic Press.
2. *participants . . . were asked to consider a male candidate . . . and a female candidate . . .* Uhlmann, E. L., & Cohen, G. L. (2005). Constructed criteria: Redefining merit to justify discrimination. *Psychological Science*, 16(6), 474–480.
3. *Another experiment asked subjects to place bets . . . Langer*, E. (1982). The illusion of control. In D. Kahneman, P. Slovic, and A. Tversky (Eds.), *Judgment under uncertainty: Heuristics and biases*. Cambridge, UK: Cambridge University Press.
4. *In an article for* Harvard Business Review, *I wrote . . . David*, S. (2012, June 25). The biases you don't know you have. *Harvard Business Review*.
5. *known as correspondence bias* . . . This phenomenon, called *correspondence bias or fundamental attribution error*, was first described in 1967 by social psychologists Ned Jones and Victor Harris. Jones, E., & Harris, V. (1967). The attribution of attitudes. *Journal of Experimental Social Psychology*, 3(1), 1–24.
6. *Harvard psychologist Daniel Gilbert assigns four root causes* . . . Gilbert, D. T., & Malone, P. S. (1995). The correspondence bias. *Psychological Bulletin*, 117(1), 21–38.
7. *Elaine Bromiley went to the hospital for a minor operation* . . . The case of Elaine Bromiley is well described in Leslie, I. (2014, June 4). How mistakes can save lives: One man's mission to revolutionise the NHS. *New Statesman*; Bromiley, M. The case of Elaine Bromiley. Also see: http://www.chfg.org/wp-content/uploads/2010/11/ElaineBromileyAnonymousReport.pdf
8. *nurses were asked to keep a daily log* . . . Totterdell, P., Kellett, S., Teuchmann, K., & Briner, R. B. (1998). Evidence of mood linkage in work group. *Journal of Personality and Social Psychology*, 74(6), 1504–1515.
9. *Another study suggests that even just* seeing . . . Engert, V., Plessow, F., Miller, R., Kirschbaum, C., & Singer, T. (2014, July). Cortisol increase in empathic stress is modulated by social closeness and observation modality. *Psychoneuroendocrinology*, 45, 192–201.
10. *while stress can be a killer* . . . Keller, A., Litzelman, K., Wisk, L., Maddox, T., Cheng, E., Creswell, P., & Witt, W. (2011). Does the perception that stress affects health matter? The association with health and mortality. *Health Psychology*, 31(5), 677–684.
11. *Just a short train ride south of Vienna* . . . Jahoda, M., Lazarsfeld, P. F., & Zeisel, H. (1974). *Marienthal: The sociography of an unemployed community*. Piscataway, NJ: Transaction Publishers.

12. *retired workers are at risk of accelerated cognitive decline* . . . Rohwedder, S., & Willis, R. J. (2010). Mental retirement. *Journal of Economic Perspectives*, 24(1), 119–38.
13. *one research study sought out hotel employees* . . . Krannitz, M. A., Grandey, A. A., Liu, S., & Almeida, D. A. (2015). Surface acting at work and marital discontent: Anxiety and exhaustion spillover mechanisms. *Journal of Occupational Health Psychology*, 20(3), 314–325.
14. *In an Israeli study, radiologists* . . . Turner, Y. N., & Hadas-Halpern, I. The effects of including a patient's photograph to the radiographic examination. Presented December 3, 2008, as part of the Radiological Society of North America SSM12—ISP: Health Services, Policy, and Research.
15. *Tweaking your job, also known as* job crafting . . . Wrzesniewski, A., Boluglio, N., Dutton, J., & Berg, J. (2012). Job crafting and cultivating positive meaning and identity in work. In A. Bakker (Ed.), *Advances in positive organizational psychology*. London: Emerald.

第十章　教出情緒靈敏的孩子

1. *our collective focus on self-esteem has expanded* . . . Bronson, P. (2007, August 3). How not to talk to your kids. *New York Magazine*.
2. *it assumes a static world, when, according to projections* . . . Davidson, C. N. (2012). *Now you see it: How technology and brain science will transform schools and business for the 21st century*. New York: Penguin.
3. *In her book* How to Raise an Adult . . . Lythcott-Haims, J. (2015). *How to raise an adult*. New York: Henry Holt.
4. *leads to* contingent self-esteem . . . Deci, E. L., & Ryan, R. M. (1995). Human autonomy: The basis for true self-esteem. In M. H. Kernis (Ed.), *Efficacy, agency, and self-esteem* (pp. 31–49). New York: Plenum Press.
5. *studies that document the value of helping kids learn the skills* . . . Snyder, J., Low, S., Bullard, L., Schrepferman, L., Wachlarowicz, M., Marvin, C., & Reed, A. (2012). Effective parenting practices: Social interaction learning theory and the role of emotion coaching and mindfulness. In Robert E. Larzelere, Amanda Sheffield Morris, & Amanda W. Harrist (Eds.), *Authoritative parenting: Synthesizing nurturance and discipline for optimal child development*. Washington, D.C.: American Psychological Association; Taylor, Z., Eisenberg, N., Spinrad, T., Eggum, N., & Sulik, M. (2013). The relations of ego-resiliency and emotion socialization to the development of empathy and prosocial behavior across early childhood. *Emotion*, 13(5), 822–831; Katz, L., Maliken, A., & Stettler, N. (2012). Parental meta-emotion philosophy: A review of research and theoretical framework. *Child Development Perspectives*, 6(4), 417–422. Eisenberg, N., Smith, C., & Spinrad, T. L. (2011). Effortful control: Relations with emotion regulation, adjustment, and socialization in childhood. In R. F. Baumeister & K. D. Vohs (Eds.), *Handbook of self-regulation: Research, theory, and applications* (2nd ed.) (pp. 263–283). New York: Guilford Press.

6. *what psychologists call* secure attachment . . . John Bowlby described children's fundamental need to trust their caregivers and to feel seen, accepted, and responded to. He proposed that based on these interactions, children form working models—mental templates—of relationships and the world that have lifelong implications. One of Bowlby's colleagues, developmental psychologist Mary Ainsworth, developed a classification system to describe the quality of a child's relationship with a caregiver. A child who is securely attached has the expectation that he can explore freely and that his caregiver will be responsive and emotionally available when needed. Bowlby, J. (1999). *Attachment* (2nd ed.), *Attachment and Loss* (Vol. 1). New York: Basic Books; Ainsworth, M., Blehar, M., Waters, E., & Wall, S. (1978). *Patterns of attachment.* Hillsdale, NJ: Erlbaum; Ainsworth, M.D.S., & Bowlby, J. (1991). An ethological approach to personality development. *American Psychologist*, 46(4), 331–341.
7. *Autonomy means self-governance* . . . Ryan, R., & Deci, E. (2006). Self-regulation and the problem of human autonomy: Does psychology need choice, selfdetermination, and will? *Journal of Personality*, 74(6), 1557–1586; Petegem, S., Beyers, W., Vansteenkiste, M., & Soenens, B. (2012). On the association between adolescent autonomy and psychosocial functioning: Examining decisional independence from a self-determination theory perspective. *Developmental Psychology*, 48(1), 76–88.
8. *people taught to act in the expectation of extrinsic rewards* . . . Kasser, T. (2002). *The high price of materialism.* Cambridge, MA: MIT Press.
9. *researchers introduced three- and four-year-olds to a "sad" puppet* . . . Chernyak, N., & Kushnir, T. (2013). Giving preschoolers choice increases sharing behavior. *Psychological Science*, 24(10), 1971–1979.
10. *teenagers were asked about their parents' treatment* . . . Bureau, J., & Mageau, G. (2014). Parental autonomy support and honesty: The mediating role of identification with the honesty value and perceived costs and benefits of honesty. *Journal of Adolescence*, 37(3), 225–236.
11. *her father said in a speech shortly before Malala won the Nobel Peace Prize* . . .https://www.ted.com/talks/ziauddin_yousafzai_my_daughter_malala?language=en#t-658349.

結語　展現真實的自我

1. *The children's classic* . . . Williams, M. (1991). *The velveteen rabbit* (1st ed. 1922). Garden City, NY: Doubleday.

工作生活 BWL053

情緒靈敏力
哈佛心理學家教你 4 步驟與情緒脫鉤
Emotional Agility
Get Unstuck, Embrace Change, and Thrive in Work and Life

作者 — 蘇珊 · 大衛（Susan David, PhD）
譯者 — 齊若蘭

總編輯 — 吳佩穎
研發總監 — 張奕芬
責任編輯 — 陳孟君
封面設計 — 張議文
內頁插圖 — Designed by Freepik、林淑慧、蘇乃霙

出版者 — 遠見天下文化出版股份有限公司
創辦人 — 高希均、王力行
遠見 · 天下文化 事業群董事長 — 高希均
事業群發行人／CEO — 王力行
天下文化社長 — 林天來
天下文化總經理 — 林芳燕
國際事務開發部兼版權中心總監 — 潘欣
法律顧問 — 理律法律事務所陳長文律師
著作權顧問 — 魏啟翔律師
社址 — 台北市 104 松江路 93 巷 1 號 2 樓
讀者服務專線 —（02）2662-0012
傳　真 —（02）2662-0007；2662-0009
電子信箱 — cwpc@cwgv.com.tw
直接郵撥帳號 — 1326703-6 號　遠見天下文化出版股份有限公司

國家圖書館出版品預行編目(CIP)資料

情緒靈敏力 / 蘇珊.大衛(Susan David)著 ; 齊若蘭譯.
-- 第一版. -- 臺北市 : 遠見天下文化, 2017.08
面 ;　公分. -- (工作生活 ; BWL053)
譯自 : Emotional agility : get unstuck, embrace change, and thrive in work and life
ISBN 978-986-479-286-3(平裝)

1.情緒 2.調適 3.自我實現

176.52　　106013902

電腦排版 — 立全電腦印前排版有限公司
製版廠 — 東豪印刷事業有限公司
印刷廠 — 祥峰印刷事業有限公司
裝訂廠 — 台興印刷裝訂股份有限公司
登記證 — 局版台業字第 2517 號
總經銷 — 大和書報圖書股份有限公司　電話／(02)8990-2588
出版日期 — 2017 年 8 月 30 日第一版第 1 次印行
2022 年 8 月 16 日第一版第 10 次印行

定價 — 380 元
ISBN — 978-986-479-286-3
英文 ISBN — 978-1592409495
書號 — BWL053
天下文化官網 — bookzone.cwgv.com.tw

天下文化
BELIEVE IN READING